施工企业
项目物资管理与控制

郭跃显◎编著

电子科技大学出版社
University of Electronic Science and Technology of China Press
·成都·

图书在版编目（CIP）数据
施工企业项目物资管理与控制 / 郭跃显编著.
成都 : 成都电子科大出版社, 2025. 9. -- ISBN 978-7
-5770-1448-7
Ⅰ. F406.5
中国国家版本馆 CIP 数据核字第 2025526KY5 号

施工企业项目物资管理与控制
SHIGONG QIYE XIANGMU WUZI GUANLI YU KONGZHI
郭跃显　编著

策划编辑　曾　艺
责任编辑　周武波
责任校对　饶定飞
责任印制　梁　硕

出版发行　电子科技大学出版社
成都市一环路东一段 159 号电子信息产业大厦九楼　邮编 610051
主　　页　www.uestcp.com.cn
服务电话　028-83203399
邮购电话　028-83201495

印　　刷　成都市火炬印务有限公司
成品尺寸　170 mm×240 mm
印　　张　15
字　　数　300 千字
版　　次　2025 年 9 月第 1 版
印　　次　2025 年 9 月第 1 次印刷
书　　号　ISBN 978-7-5770-1448-7
定　　价　68.00 元

本书编委会

前　言

随着国民经济的发展、城市化进程的加快，公路、铁路、机场、水利、市政工程等基础设施不断完善，给施工企业提供了更多的发展机遇。科技的发展使得施工企业的技术水平不断提高。物资管理是施工企业工程项目管理的重要组成部分，涵盖了物资供应商管理、物资采购管理、物资运输管理、物资仓储管理、现场物资管理等不同场景，直接影响着工程项目的施工成本、工程质量及经济效益，对提升企业竞争力和实现项目目标具有不可替代的作用。施工企业物资管理的信息化，不仅提高了项目物资管理效率，优化了项目的成本控制，促使利润最大化，还直接影响到工程的进度和质量。一方面，良好的物资管理能够确保材料的及时供应，减少库存积压，加速资金周转，避免资源浪费，从而提高施工效率。另一方面，精确的物资需求预测和合理的采购计划能够提升企业的管理水平，降低成本，增加效益，从而增强企业的市场竞争力。

党的二十大报告提出，要加快发展数字经济，促进数字经济和实体经济深度融合，打造具有国际竞争力的数字产业集群。《“十四五”规划和 2035 年远景目标纲要》对“加快数字化发展，建设数字中国”作出具体规划。伴随着数字化、信息化的推进和应用场景的不断拓展，物资数字化和智能化成为施工企业项目物资管理的新趋势和管理现代化的关键驱动力。施工企业积极推进物资数字化转型，物资管理逐渐从传统的库存控制和物流配送管理，转变为更加智能化、自动化和集成化的管理模式。施工企业可通过大数据与人工智能技术开展预测分析，实现物资动态智能监测与决策，同时精确追踪物资成本构成以落实精细化控制，从而提升物资管理的效率与准确性，保障物资供应管理快捷、畅通、高效运行，最终优化成本结构并提升盈利能力。绿色化也是物资管理发展的另一重要趋势，它要求物资管理不仅要提高效率，还要注重环保和可持续性。

本书基于现代物流管理理论，综合运用物联网、云计算和大数据等技术，针对施工企业项目物资管理的难点和痛点，梳理物资定额与预算、物资计划管理、采购管理、供应商管理、合同管理、仓库管理、施工现场管理、物资信息管理等内容，建立和完善物资管理体系，优化物资供应链管理，减少闲置、积压和浪费，不断提升物资管理水平，降低工程项目总体成本，提高企业的经济效益。本书共分为十四章，主要内容包括项目物资管理概述、项目物资及新材料的发展、项目组织人力素质的管理与提升、项目物资定额计算与管理、工程项目物资计划的编制与实施、项目物资供应商管理、项目物资采购管理、工程项目物资运输管理、项目物资仓储业务与安全管理、基于新发展理念的物资现场管理、工程项目物资成本核算与控制、工程项目物资风险评价与防范、工程项目物资绩效考核与提升、数智化发展背景下的工程项目物资信息管理。

本书是《基于数智化的施工企业物资管理与控制》课题的阶段性研究成果，在课题研究过程中课题组成员调研了大量铁路施工企业，这些企业为课题研究和本书的创作提供了丰富的素材和鲜活的管理案例。同时，本书也参阅、借鉴了国内外物资管理、供应链管理方面的部分图书、论文和网站，在此一并表示真诚的感谢！

由于编者水平有限，书中不妥之处在所难免，恳请同行专家和广大读者批评指正。

目　　录

第一章　项目物资管理概述

项目物资管理是项目实施的核心支撑，其高效运作直接影响工程成本、进度与质量。本章立足施工企业转型背景，剖析物资管理在数字化、智慧化、绿色化及供应链优化趋势下的发展路径，明确原材料、工具设备等物资范围，并按性质、用途、来源等维度构建分类体系。从管理定义出发，阐释其在成本控制、进度保障、质量保证中的关键作用，梳理需求导向、成本效益等管理原则，分解需求分析、采购计划等核心任务，最终形成涵盖组织机构设置与全流程管理的系统化框架，为项目物资全周期管控奠定理论基础。

第一节　项目物资及主要类别

一、施工企业项目物资管理背景与发展趋势

在中国经济持续转型升级的大背景下，现代施工企业项目物资管理正站在新的发展起点上。国家对新型基础设施建设的重视，如 5G 网络、数据中心、新能源充电桩等，为施工企业带来了新的物资需求和挑战。政府工作报告中提出的创新驱动发展战略和绿色发展理念，为施工企业物资管理指明了方向。

随着互联网、大数据、人工智能等技术的快速发展，数字化、智慧化正成为物资管理的新趋势，施工企业正积极探索智慧物流、智慧仓储等新模式。通过智能化的物资管理系统，施工企业能够实现物资的实时监控、智能调度和自动化配送，极大地提升了物资管理的效率和准确性。例如，一些企业通过建立“数字资源池”，构建了“智慧仓储+智慧物流”的现代物资供应体系，有效提升了供应链运营质效。绿色发展成为物资管理的重要方向。为响应国家生态文明建设的号召，施工企业在物资采购、使用和回收等环节，更加注重节能减排和环境保护。通过推广绿色建材、实施循环利用，施工企业正努力构建环境友好型的物资供应链。绿色施工、节能减排已成为施工企业物资管理的重要考量因素。供应链管理的优化是提升竞争力的关键。面对复杂多变的市场环境，施

工企业通过加强与供应商的合作，优化物流配送网络，提高供应链的透明度和协同效率，确保物资供应的稳定性和可靠性。供应链的数字化、平台化，为施工企业带来了供应链管理的新思路和新方法。

展望未来，国家新基建战略的深入实施与行业数字化转型的加速融合，将为施工企业物资管理开辟全新赛道。一方面，以 5G 基站、城际高铁、新能源汽车充电设施为代表的“新基建”领域，对高性能材料、智能设备、新能源物资等的需求将持续攀升，推动物资管理向专业化、定制化方向发展；另一方面，在“双碳”目标的约束下，物资全生命周期管理将成为施工企业的核心竞争力，从绿色采购、低碳运输到建筑垃圾资源化利用，每个环节都将被纳入数字化管控体系。施工企业需主动拥抱变革，通过构建产业互联网平台实现供应链生态协同，运用区块链技术提升物资溯源与信用管理能力，同时深化产学研合作，探索低碳材料、智能装备等前沿领域的技术转化，从而在新型基础设施建设和绿色经济浪潮中抢占先机，实现高质量发展。

施工企业物资管理将更加注重和突出技术创新和模式创新，数字化转型、平台化运营、服务化延伸将成为施工企业物资管理的新方向。通过积极拥抱数字化转型，强化供应链协同，施工企业将能够更好地适应新发展格局，实现高质量发展。同时，施工企业物资管理也将更加注重风险管理和合规性。在复杂多变的市场环境中，施工企业需要加强风险识别和应对，确保物资供应链的稳定性和安全性。合规性将成为施工企业物资管理的重要原则，有助于提升企业的社会形象和市场竞争力。

二、项目物资的分类

项目物资通常指的是在项目管理中，与项目相关的所有物资。这些物资包括但不限于原材料、工具、设备、消耗品等，它们是项目实施过程中不可或缺的部分。

（一）按物资性质分类

原材料：构成产品或项目的基本物质，如钢材、水泥等。

辅助材料：在生产或施工过程中辅助使用的材料，如焊条、油漆等。

成品：项目最终产出的产品或服务。

（二）按物资用途分类

生产物资：直接用于生产或施工过程的物资。

非生产物资：不直接参与生产或施工，但对项目运行至关重要的物资，如办公用品、维修工具等。

（三）按物资来源分类

自产物资：项目内部生产或制造的物资。
外购物资：从外部供应商购买的物资。

（四）按物资存储方式分类

库存物资：存放在仓库中的物资。
在途物资：正在运输过程中的物资。

（五）按物资重要性分类

关键物资：对项目进度和质量有重大影响的物资。
非关键物资：对项目影响较小的物资。

（六）按物资周转速度分类

快速周转物资：使用频率高，需要频繁补充的物资。
慢速周转物资：使用频率低，库存周期较长的物资。

（七）按物资价值分类

高价值物资：单价高，对项目成本影响大的物资。
低价值物资：单价低，对项目成本影响小的物资。

（八）按物资供应风险分类

高风险物资：供应不稳定，容易受到市场波动影响的物资。
低风险物资：供应稳定，不易受市场波动影响的物资。

（九）按物资生命周期分类

新物资：新引进或新开发的物资。
成熟物资：已经广泛使用，性能稳定的物资。

（十）按物资管理策略分类

1．VED 分类法
VED 分类法是一种基于物资关键程度的分类策略，其核心在于根据物资对项目运行的影响程度将其划分为 V 类（vital）、E 类（essential）和 D 类（desirable）。V 类物资为关键物资，如特种设备或核心零部件，其缺货将直接导致项目停滞或重大损失，因此需严格监控库存并建立多源供应渠道；E 类物资为重要物资，如标准建材或常用工具，其缺货会影响项目效率或质量，需定期盘点并优化采购周期；D 类物资为一般物资，如办公用品或低值易耗品，其缺货对项目影响较小，可简化流程以降低管理成本。

2．FSN 分类法

FSN 分类法依据物资的消耗速度或流动性进行分类，包括 F 类（fast-moving）、S 类（slow-moving）和 N 类（non-moving）。F 类物资为快流物资，如水泥或砂石，消耗频率高且库存周转快，需优化补货策略以减少缺货风险；S 类物资为慢流物资，如专用设备配件，消耗频率低且库存周转慢，需控制库存水平以避免过度储备；N 类物资为呆滞物资，如过期材料或淘汰型号配件，长期未消耗且可能积压，需及时处理（如调拨或报废）以减少资源浪费。

3．HML 分类法

HML 分类法根据物资的单价高低进行分类，涵盖 H 类（high-cost）、M（medium-cost）和 L 类（low-cost）。H 类物资为高单价物资，如进口设备或精密仪器，单位成本高，需严格审批采购并加强库存保管；M 类物资为中单价物资，如通用机械或电子元件，单位成本中等，需平衡成本与供应；L 类物资为低单价物资，如螺丝或垫片，单位成本低，可批量采购并简化流程以提高效率。

第二节　项目物资管理相关概念介绍

一、项目物资管理的定义

项目物资管理是指在项目实施过程中，对所有与项目相关的物资进行系统化、计划化、组织化和控制化的管理活动。这包括但不限于物资的识别、采购、存储、分配、使用和处置等环节。项目物资管理的目的是确保项目所需物资的及时供应、合理分配和有效利用，以支持项目目标的实现。

二、项目物资管理的作用

项目物资管理是确保项目顺利推进的关键环节，它通过优化资源配置，控制成本，管理风险，协同供应链，控制库存，保证物资质量，提高信息透明度，确保合规性，支持决策，以及提高客户满意度等多个方面，对项目的成功实施起着至关重要的作用。有效的物资管理不仅能够提升资源使用效率，降低不必要的开支，还能及时发现并解决问题，增强供应链的稳定性，确保项目按计划高效推进。

三、项目物资管理的重要性

（1）成本控制：物资成本通常占项目总成本的较大比例，有效的物资管理能够显著降低物资成本，提高项目的经济效益。

（2）进度保障：通过合理的物资计划和调度，可以确保项目所需物资按时供应，避免因物资短缺而影响项目进度。

（3）质量保证：优质的物资是项目质量的重要保障，通过严格的物资管理和控制，可以确保项目使用合格的物资，保证项目的质量。

四、项目物资管理的原则

项目物资管理的原则是指在物资管理过程中应遵循的一系列基本准则，以确保物资的有效利用和项目的成功实施。以下是对一些关键原则的详细说明。

（1）需求导向原则：物资管理应以项目的实际需求为基础，确保所有物资的采购和分配都与项目需求紧密相连。

（2）成本效益原则：在选择物资和制定采购计划时，应考虑成本和效益的平衡，力求在满足项目需求的同时，实现成本最小化。

（3）质量控制原则：确保所有物资都符合项目的质量标准，通过严格的质量控制流程来避免劣质物资对项目的影响。

（4）加强管理计划原则：项目产品中，不论是生产性或非生产性建筑，也不论工程结构繁简，建设规模大小，都是根据使用目的预先设计，然后施工的。施工任务一般落实较迟，但一经落实就急于施工，加上施工过程中情况多变，若没有适当的材料储备，就没有应变能力。做好材料供应的关键在于摸清施工规模，提出备料计划，在计划指导下组织好各项业务活动的衔接，保证材料满足工程需要，使施工生产顺利进行。

（5）按质论价原则：往往同一种材料，因各地厂家或企业生产经营条件不同和市场供求关系等原因，价格上有明显差异，在采购订货业务活动中应遵守国家物价政策，按质论价、协商订购。

（6）厉行节约原则：厉行节约原则是一切经济活动都必须遵守的根本原则，在材料供应管理活动中包含两方面意义。一方面是材料部门在经营管理中，精打细算，节省一切可能节约的开支，努力降低费用水平；另一方面是通过业务活动加强定额控制，促进材料耗用的节约，推动材料的合理使用。在设计过程中合理选用材料，是最大的节约。因此要进行图纸会审，选用最优的施工方案，合理使用材料。

（7）树立风险管理意识原则：施工企业在物资管理的过程中，可能会遇到各种各样的风险。诸如因自然灾害而造成的损失，突然失去重要的供应商，材料价格的大幅度波动，材料被盗或丢失等。因此应该重视风险管理，即识别风险、分析风险、衡量风险，并在此基础上有效控制风险，用经济合理的方法综合处置风险，实现最大的安全保障。采用的方法多种多样，如进行市场调查，充分掌握材料供应商的基本情况，包括现有的和可开展合作的潜在供应商；建立备用数据库，防止因资料丢失或被破坏而造成的混乱；加强保管制度，选择安全可靠的存放地点，以及其他风险防范措施。

五、项目物资管理的任务

项目物资管理的任务是确保项目在物资方面的需求得到满足，同时保证物资的有效利用和成本控制。表 1-1 所列是项目物资管理的一些主要任务。

表 1-1　项目物资管理的一些主要任务

需求分析	确定项目所需的物资种类、规格、数量以及需求时间，为采购和分配提供依据
采购计划	根据项目需求制定详细的采购计划，包括物资的采购时间、数量和预算
供应商的选择与管理	选择合适的供应商，并建立长期合作关系，确保物资供应的稳定性和质量
合同管理	与供应商签订合同，明确物资的交付时间、价格、质量标准和违约责任等条款
库存控制	管理项目物资的存储，确保库存水平与项目进度相匹配，避免过度库存或物资短缺
物资配送	确保物资能够按时、按质、按量地送达项目现场
物资验收	对到达的物资进行检查和验收，确保物资符合项目要求
物资使用监控	监控物资的使用情况，确保物资得到合理分配和有效利用
风险管理	识别和评估物资管理过程中可能遇到的风险，并制定相应的预防和应对措施

续表

成本控制	监控物资成本，采取措施控制和降低成本，提高成本效益
信息管理	维护物资管理信息系统，确保物资信息的准确性和及时性
质量保证	确保所有物资都符合项目的质量标准，通过质量控制流程来避免劣质物资对项目的影响
合规性检查	确保物资管理遵循相关法律法规和行业标准
持续改进	根据项目实施过程中的反馈，不断改进物资管理流程
环境和社会责任	考虑环境保护和社会责任，选择可持续和环保的物资
项目结束的物资处理	项目结束后，对剩余物资进行合理处理，包括回收、再利用或出售

六、项目物资管理的要求

在当今快速变化的商业环境中，项目物资管理的重要性日益凸显。它不仅是项目成本控制的关键，也是确保项目按时、按质完成的基础。物资管理的目标是确保所有项目资源得到有效配置和利用，从而实现成本效益最大化和项目目标的顺利达成。

（一）落实资源，保证供应

建筑施工任务落实后，材料供应是主要保障条件之一。没有材料，施工企业就失去了主动权，完成任务就成为一句空话。施工企业必须按施工图预算核实材料需用量，组织材料资源。材料部门要主动与建设单位联系，对于应由建设单位供应的物资，要向其全面核实现货、订货、在途资源，以及工程需用量的余缺。双方协商，明确分工，落实责任，分别组织配套供应，及时、保质、保量地满足施工生产的需要。

（二）落实采购运输，加速周转，节省费用

做好材料供应与管理工作，必须重视采购、运输和加工过程的数量、质量管理。根据施工生产进度要求，掌握轻重缓急；结合市场调节，尽最大努力“减少在途”“压缩库存”物资；加强调剂，缩短材料的“在用、在库”时间，加速周转。与材料供应管理工作有关的各部门，都要明确经济责任，全面实行经济核算制度，从而有效地降低材料成本。

（三）抓好商情信息管理

商情信息与企业的生存和发展有着密切联系。材料商情信息的范围较广，要认真收集、整理、分析和应用。材料部门要有专职人员，经常了解市场上物资的流通和供求情况，掌握主要材料和新型建材的动态（包括资源、质量、价格、运输条件等）。收集的信息应分类整理、建立档案，为领导提供决策依据。

（四）降低材料单耗

材料单耗是指建筑产品单位工程量所耗用建筑材料的数量。建筑产品是固定的，施工地点分散，露天作业多，影响均衡施工，从而导致在使用过程中材料的品种、规格和数量变动大，给定额供料增加了难度。为降低材料单耗，要完善设计，改革工艺，使用新材料，认真贯彻落实节约材料技术措施。施工中要贯彻操作规程，合理使用材料，克服施工现场浪费，要在保证工程质量的基础上，严格执行材料定额管理。材料品种、规格繁多，应选定主要品种进行核算，认真按定额控制用料，降低材料单耗水平。

第三节　项目物资管理组织机构和流程

一、项目物资管理组织机构

项目物资管理组织机构通常涉及多个部门和角色，以确保项目所需物资的有效管理和供应。以下是一个项目物资管理组织机构的示例。

（一）高层领导

高层领导负责物资系统的全面管理工作，对物资管理工作高度重视，确立物资管理的战略意识，制定相应的物资管理政策和目标，提供必要的资源支持。

（二）物资管理部门

物资管理部门的主要职责包括以下各方面的工作。

1．物资计划管理

根据项目需求和进度计划，编制物资需求计划。对物资需求进行预测和评估，确保计划的合理性和准确性。协调项目中其他部门的物资需求，确保整体计划的协调性和一致性。

2．物资采购管理

负责供应商的筛选、评估和管理工作，建立和维护供应商数据库。编制采购计划，进行询价、比价、议价等采购谈判工作。签订采购合同，确保合同条款符合项目要求和公司利益。跟踪和监督采购合同的执行情况，确保物资按时、按质、按量供应。

3．物资存储管理

负责物资的入库验收、存储、保管、保养和出库等工作。建立和完善物资存储管理制度，确保物资的安全、完整和有序。对物资进行定期盘点和清查，确保物资账实相符。负责仓库的日常管理和维护工作，确保仓库的整洁、安全和高效。

4．物资发放和使用管理

根据项目需求和计划，编制物资发放计划。负责物资的发放和领用工作，确保物资使用的合理性和有效性。跟踪和监督物资的使用情况，防止浪费和损失。负责协调解决物资使用中出现的问题和纠纷，确保项目顺利进行。

5．物资跟踪和追溯管理

建立物资跟踪和追溯系统，记录物资的流转和使用情况。对关键物资进行重点跟踪和追溯，确保物资的来源可靠、质量合格。在物资出现问题时，能够迅速定位和追溯问题的根源，及时采取措施解决问题。

6．物资成本控制

负责项目物资成本的预算、核算和控制工作。分析和评估物资成本的变化趋势和影响因素，提出成本控制措施和建议。监督和管理物资采购、存储、发放和使用等环节的成本，确保成本控制在合理范围内。

（三）信息管理部门

负责建设和管理物资管理系统，包括物资信息的录入、查询、分析及报告等。利用信息系统提高物资管理的效率和质量，实现物资信息的共享和协同管理。同时负责物资信息的保密和安全，确保相关信息不被泄露和滥用。

（四）人员配备

1．物资管理主管

物资管理主管负责制定物资管理的总体策略和目标，并监督实施情况。与其他部门密切合作，确保物资的供应、存储、使用和清算等工作顺利进行。

2．采购人员

采购人员负责与供应商进行谈判和合作，确保物资准时供应且价格合理。

具备良好的市场分析能力和谈判技巧。

3．物资管理员

物资管理员负责物资的存储、分类、标记、清点和盘点等工作。具备良好的仓库管理和物资管理技术知识，并能熟练使用物资管理系统。

4．技术支持人员

技术支持人员负责物资管理系统的建设和维护，包括软件安装、数据备份、系统更新等工作。具备扎实的计算机技术知识，并能及时解决系统故障和用户的问题。

5．培训人员

培训人员负责对物资管理人员进行定期培训，提高物资管理人员的专业素质和管理能力。培训内容包括物资管理制度的规定、采购流程、仓库管理等方面的知识。建立和完善物资管理人员的绩效考核和激励机制，激发物资管理人员的工作积极性和创造力。

（五）其他相关部门

其他相关部门在项目物资管理中也发挥着重要作用，与物资管理部门紧密合作，共同制定采购策略和计划，确保项目所需物资的及时供应和质量保证。

二、项目物资管理流程

项目物资管理流程是一个系统化和规范化的过程，旨在确保项目所需物资的及时供应、有效管理以及成本控制。

1．需求分析

项目启动阶段，项目经理和相关人员明确项目所需的各种物资，包括原材料、设备、劳动力等。考虑项目的规模、周期、预算等因素，确定物资的种类和数量。

2．物资采购

考虑供应商的信誉、价格、交货周期等因素，进行供应商的筛选。与供应商签订合同，明确双方的权利和义务。根据项目进度和物资需求计划，安排采购日程，确保按时、按质、按量采购到位。

3．物资储备

对采购回来的物资进行分类、编号、存放位置的确定等工作。建立健全的物资管理制度，包括出入库登记、定期盘点、防火防盗等措施。设立安全库存量，确保物资的及时供应，并防止物资积压。

4．物资的分配和使用

根据项目进度和实际需求，合理安排物资的使用顺序和数量。严格执行限额发料制度，避免浪费和过剩。对物资的使用情况进行记录和反馈，及时调整物资的使用计划。

5．物资核算与清算

建立“工程材料追溯台账”和“工程物资定额供应、消耗卡片”，对物资消耗进行核算。在每一项单项工程，每一个环节完工后，都要对物资消耗和使用情况进行节、超核销。项目结束后，对剩余的物资进行清算，包括物资的清点、清理、报废等工作。

6．物资管理系统建设

建立物资管理系统，包括物资管理软件的选择和应用，物资信息的录入和查询等工作。通过物资管理系统提高物资管理的效率和准确性，为项目的顺利进行提供有力支持。

7．物资管理的监督和评估

定期对物资管理制度的执行情况、物资使用情况、供应商的表现等方面进行监督和评估。发现问题及时采取措施加以解决，不断优化和改进物资管理工作。

8．不同施工阶段的物资管理要点

（1）施工准备阶段：完成项目立项，开展物资需求调研与分析，明确物资种类、数量及质量要求，制定物资采购计划，同时建立物资管理策划等。

（2）正式施工阶段：将工作重心转移至计划、保供、验收、消耗、废旧处理等方面。

（3）施工收尾阶段：将工作重心转移至周转调拨、总结算、支付对账、资产盘点等方面。

通过以上步骤和要点的实施，可以确保项目物资管理流程的系统化和规范化，为项目的顺利进行提供有力保障。

本 章 小 结

项目物资管理是指在项目实施过程中，对所需材料、设备、工具等物资进行计划、组织、控制、协调等一系列管理活动的总称。它涉及物资的采购、存储、发放、使用、回收等各个环节，是确保项目顺利进行、控制项目成本、提高项目效益的重要工作。因此，项目管理者应高度重视物资管理工作，制定合理的管理策略和措施，确保项目物资管理的顺利进行。

第二章　项目物资及新材料的发展

项目物资的创新应用是推动建筑行业升级的关键。本章以化学成分、功能、工程项目类型为分类维度，详细解析建筑钢材、木材、水泥混凝土等传统物资的性能与用途，同时聚焦新型基础材料、前沿新材料的技术突破，介绍泡沫铝、透光水泥等功能性材料的实际应用场景。结合绿色环保、高科技化、多功能化、智能化的行业趋势，揭示物资研发在节能减排、性能优化中的实践方向，展现材料创新对建筑工程可持续发展的驱动作用。

第一节　项目物资的分类及用途

一、项目物资的分类

一个新项目的成功实施通常需要一系列的准备工作，其中包括确保所需的物资齐备。项目启动前需要准备的常见物资有：项目文件、办公用品、会议用品、工程物资、安全设备、测试设备、安装和包装材料、清洁用品等。本章主要介绍项目中的工程物资。

一个项目中的物资种类繁多，对项目中的物资进行全面了解，对项目物资进行分类是很有必要的。

（一）按化学成分分类

项目物资按化学成分可以分为金属材料、非金属材料、高分子材料和复合材料四大类，具体的分类结果见表 2-1 所列。

表 2-1　项目物资按化学成分分类

分类		实例
金属材料	黑色金属	铁及其合金，如钢、生铁、铁合金
	有色金属	铁、锰、铬以外的金属
	特种金属	准晶、微晶、纳米晶

续表

分类		实例
非金属材料	无机材料	耐火材料、陶瓷、磨料、碳、石墨材料
	有机材料	木材、皮革、高分子合成材料
高分子材料	天然高分子材料	天然纤维、天然树脂、天然橡胶
	合成高分子材料	塑料、合成橡胶、合成纤维
复合材料	常用复合材料	玻璃钢
	先进复合材料	碳纤维、芳纶

（二）按功能分类

项目物资按功能可以分为结构性材料、维护性材料和装饰性材料三大类，具体的定义和分类见表 2-2 所列。

表 2-2　项目物资按功能分类

分类	定义	实例
结构性材料	主要用于承受建筑荷载，为建筑提供支撑和稳定性	钢、混凝土、木材等
维护性材料	主要用于保护建筑内部免受外部环境的影响，提高建筑的保温、隔热、防水等性能	玻璃、塑料、陶瓷等
装饰性材料	主要用于美化建筑外观，提高建筑的视觉效果	涂料、壁纸、瓷砖等

（三）按工程项目分类

从工程项目的具体内容来看，工程项目包括但不限于铁路工程（如铁路线路、车站、信号系统等）、安装工程（如各种设备的安装、调试、试验等）、建筑工程（如建筑物的新建、改建、扩建、翻修等）、道路工程（如公路、城市道路、桥梁、隧道等）、水利工程（如水库、堤防、灌溉系统等）和电力工程（如输电、配电、变电站等）。此外，还有流水线工程、工厂或车间工程、公路工程、医院和文娱设施工程、住宅小区工程等具体类型的工程项目。各类工程项目中所需要的物资种类见表 2-3 所列。

表 2-3　项目物资按工程项目分类

分类		实例
铁路工程		钢材、石材、玻璃、建筑硅酸盐板、保温材料、钢筋混凝土等
安装工程	电气类材料	电缆、电线、开关、插座等
	机械类材料	管道、阀门、泵类、风机等
	建筑类材料	钢筋、砖块、水泥、沙子、木材等
	装饰类材料	涂料、墙纸、瓷砖、地板、门窗等
建筑工程	结构材料	木材、竹材、石材、水泥、砖瓦、陶瓷、玻璃、工程塑料以及金属等
	装饰材料	涂料、油漆、镀层、贴面、彩色瓷砖、具有特殊效果的地板和墙壁材料等
	专用材料	防水、防潮、防腐、防火、阻燃、隔音、隔热、保温、密封材料等
	其他材料	砌筑砂浆、保温板、玻璃、门窗、素土、内外墙涂料、电缆、电线等
道路工程	路基材料	填土、碎石、建筑垃圾等
	路面材料	沥青、水泥、碎石、沥青混凝土、水泥混凝土等
	排水材料	排水沟、雨水口、雨水井等
	路基刚性加固材料	水泥、水泥砂浆、沥青、碎石等
水利工程		岩石和砂石、沥青、水泵设备、水管及阀门、粉煤灰、外加剂、砂石料等
电力工程	金属类材料	铝合金、铜材料、铁材料、不锈钢等
	绝缘材料	橡胶、绝缘纸板、绝缘漆涂料等
	非金属类材料	硅材料、碳材料、光纤等
	其他类型	绝缘套管、电容器、感应电流快门器等

二、主要项目物资介绍

（一）建筑钢材

建筑钢材包括用于钢筋混凝土结构的钢筋、钢丝，以及用于钢结构的各种型钢，还有用于围护结构和装修工程的各种深加工钢板和复合板等。表 2-4 为几种常用的建筑钢材。此表仅提供了建筑钢材分类及其用途的一个简化概览。实际上，每种钢材类型下还有多种规格和型号，且用途也可能因具体工程要求而有所不同。在设计和施工中，需要根据实际情况选择合适的钢材类型和规格。

表 2-4　几种常用的建筑钢材

分类		主要用途
型材	角钢	室内钢结构连接件，楼面连接件等
	槽钢	自重较大材质及构件的基层钢架，如干挂石材、卫生间隔墙等
	工字钢	横梁，承受单方向力等
	H 型钢	用于结构承重柱，以及钢结构楼板、楼梯主体的搭建等
	方管	结构方管、装饰方管、建筑方管等
板材	中厚板	建造房屋、塔桅、桥梁、压力容器、海上采油平台等
	薄板	压制成型后用于屋面、墙面、楼板等
管材	钢管	桁架、塔桅等钢结构中等
金属制品	钢丝	塔架拉线，绑扎钢筋、脚手架，制作圆钉、螺钉等
	钢丝绳	吊装、牵引等

（二）木材

木材在建筑领域中，始终占据着重要地位。因为木材具有独特的优良特性，不仅可以用作细木装修的主要材料，还可以用作工艺要求极高的艺术装饰材料。尽管现在世界上已经研发并生产了多种创新的建筑装饰材料，如塑料壁纸、化纤地毯、陶瓷面砖和多彩涂料等，但木材因其独有的卓越特性，赋予了木制装饰一种独特的美感，这是其他装饰材料所不能媲美的。因此，木材在建筑装饰行业中一直占据着不可忽视的地位。

1. 木材的分类

根据木材的结构，可以将其分为边材和心材。边材是树干或树枝的最外层，通常比其他部分的颜色更浅。边材中含有活细胞，在内部组织和外部树皮之间运输水和营养物质。心材是树干中心的深色木材。心材由死细胞组成，不受水的影响，在水中不会漂浮。

根据木材的硬度，可以将其分为软木和硬木。软木是用于建筑的木材类型之一。软木的密度比硬木高，但强度没有硬木那么大。硬木是所有木材中最坚固的，其强度大使其成为家具、地板和橱柜的理想选择。

2．常用木材介绍

一些常用的木材有以下几种。

（1）竹子是禾本科的一种植物，是一种极好的建筑材料。它重量轻、坚固且灵活，在建筑中有许多用途，包括用于制作建筑隔断和家具。

（2）桦木由白桦树的树皮制成。白桦树生长在欧洲及亚洲的北部和东北部地区，但桦木遍布世界各地。桦木在建筑中有许多应用，包括用于制作建筑材料、家具、地板和墙板等。

（3）桃花心木是一种硬木，因其耐用性、强度和美观而备受推崇。它可用于制作家具、地板、橱柜和门等。它具有吸引人的纹理和图案，为成品提供温暖的外观。

（4）橡木是建筑行业中最受欢迎的木材类型之一。这是因为它比其他类型的木材有以下几个优点。其中包括：橡木非常坚固，适用于需要高强度和耐用性的建筑项目；具有很高的抗腐烂性，成为高湿度地区的理想选择；出色的隔热性能，有助于在冬季温度降至冰点以下时保持房间温暖。

（5）雪松是世界上最有价值的木材之一，具有出色的物理性能和抗腐蚀的能力。它可用于制作家具、建筑、地板，甚至屋顶。它具有独特的外观，使其从其他种类的树木中脱颖而出。与其他树种（如橡木或枫树）相比，它含有更多的天然油，如果存储不当，它更容易翘曲。

（6）樱桃木是一种非常受欢迎的木制品。它在欧洲和亚洲有着悠久的使用历史。因为与其他硬木相比，樱桃木的尺寸很小，最厚时通常不到 40 毫米。它可用于制作门、橱柜、家具，甚至乐器，如钢琴或吉他。

（7）胡桃木是世界上最受欢迎的硬木之一。由于其相似的纹理图案和颜色，它有时被用作桃花心木的替代品。由于其光滑的质地和深色调，它可用于制作橱柜和椅子等室内家具。胡桃木也是制作户外家具的绝佳材料，因为它具有天然的抗腐蚀性和抗虫性，使其比其他木材（如松树或雪松）更能抵抗损坏。

（8）冷杉木材是一种软木木材，可用于制作家具、地板和其他木制品。它具有非常细的纹理，这使其成为高质量应用的理想选择。冷杉木材的颜色也非常浅，因此可以轻松染色以产生丰富的色彩。

（9）胶合板木材是一种轻质木材，几乎可以制成任何形状或尺寸。它是一种在建筑中使用了几十年的木材。胶合板木材是一种用于建造房屋、学校和办公楼的木材。胶合板木材有三种类型：实木、层压木材和刨花板。胶合板木材被认为是当今最通用的建筑材料类型之一。它易于运输、安装和维修。胶合板木材足够坚固，可以支撑重物，而无须钢梁或混凝土柱等其他材料的额外支撑。胶合板木材也非常实惠，使其成为建筑房屋时的理想选择。

（10）交叉层压木材是一种通过将木材交叉层压制成的工程木板，通常由三到七层以直角堆叠并黏合或钉在一起的木材组成。它使用与传统胶合板不同的制造和施工方法，传统胶合板由黏合在一起的薄木板制成，交叉层压木材使用垂直接缝而不是胶水来连接层。

（三）胶凝材料

1．胶凝材料的概念

在建筑材料领域中，胶凝材料是一种特殊的物质，当它与水或其他物质混合后，通过物理或化学作用，能够由浆体状态转变为坚固的固体形态。这种材料具有将散粒材料如砂、石，以及块状、片状材料紧密结合成整体的能力。

2．胶凝材料的分类

基于胶凝材料的化学组成，其可以细分为有机胶凝材料和无机胶凝材料两大类，其中无机胶凝材料（如石灰、水泥等）因其独特的性质而备受关注。

（1）石灰。石灰是通过在合适的温度条件下煅烧以碳酸钙为主要成分的石灰石，从而得到以氧化钙为主要成分的产品，这种产品也被称为生石灰。它是一种无机胶凝材料，具有良好的物理性能和化学性能，是生产水泥熟料最常用的原料之一。

（2）石膏。石膏主要由硫酸钙构成，是一种气硬性的无机胶凝材料。它具有良好的物理力学性能、化学稳定性及耐久性能，因此广泛用作建筑材料，并广泛应用于工业与民用建筑。

（3）水泥。水泥是一种无机水硬性胶凝材料，被认为是建筑领域中的关键材料之一，并在各种建筑项目中得到了广泛应用。水泥的种类繁多，根据其主要的水硬性成分，它被分为硅酸盐水泥、铝酸盐水泥、硫铝酸盐水泥、氟铝酸盐水泥和磷酸盐水泥等几大类。

（4）沥青。沥青是一种由不同分子量的碳氢化合物和其非金属衍生物构成的黑褐色复杂混合物，属于一种高黏度的有机液体，通常以液体或半固体的石油形态存在，表面是黑色的，可以溶解在二硫化碳和四氯化碳中。沥青作为一种有机胶凝材料，具有防水、防潮和防腐的特性。沥青具有良好的弹性，黏结力强，在常温下易于加工成型，并能与混凝土等其他建筑材料共同作用而提高其使用价值。由于它具有优良的物理力学性能，被广泛用于公路路面施工中，如水泥混凝土路面等。

（四）树脂

1．树脂的概念

树脂是一类高分子材料，其主要特性在于受热时会呈现软化或熔化的现象，这种性质使得树脂在受到外部力量时具有流动性。在常温条件下，树脂可能表现为固态、半固态或液态。作为一种有机聚合物，树脂不仅具有独特的物理和化学性质，还因其高性能和多功能性而被广泛应用于各个领域。

2．树脂的分类

从来源角度看，树脂可以分为天然树脂和合成树脂两大类。天然树脂指的是由自然界中的动植物分泌出的无定形有机物，如松香、琥珀、虫胶等。天然树脂具有较好的弹性，不溶于水，在常温下不能进行加工使用。合成树脂是由人工合成的一类高分子聚合物，具有可塑性强、性能多样等特点，被广泛应用于涂料、塑料等众多领域。

（五）混凝土

1．混凝土的概念

混凝土，通常简称为砼，英文名为 concrete，是由胶凝材料和骨料按照特定比例混合和拌合而成的混合物。混凝土常使用的原材料包括水泥、粉煤灰、矿粉、碎石、砂、水以及减水剂等。

2．混凝土的分类

依据密度，混凝土可以被划分为重混凝土（$\rho>2\ 600\ \mathrm{kg/m^3}$）、普通混凝土（$\rho=2\ 000\sim2\ 600\ \mathrm{kg/m^3}$）以及轻混凝土（$\rho<1\ 950\ \mathrm{kg/m^3}$）。目前日常使用得最多的为普通混凝土，重混凝土一般被用于防辐射等工程中，轻混凝土一般应用在保温隔热工程中。

根据应用领域的不同，可将其细分为结构混凝土、防水混凝土、道路混凝土、防辐射混凝土、大体积混凝土以及耐酸碱混凝土等。这些分类主要基于混凝土在实际工程项目中的特定功能和需求。

从生产和施工工艺的角度出发，混凝土又能被划分为预拌混凝土（亦称商品混凝土）、泵送混凝土、喷射混凝土、碾压混凝土和离心混凝土等几种类型。这种分类方式反映了混凝土在制备、运输及施工过程中的技术特性和工艺要求。

此外，依据混凝土的流动性特征，可进一步将其划分为干硬性混凝土、塑性混凝土、流动性混凝土和大流动性混凝土。具体而言，干硬性混凝土的坍落度小于 10 mm，其稠度通常使用维勃稠度来表示；塑性混凝土的坍落度介于 10～90 mm 之间；流动性混凝土的坍落度则在 100～150 mm 范围内；而大流动性混凝土的坍落度则超过 160 mm。值得注意的是，当前在建筑施工中，流动性混凝土和大流动性混凝土，即现浇混凝土，因其良好的施工性能和适应性而得到了广泛的应用。依据强度等级，混凝土可被划分为超高强混凝土（≥100 MPa）、高强混凝土（≥60 MPa）、普通混凝土（10～50 MPa）。

3．混凝土的主要性能

混凝土硬化前的性能主要为混凝土拌合物的工作性，混凝土硬化后的性能主要为耐久性。

（1）混凝土拌合物的工作性。混凝土拌合物的工作性描述了混凝土拌合物在各个施工步骤（如搅拌、运输、浇筑、捣实等）中的便利性，并确保得到均匀质量和密实成型的混凝土的特性。工作性是影响混凝土耐久性的重要因素之一。根据施工方法的不同，所需混凝土的工作性也会有所区别。在实际施工中，要根据施工现场的具体情况来选择合适的工作性指标。

（2）混凝土的耐久性。混凝土的耐久性描述的是混凝土能够抵抗外部环境的影响，并能长时间维持其出色的使用特性和外观一致性，从而确保混凝土结构的稳定和安全使用。常见的混凝土耐久性指标涵盖了对水渗透、氯离子渗透、冻融以及碳化的抵抗能力等方面。

（六）砂浆

1．砂浆的概念

砂浆是由无机胶凝材料、细集料和水按照一定比例混合制成的。它主要由水泥、砂、石及其他外加剂组成，具有一定强度，并能满足施工要求。

2．砂浆的种类

根据所用的成分，砂浆可以被分为石灰砂浆和水泥粉煤灰砂浆。石灰砂浆是由石灰膏、砂和水按照特定的比例混合而成，主要应用于对强度要求相对较低、不容易受潮的砌体和抹灰层；水泥粉煤灰砂浆是由水泥、砂和水按照特定的比例混合而成，通常应用于潮湿的环境或水中的建筑、墙壁或地板等。

根据其功能，砂浆可以被分为砌筑用砂浆和抹面用砂浆。

根据使用的材料种类，砂浆可以被分类为水泥砂浆、石灰砂浆、石膏砂浆以及水泥与石灰的混合砂浆等。

根据不同的应用需求，砂浆可以被分类为用于砌筑的砂浆、用于抹面的砂浆（包含装饰和防水的砂浆）以及用于黏结的砂浆等。

（七）合成高分子材料

1．合成高分子材料的概念

当今的合成高分子材料种类繁多，包括但不限于塑料、合成橡胶、合成纤维、薄膜和涂料等，其中塑料、合成橡胶和合成纤维被公认为现代三大高分子材料。

2．合成高分子材料的分类

（1）塑料。

常见的塑料大多基于合成树脂制成，并在其中添加了填充物、塑化剂、稳定剂、润滑剂、交联剂和其他添加剂。这些物质统称为塑料。

根据塑料的加热特性以及其是否具备反复成型的加工能力，塑料可以被分为热塑性塑料和热固性塑料这两个主要种类。热塑性塑料在受热时会软化，可以进行多种成型处理，冷却后会变硬，再次受热后，又会软化并可加工，这表明它具有重复加工的特性。热固性塑料在加热时会发生化学反应（交联反应），从而硬化定型，一旦固化后，再次加热也不会软化或流动。

（2）合成橡胶。

合成橡胶属于一种线性柔性高分子聚合物。根据其特性和应用，合成橡胶可以分为通用合成橡胶、专用合成橡胶和特殊合成橡胶三种类型。

用于替代天然橡胶生产轮胎和其他常见橡胶产品的合成橡胶被称为通用合成橡胶，例如丁苯橡胶、顺丁橡胶、乙丙橡胶、丁基橡胶、氯丁橡胶等。用于生产胶管、胶带、密封带以及其他特殊用途的合成橡胶称为专用合成橡胶。特种合成橡胶是一种适用于多种特殊环境，如耐寒、耐热、耐油和耐臭氧的橡胶制品，例如丁腈橡胶、硅橡胶、氟橡胶、丙烯酸酯橡胶和聚氨酯橡胶等。在一般情况下，合成橡胶都是以分子链中含有活性基团或带有官能团为基础的一类聚合物。

（八）装饰材料

1．装饰材料的概念

装饰材料（又称建筑装饰材料）主要应用于美化建筑的内外墙面、制造内部墙壁，并在此基础上赋予部分实用功能。

2．装饰材料的分类

根据装饰材料的主要功能，可以将其分为地面的装饰材料、室内墙面的装饰材料以及外部墙面的装饰材料，见表 2-5 所列。

表 2-5　装饰材料分类

分类		特点
地面的装饰材料	水泥砂浆	具有出色的耐磨性和广泛的应用，但同时也存在隔音效果不佳、缺乏弹性和高热导率等不足
	大理石	具有清晰且美观的纹理，经常被用于高档宾馆和其他公共活动地点

续表

分类		特点
地面的装饰材料	水磨石	具有出色的耐磨特性和美观的光泽
	木质地板	具有卓越的弹性和低热导率特性
室内墙面的装饰材料	有机合成树脂	广泛应用于油漆制造
	石膏板	防火、隔音、隔热、轻质、高强度和施工简便
	钙塑板	出色的装饰效果、保温、隔音
外部墙面的装饰材料	涂料	耐水、耐碱、抗冻，能够有效保护建筑物表面
	石材	良好的装饰性能和耐磨性，色彩鲜艳丰富，使用寿命长
	瓷砖	强度高、颜色与图案多样、装饰性强，易于清洁和维护
	金属板	轻便、耐腐蚀

第二节　几种常用的新型项目物资

新型项目物资种类繁多，涵盖了多个领域和不同的材质。以下是一些常见的新型项目物资及其具体描述。

一、新型基础材料

新型基础材料的分类、用途及特性见表 2-6 所列。

表 2-6　新型基础材料

分类		用途及特性
新型钢铁材料	高性能船舶用钢	用于船舶制造，具有高强度、耐腐蚀等特性
	新能源汽车用一体化压铸模具钢	专为新能源汽车的轻量化、高效生产而设计，具有良好的可塑性和耐磨性

续表

分类		用途及特性
有色金属	航空用高性能铝型材	用于航空航天领域，具有高强度、低密度、耐腐蚀等特点
	钛合金材料	在航空航天、医疗等领域有广泛应用，具有优异的力学性能和耐腐蚀性
先进化工材料	特种橡胶及其他高分子材料	如星型支化卤代丁基橡胶、防雾车灯用有机硅密封胶等，具有特殊的物理和化学性能，满足特定工程需求
	工程塑料	如耐高温尼龙（PPA）材料、尼龙及复合材料等，具有高强度、耐高温、耐磨损等特性，广泛应用于汽车、电子等领域

二、前沿新材料

3D 打印材料包括金属粉末、高分子材料、陶瓷粉末等，通过 3D 打印技术可以将其制造成形状复杂和精度高的零部件，广泛应用于航空航天、医疗等领域。

纳米材料具有独特的物理、化学和生物性能，如纳米银具有优异的抗菌性能，碳纳米管具有高强度和高导电性，在电子、能源、医疗等领域有广泛应用。

智能材料，如形状记忆合金、压电陶瓷等，能够感知外界环境变化并作出相应反应，在航空航天、机器人、医疗等领域有重要应用。

三、其他新型工程材料

（一）泡沫铝

泡沫铝是一种轻质多孔金属材料，具有密度小、吸收冲击能力强、耐高温、防火性能强等特点，在建筑、交通等领域有广泛应用。

（二）透光水泥

透光水泥由光纤和细磨水泥组成，具有透光性能，可被用于建筑装饰、景观设计等领域，赋予空间独特的光影效果。

（三）PU 堡垒石

PU 堡垒石是一种仿真石材，由聚氨酯（PU）制成，具有重量轻、易安装、环保、防水、防潮等特点，广泛应用于建筑装饰、园林景观等领域。

（四）形状记忆合金

形状记忆合金具有独特的形状记忆效应和超弹性，能够在受力变形后，通过加热恢复原状。在航空航天领域用于智能结构的驱动元件；在医疗器械中用于制造血管支架、牙齿矫正丝等；在土木工程中用于抗震结构的阻尼器。

（五）泡沫金属

泡沫金属的原理是通过特殊工艺在金属内部形成大量孔隙。具有低密度、高比强度、良好的吸能和隔音性能。在保证一定强度的同时，减轻重量，提高能量吸收能力。在汽车行业用于制造吸能部件，如保险杠、防撞梁等；在航空航天领域用于缓冲和减震装置；在建筑领域用于隔音和保温材料。

（六）石墨烯建筑材料

石墨烯是由石墨层堆积而成的单层碳原子网络，在建筑材料领域中，石墨烯材料主要被用于强度和导热性能要求较高的场合。它是一种轻质、高强度、高导热性、阻燃性和耐腐蚀性极佳的材料。

它有以下优点。强度高：石墨烯的强度非常高，比传统材料的强度高几倍。导热性能好：石墨烯的导热性能优于金属，可以大幅度提高建筑物的能源利用效率。良好的防火性：石墨烯是非常好的防火材料，可以有效防止火灾。良好的抗氧化性能：石墨烯材料在高温和高湿的环境下也能保持优异的物理性能和化学稳定性。美观性能好：石墨烯材料的质感较好，可以实现丰富多彩的表面效果。

它有以下缺点。昂贵：石墨烯材料的制备成本高，目前价格仍较贵。操作难度大：石墨烯的制备和加工难度相对较大，操作难度也比较大。可塑性差：石墨烯的可塑性较差，难以加工成复杂形状。

石墨烯建筑材料可以应用于建筑外立面、墙体、屋顶、桥梁、地铁隧道、高速公路路面等领域。利用石墨烯的高导热性能，可以降低墙体的隔热材料厚度，从而缩小建筑房体面积，达到轻量化强度的平衡。钢材加石墨烯的组合材料是桥梁的理想材料，因为它具有高强度、导热性良好、高抗疲劳性、耐腐蚀的特性。石墨烯材料还可被用于屋顶建筑雨水接管系统、太阳能电池板等领域。

（七）智能玻璃

智能玻璃是一种具有可调节透明度的玻璃材料，也被称为可变透明玻璃或电子玻璃。通过控制电流，可以使其从透明状态切换到不透明状态，达到隔热和保护隐私的效果。

智能玻璃具有可调节透明度的特点，可以根据需要调节自身的光传输率；智能玻璃的不透明状态可以达到保护隐私的效果，使建筑内部得到更好的屏蔽保护；智能玻璃可以减少室内的照明和空调负荷，从而达到节能减排的效果；智能玻璃的表面可以设计成多种颜色和图案，从而美化建筑外观和室内装饰效果。

但是智能玻璃的制作和研发成本相对较高，价格较贵；智能玻璃内部电子元器件可能面临故障和磨损等问题，需要维护和更换；智能玻璃的使用寿命相对较短，需要更换。

智能玻璃适用于墙壁、落地窗、天花板、隔板、涂层和门等。特别是在一些需要保护隐私和改善视觉环境的场所，如智能办公室、酒店房间等。

第三节　项目物资的发展趋势和方向

近年来，随着国家对绿色建筑和节能减排的重视以及市场对高性能建筑材料的需求增加，项目物资的研发和应用呈现出以下趋势。

一、绿色环保化

工程材料绿色环保化趋势是当前全球可持续发展的关键驱动力之一，其重要性日益凸显。

随着全球环境问题的日益严峻，社会各界对环保意识的提升达到了前所未有的高度。建筑行业作为资源消耗和环境污染的大户，其材料的绿色化转型成为必然趋势。消费者、政策制定者及行业内的企业纷纷加大对绿色工程材料的需求与关注。这种需求不仅体现在材料的环保性能上，如低能耗、低排放、可回收再利用等，还包括了对材料全生命周期环境影响的全面考量。因此，绿色工程材料的市场需求不断增长，推动了相关技术的研发与应用。

为满足日益增长的绿色需求，工程材料领域正经历着深刻的技术创新与研发变革。科研人员不断探索新的材料体系、制备工艺和改性技术，以提升材料的环保性能和综合性能。例如，通过纳米技术、生物技术等前沿科技的引入，开发出了具有优异性能的新型绿色材料；通过优化材料配方和工艺参数，实现了材料在生产和使用过程中的节能减排；通过回收利用和再生利用技术，实现了废弃材料的资源化利用。这些技术创新不仅丰富了绿色工程材料的种类和性能，还降低了生产成本，提高了市场竞争力。

工程材料绿色环保化趋势的快速发展离不开政策引导和市场机制的完善。各国政府纷纷出台相关政策法规，鼓励和支持绿色工程材料的研发与应用。这些政策包括税收优惠、资金补贴、标准制定等，为绿色材料的市场推广提供了有力保障。同时，市场机制也在不断完善中，绿色采购、绿色金融等新型市场模式逐渐兴起，为绿色工程材料的发展注入了新的活力。此外，消费者环保意识的提升也促使市场更加倾向于选择绿色产品，进一步推动了工程材料绿色环保化趋势的深入发展。

二、高科技化

随着科技的进步，新型工程材料不断涌现。这些材料具有优异的力学性能和特殊的功能性，如高强度、高韧性、耐腐蚀、耐高温等。例如，高性能合金、复合材料、纳米材料等在航空航天、汽车制造、电子信息等领域得到广泛应用。

新型材料的研发需要跨学科的合作与创新。化学家、物理学家等不同学科的专家携手合作，共同推动新材料的研发和应用。

先进制造技术如 3D 打印、智能制造等的应用，为工程材料的生产提供了更加高效、精准的方式。这些技术可以实现复杂形状和结构的制造，提高材料的利用率和生产效率。

同时，智能制造技术的应用还可以实现生产过程的自动化和数字化监控，提高生产质量和降低成本。

三、多功能化

工程材料正朝着多功能化的方向发展。通过添加特殊的功能性成分或改进材料的结构，可以使材料具有多种功能，如自修复、智能响应、防火、防水、防腐蚀等。这些功能的集成可以简化构造和施工工艺，提高经济效益。

例如，智能混凝土能够感知外部环境的变化并作出响应，如根据温度变化自动调节强度或修复裂缝；自修复材料能够在受损后自动恢复性能，延长使用寿命。

多功能材料的研发还促进了集成化设计的发展。通过将多种功能集成到一种材料中，可以实现材料的多功能化。这种设计方式不仅可以提高材料的性能和使用效率，还可以减少材料的种类和数量，降低生产成本和复杂程度。

四、智能化

智能材料是工程材料智能化的重要体现。这些材料具有感知、响应和调控功能，能够根据外部环境的变化自动调整性能。例如，形状记忆合金能够在特定条件下恢复原始形状，压电材料能够将机械能转化为电能等。

智能材料的应用范围广泛，包括航空航天、汽车制造、医疗器械等领域。通过引入智能材料，可以提高产品的性能和可靠性，降低维护成本。

随着物联网、大数据、人工智能等技术的不断发展，工程材料的智能化管理成为可能。通过建立智能监测与管理系统，可以实时监测材料的性能和使用状态，预测潜在问题并采取相应措施。

例如，在大型基础设施项目中安装传感器和监测设备，可以实时监测结构的应力、变形等参数，确保结构的安全性和稳定性。同时，通过数据分析和挖掘技术，可以优化材料的使用和维护策略，提高经济效益和社会效益。

本 章 小 结

本章概述了项目物资的种类、用途及其发展趋势。首先，本章根据化学成分、功能和工程项目对项目物资进行了分类，并对一些常用的项目物资进行了重点阐述。其次，本章分析了一些常用新型项目物资，如新型基础材料、前沿新材料和其他新型工程材料，展示了项目物资材料领域的技术进步和创新。最后，本章探讨了项目物资的发展趋势和方向。项目物资在建筑工程中起着至关重要的作用，其发展趋势正朝着绿色环保化、高科技化、多功能化和智能化的方向前进，为建筑行业的可持续发展提供有力支持。

第三章 项目组织人力素质的管理与提升

项目组织与人力素质能力建设是驱动项目高效实施的核心引擎，其对优化资源配置、激活团队效能、增强风险抵御能力及夯实企业可持续发展根基具有战略意义。因此，企业需将其纳入核心管理框架，通过系统性构建与动态优化，打造适配项目需求的人力管理体系，以提升行业竞争力与市场话语权。本章从组织架构与人力素养协同发展的视角，主要分析了项目组织的定义与意义，剖析了项目物资管理对人员知识结构、基本素质、专业能力及道德规范的多维要求，探讨了关键绩效指标法、360 度反馈法等人力素质能力评价体系，提出了涵盖培训体系构建、沟通机制强化、绩效考核优化等方面的人力素质能力提升对策。

第一节 项目组织的定义与意义

一、项目组织的定义和特点

（一）项目组织的定义

项目组织是指在实施一个具体项目时，为了有效地整合资源（如人力资源、物力资源、信息资源等）、管控任务流程和协调各方利益相关者而建立的临时性组织结构。这种组织结构是围绕项目的目标、范围、时间、成本、质量和风险等因素来设计的，旨在确保项目能够顺利、高效地完成。

（二）项目组织的特点

1．临时性

项目组织是随着项目的开始而建立，随着项目的结束而解散。这种临时性使得项目组织能够灵活应对项目需求的变化，并在项目完成后迅速释放资源。

2．目标明确

项目组织的核心是围绕项目的特定目标来构建的。这些目标可能是开发新产品、提供服务、完成建筑工程等，项目组织的所有活动和决策都应服务于这些目标。

3．跨部门 / 跨职能

为了有效应对复杂项目的挑战，项目组织通常需要整合来自不同部门或职能领域的专家和人力资源。这种跨部门或跨职能的协作有助于实现知识、技能和经验的共享，促使项目获得成功。

4．灵活性

由于项目环境和需求的变化，项目组织需要保持一定的灵活性。这意味着组织结构、职责分配、素质调配等方面都可以根据项目的进展和需要进行调整。

项目组织的类型多种多样，包括职能型组织、项目型组织和矩阵型组织等。选择哪种类型的项目组织取决于项目的复杂性、规模、素质可用性以及组织的战略和目标等因素。

二、项目组织的意义

项目组织的意义在于为项目的成功实施提供有效的框架和支持。以下是项目组织的几项意义。

（一）明确责任与角色

项目组织通过明确每个成员的职责和角色，确保项目工作能够有序进行。它帮助团队成员理解自己在项目中的位置，以及需要承担的任务和期望的成果。

（二）促进沟通与协作

项目组织为团队成员提供了沟通的平台和渠道，促进信息共享和协作。通过定期会议、报告和沟通机制，项目组织可以确保所有相关方都了解项目的进展、问题和解决方案，从而共同推动项目的成功。

（三）提高决策效率

项目组织通过明确的决策流程和授权机制，提高决策效率和准确性。在项目实施过程中，项目组织可以迅速响应市场变化和项目需求，制定和调整项目计划，确保项目方向的正确性和灵活性。

（四）增强团队凝聚力

项目组织通过制定共同的目标和愿景，将团队成员紧密联系在一起，形成强大的团队凝聚力和向心力。这种团队凝聚力有利于激发成员的积极性与创造力，提升项目执行效率，优化成果质量。

项目组织对项目的成功实施具有至关重要的作用。它不仅能够确保项目工作的有序进行和人员的有效配置，还能够提高企业的决策效率、应对风险挑战、促进持续改进与创新，并增强团队凝聚力。因此，在项目管理中，建立科学合理的项目组织是至关重要的。

第二节　项目组织对人力素质的要求

一、知识结构

对项目物资管理人员的知识结构要求是多方面的，进而确保他们能够胜任项目物资管理的复杂任务。以下是对项目物资管理人员知识结构的具体要求。

（一）专业知识

物资管理人员作为项目运作的关键角色之一，其专业素养与综合能力对确保物资的高效与精准供应至关重要。他们不仅需要拥有深厚的物资管理理论基础，还需将这些知识灵活应用于实践中，以应对复杂多变的项目需求。

在物资管理的基础知识层面，物资管理人员需精通各类物资的分类与编码体系，这是实现物资信息化、标准化管理的基础。通过科学合理的分类与编码，能够迅速定位、识别并追踪物资，提高管理效率。同时，他们还需掌握物资的精确计量方法，确保物资数量的准确无误，为后续的库存管理、成本核算提供可靠依据。

此外，财务管理知识对物资管理人员同样重要。他们需了解物资成本构成、预算编制、资金流管理等方面的知识，能够运用财务分析工具对物资管理活动进行成本效益分析，为企业的物资管理决策提供有力的数据支持。通过精细的财务管理，物资管理人员能够帮助企业实现物资管理的降本增效，为企业创造更大的经济效益。

（二）业务技能

物资管理人员作为企业供应链管理的核心角色，其职责广泛的覆盖面与重要性是不言而喻的。在采购管理方面，他们不仅是市场动态的敏锐洞察者，更是成本控制的高手。熟悉采购流程是物资管理人员的基本功，从需求提出、供应商评估、询价比较、合同签订到到货验收，每一个环节都需要他们精心策划与执行。在这个过程中，掌握谈判技巧尤为重要，通过有效的沟通与协商，项目物资管理人员能够争取到更优惠的价格、更灵活的付款条件以及更优质的售后服务，从而显著降低采购成本，为企业节省大量资金。

在制订采购计划时，项目物资管理人员需紧密结合市场情况和项目实际需求，运用数据分析和预测工具，确保采购计划既符合当前的生产运营需求，又能对未来可能出现的变化做出合理预判。这种前瞻性的采购策略，有助于企业避免物资短缺或过剩的风险，保持供应链的稳定性与灵活性。

在库存管理领域，项目物资管理人员同样发挥着关键作用。他们需深入理解库存控制的基本原理和技巧，如经济订货量（EOQ）模型、安全库存量设定、库存周转率分析等，以制定科学合理的库存策略。通过使用先进的库存管理系统，如采用条形码、射频识别等自动识别技术，项目物资管理人员能够实时监控库存状态，及时调整库存水平，有效减少库存积压和浪费，提高库存周转率和资金使用效率。

（三）信息技术应用

物资管理信息系统是企业实现物资管理现代化的重要工具，它集成了物资的分类、编码、采购、库存、配送等多个环节的信息，为物资管理人员提供了一个全面、实时、准确的数据平台。物资管理人员需要深入理解系统的架构、功能模块及操作流程，确保能够高效、准确地录入各类物资信息，包括物资的基本属性、库存数量、采购价格、供应商信息等。同时，项目物资管理人员还需熟练掌握查询功能，能够迅速定位所需信息，为日常管理和决策提供即时支持。

更进一步地，项目物资管理人员还需具备强大的数据分析能力。在信息化背景下，数据已成为企业决策的重要依据。项目物资管理人员应熟练运用数据分析工具，如 Excel、SPSS、Python 等，对物资管理数据进行深入挖掘和分析。他们可以通过数据分析，识别物资消耗的趋势、预测库存需求、评估供应商的绩效、发现潜在的节约成本的机会等。这些分析结果不仅能够帮助企业优化库存结构、提高采购效率、降低运营成本，还能为企业的战略规划提供有力支持。

（四）法律法规与标准

物资管理人员在履行职责的过程中，不仅需要具备扎实的专业技能和丰富的实践经验，还必须对与物资管理紧密相关的法律法规有深入的了解和严格的遵守，以确保所有物资管理活动均在合法合规的框架内进行。

《中华人民共和国民法典》是物资管理人员必须熟悉的重要法律之一。在物资采购、销售、租赁等各个环节中，合同的签订与履行都是关键环节。物资管理人员需熟练掌握《中华人民共和国民法典》的相关规定，包括合同的订立、效力、履行、保全、变更和转让、终止及违约责任等，以确保在签订合同时能够明确双方的权利与义务，有效防范合同风险，保障企业的合法权益。

此外，物资管理人员还需了解并遵循物资管理的标准规范。这些标准规范，如ISO质量管理体系、国家标准等，为物资管理活动提供了科学、系统的指导。通过遵循这些标准规范，物资管理人员可以确保物资管理活动的规范化、标准化和精细化，提高管理效率和质量水平。例如，ISO质量管理体系要求企业建立持续改进的管理机制，物资管理人员可以借此机会不断优化管理流程，提升物资管理水平。

总之，对项目物资管理人员的知识结构要求是多方面的，包括专业知识、业务技能、信息技术应用、法律法规与标准等方面。只有具备全面的知识结构，才能胜任物资管理的复杂任务，为项目的顺利实施和企业的长期发展提供有力保障。

二、基本素质

对项目物资管理人员的基本素质要求是多方面的，这些素质不仅关乎他们对岗位的适配程度，还涉及他们的个人特质、思维模式以及职业态度。以下是对项目物资管理人员基本素质要求的阐述。

（一）学习适应与知识素养

在数字化转型与行业技术迭代的双重驱动下，项目物资管理领域呈现出技术融合度高、知识更新快的特征。物资管理人员需构建动态化知识更新机制，以行业发展趋势为导向，定期参与供应链管理、智能仓储优化、绿色采购等前沿理论培训，形成覆盖战略层、战术层、操作层的知识体系。在技术应用层面，需熟练掌握数据分析工具、可视化平台及数字化管理系统，将行业政策变化、技术演进趋势转化为可落地的管理策略。同时，应提升跨领域知识整合能力，将经济学、运筹学、信息技术等多学科理论融入物资管理实践，形成兼具理论深度与实践指导性的复合型知识结构，以应对行业变革带来的管理挑战。

（二）逻辑思维与问题意识

项目物资管理的复杂性要求管理人员具备系统性逻辑分析能力。在问题解决过程中，需遵循“界定问题—拆解要素—推演方案—评估验证”的结构化框架，运用因果分析模型、鱼骨图等工具追溯问题根源，结合决策矩阵、层次分析法等方法评估解决方案的可行性与优先级。同时，应构建基于历史数据与行业趋势的风险预判机制，通过建立供应商信用评估模型、运输风险预警指标体系等，提前识别潜在风险点。在日常管理中，需保持敏锐的问题意识，主动识别物资管理流程中的低效环节、潜在漏洞，形成从问题识别、分析到解决的闭环管理思维，实现管理过程的持续优化与风险防控。

（三）团队协作与人际亲和力

物资管理涉及项目团队、供应商、物流商等多主体的协同作业，需建立多层级、多维度的沟通协调机制。在内部协作方面，应针对项目团队建立需求动态对接机制，通过定期沟通会议、进度同步报告等方式，确保物资供应与项目需求精准匹配；在外部合作层面，需与供应商构建战略合作沟通渠道，明确质量标准、交付周期等关键要素，建立长期互信关系。同时，需向上级管理层定期输出物资管理分析报告，为项目决策提供数据支持。在跨主体协作中，管理人员应强化同理心与冲突化解能力，通过主动倾听各方诉求、协调利益分歧，平衡效率与公平，构建互信共赢的合作生态，确保物资管理全链条信息畅通、协同有序，避免因沟通不畅导致的管理断层。

（四）抗压能力与应变韧性

项目物资管理常面临工期压力、资源紧张、突发状况等多重挑战，要求管理人员具备较强的抗压能力与应变韧性。在高强度工作环境下，需建立科学的任务优先级管理体系，运用时间管理矩阵、任务分解技术等工具合理分配工作负荷，同时通过压力管理策略保持稳定的情绪状态与工作效能。面对供应链中断、自然灾害、政策突变等突发情况，应依据预先制定的应急预案，迅速启动资源动态调配机制，通过寻找替代供应商、调整运输路线、优化库存策略等方式，实现管理流程的临时重构。在应急处理过程中，需保持冷静判断与果断决策能力，最大限度降低外部因素对项目的影响。

（五）创新思维与开放心态

在行业竞争加剧与管理模式变革的背景下，物资管理人员需突破传统管理思维定式，建立创新驱动的管理理念。应主动关注物联网、区块链、人工智能等新技术在物资管理领域的应用场景，研究其对供应链可视化、库存智能预测、采购自动化等环节的优化潜力，探索流程再造与模式创新路径。同时，需建立开放包容的管理心态，积极引入行业先进经验，通过跨企业对标、跨领域学习等方式，汲取精益管理、敏捷供应链等新型管理理念。在实践中，鼓励通过头脑风暴、方案比选等方式激发创新思维，推动管理模式从经验驱动向数据驱动、创新驱动转型，提升物资管理的效率、效益与竞争力，适应企业可持续发展需要。

总之，对项目物资管理人员的基本素质要求是多方面的，包括学习适应与知识素养、逻辑思维与问题意识、团队协作与人际亲和力、抗压能力与应变韧性、创新思维与开放心态。这些素质的综合提升将有助于项目物资管理人员更好地履行职责、发挥作用并推动项目的成功实施。

三、基本能力

对于项目物资管理人员的基本能力要求涵盖了多个方面，以确保他们能够高效、准确地完成物资管理的各项任务。以下是对这些基本能力要求的详细阐述。

（一）计划与组织能力

项目物资管理人员可以根据项目进度和实际需求，制定合理的物资需求计划，确保物资供应与项目需求相匹配。同时具备组织物资调配的能力，以应对包括物资的采购、入库、出库、运输等各个环节的协调与安排。

项目物资管理人员通过制定详细的物资需求计划，能够精准地预测和规划项目在各个阶段所需物资的种类、数量、质量以及时间要求。这种精准的预测和规划有助于避免物资短缺或过剩的情况，确保物资供应与项目需求保持高度匹配。计划与组织能力的提升，使得项目物资管理人员能够更准确地把握项目动态，及时调整物资需求计划，以应对项目变更或突发情况。

（二）沟通协调能力

项目物资管理人员要与项目团队内部成员保持良好沟通，确保物资信息的及时传递和共享。同时与供应商、承运商等外部合作伙伴进行有效沟通，协调解决物资供应和运输中的问题。

项目物资管理人员需要与多个供应商进行沟通和协调，以确保物资采购的顺利进行。他们需要与供应商协商价格、交货期、质量标准等关键事项，并解决可能出现的问题和纠纷。优秀的沟通协调能力能够帮助他们与供应商建立长期稳定的合作关系，确保物资供应的可靠性和稳定性。同时，这也有助于降低采购成本，提高采购效率。

（三）成本控制能力

项目物资管理人员要根据项目预算，制定合理的物资采购和库存管理计划，控制物资成本在预算范围内。同时，对物资成本进行定期分析，识别节约成本的机会，提出改进措施。

项目物资管理人员通过有效的成本控制，能够确保物资采购、存储、使用等各个环节的费用得到合理控制，减少浪费和损失。这有助于降低项目总成本，提高项目的经济效益。在项目预算有限的情况下，良好的成本控制能力能够使项目在保证质量的前提下，以更低的成本完成，为项目团队和企业创造更多的利润。

在激烈的市场竞争中，成本控制能力是企业和项目脱颖而出的重要因素之一。项目物资管理人员实施精细化成本管理，可削减项目成本，提升产品性价比，强化项目的市场竞争优势。这有助于企业获取更多市场份额，塑造良好品牌形象，拓展业务规模，具有极为关键的意义。

（四）库存管理能力

项目物资管理人员要运用合理的库存控制策略，如先进先出、安全库存等，确保库存水平既能满足项目需求又能避免过度积压。同时，定期进行库存盘点，确保库存数据的准确性和完整性。

库存管理的首要任务是确保项目所需物资的稳定供应。通过有效的库存管理，项目物资管理人员可以实时掌握库存状况，及时补充短缺物资，避免因物资短缺而影响项目进度。同时，合理的库存水平还能应对突发情况，如供应商延迟交货、运输中断等，为项目提供可靠的物资保障。

（五）信息技术应用能力

项目物资管理人员能熟练掌握物资管理信息系统或其他相关软件的操作，能够利用信息技术手段提高物资管理效率。同时，具备基本的数据分析能力，能够利用数据分析工具对物资管理数据进行处理和分析，为决策提供支持。

信息技术应用能力能够帮助项目物资管理人员实现物资管理的信息化和数字化。通过采用先进的信息系统和管理软件，项目物资管理人员可以实时掌握库存情况、采购进度、物资流向等关键信息，实现数据的快速采集、处理和分析。这不仅能够提高管理效率，减少人为错误，还能够为管理层提供准确、全面的数据支持，为科学决策提供依据。

总之，对项目物资管理人员基本能力的要求是多方面的，包括计划与组织能力、沟通协调能力、成本控制能力、库存管理能力、信息技术应用能力等。这些能力的综合提升将有助于项目物资管理人员更好地履行职责、提高物资管理效率并推动项目的成功实施。

四、道德要求

对项目物资管理人员的道德要求是多方面的，这些道德要求不仅关乎他们的职业操守，还直接影响到项目的顺利进行和企业的声誉。以下是对项目物资管理人员道德要求的详细阐述。

（一）诚实守信

项目物资管理人员应提供准确的信息和数据，并及时纠正任何错误。在与项目相关的文件、报告中，不得故意隐瞒或歪曲事实。在与项目团队、供应商、客户等各方沟通时，应保持坦诚，尊重他人的意见和观点，不虚假宣传或夸大承诺，不隐瞒项目风险和问题。严守项目和客户的商业机密，不泄露任何机密信息，确保项目资料和数据的安全。

（二）廉洁自律

项目物资管理人员应拒绝接受任何与工作相关的贿赂、回扣或其他不正当利益，保持清正廉洁的工作作风。在物资采购、库存管理、供应商选择等各个环节中，不利用职务之便谋取私利，确保物资管理工作的公正性和透明度。

（三）爱岗敬业

项目物资管理人员应对项目物资管理工作充满热情和责任感，认真履行岗位职责，确保物资供应的及时、准确和高效。面对工作中的挑战和困难时，项目物资管理人员能够勇于担当责任，积极寻求解决方案，不推诿扯皮。

（四）尊重他人

项目物资管理人员应尊重不同文化背景、观点和信仰的人，在与不同国家、地区和民族的人合作时，避免歧视和偏见。倾听他人的意见和想法，积极表达自己的看法，尊重对方的观点，虚心接受反馈和建议。

（五）公平公正

项目物资管理人员在处理物资管理相关事务时，应保持公正无私的态度，不偏袒任何一方，确保决策的公平性和合理性。严格遵守国家的法律法规和企业的规章制度，不从事任何违法乱纪的行为，维护企业的声誉和利益。

总之，对项目物资管理人员的道德要求是多方面的，包括诚实守信、廉洁自律、爱岗敬业、尊重他人、公平公正等。这些道德要求的落实将有助于提升项目物资管理工作的整体水平，确保项目的顺利进行和企业的持续发展。

第三节　项目组织对人力素质管理的目标

项目物资管理中人力素质管理的主要目标是确保项目物资管理工作的顺利进行和高效完成，以支持整个项目的成功实施。以下是具体的目标。

（一）确保物资管理团队的专业性和高效性

根据项目物资管理的需求，招聘具备相关专业知识和技能的员工，通过科学的选拔流程，确保团队成员的专业性和适配度。为物资管理人员提供必要的培训和发展机会，不断提升其专业技能和管理水平，以适应项目发展的需求。

（二）优化人力配置

根据项目物资管理的具体任务和需求，合理安排人力，确保人员数量、结构和能力的匹配，避免人力浪费和短缺。通过团队建设和管理，促进物资管理人员之间的沟通和协作，提高团队的整体效能。

（三）激励与保留人才

通过制定合理的薪酬、福利和奖励政策，激励物资管理人员积极投入工作，提高工作效率和质量。关注员工的职业发展规划和个人成长需求，提供晋升机会和发展空间，增强员工的归属感和忠诚度。

（四）提升物资管理效能

通过人力管理，推动物资管理流程的优化和标准化，提高工作效率和准确性。关注物资管理过程中可能出现的风险和问题，通过人力的合理配置和团队协作，降低风险发生的可能性。

（五）满足项目整体需求

人力素质管理的最终目标是为项目整体目标服务，确保物资供应的及时、准确和高效，为项目的顺利实施提供有力保障。关注项目干系人的需求和期望，通过有效的人力素质管理，提升项目干系人的满意度和信任度。

总之，项目物资管理中人力素质管理的目标涉及多个方面，旨在通过确保团队专业性、优化人员配置、激励保留人才、提升管理效能、服务项目整体需求等措施，为项目物资管理工作的顺利进行和高效完成提供有力支持，同时促进组织的持续发展。

第四节　项目组织对人力素质管理的原则

项目物资管理中人力素质管理的原则旨在确保物资管理工作的顺利进行，提高管理效率，并满足项目整体需求。以下是一些关键的原则。

（一）以人为本

在进行人力素质管理时，要尊重员工的意愿和需求，关注员工的成长和发展。通过制定人性化的管理制度，提供必要的培训和发展机会，增强员工的归属感和忠诚度。秉持以人为本原则，可充分调动员工的积极主动性与创造能力，有效提升整体工作效能。以人为本的人力素质管理策略，采取诸多人性化、个性化手段，全面顾及员工的成长与发展状况，激发他们的潜在能力与创造活力，最终形成企业与员工协同成长、共筑繁荣的局面。

（二）动态管理

动态管理原则能够增强组织的适应性和灵活性，应对各种不确定性和变化。根据项目物资管理的实际情况灵活调整人力配置，是动态管理的重要策略。可以根据项目的进展和需求变化，及时增减或调整物资管理人员，确保项目的顺利进行。借助构建完备的管理机制、强化员工培训及个人发展，并维持与员工的顺畅交流，企业得以保障项目物资管理有序推进，为项目成功筑牢根基。

（三）系统优化

系统优化原则要求将物资管理和人力配置视为一个系统，通过优化组合实现整体效能的最大化。运用系统的理论和方法，对物资管理人员进行科学合理的配置和组合，以提升团队协作精度与整体绩效。该原则的核心在于突破单一要素优化的局限，多维度构建协同机制，使团队在物资采购、库存管理、物流协调等环节形成合力。通过建立岗位胜任力模型匹配人员与任务需求，运用组织行为学理论设计团队协作流程，借助数字化工具监控素质组合的动态适配性。这种管理策略超越了传统人员配置的机械思维，强调通过系统要素的交互作用释放组织潜能，最终实现物资管理效率从“个体最优”向“系统最优”的跃升。

（四）能级对应

能级对应原则在物资管理人员配置中的应用是一项重要而复杂的任务。它要求企业以员工的能力和经验为出发点，通过深入的能力评估和岗位分析，实现员工与岗位之间的精准匹配。这一过程不仅有助于充分发挥员工的潜能和提高物资管理工作的质量和效率，还能够促进员工个人与组织之间的协同发展，为企业的长远发展注入源源不断的动力。

（五）全员参与

全员参与原则在物资管理工作中的深入实践，是构建高效协作、和谐共进的团队的重要途径。通过建立全员参与的机制，企业能够激发员工的积极性和创造力，增强团队的凝聚力和向心力，为项目的成功实施和企业的持续发展奠定坚实的基础。

总之，项目物资管理中人力素质管理的原则是多方面的，旨在通过科学、合理的管理手段，提高物资管理工作的效率和质量，满足项目整体需求。这些原则在实践中相互关联、相互促进，共同构成了物资管理人力资源配置的完整体系。

第五节　项目组织对人力素质的评价方法

人力素质的评价方法多种多样，这些方法旨在全面、客观、公正地评估物资管理人员的绩效和能力，以优化人力资源配置，提高项目物资管理的效率和效果。以下是一些常用的评价方法。

（一）关键绩效指标法

关键绩效指标法在项目物资管理人力素质评价方面，是一种重要的管理工具，旨在通过量化的指标来衡量和评估物资管理人员在项目执行过程中的绩效表现，特别是其人力素质和能力水平。

关键绩效指标（key performance indicator，KPI），是用来衡量和评估企业、部门或员工绩效的量化指标。在项目物资管理中，通过设定具体、可衡量、可达成、相关性强且有时限性的 KPI，管理者可以了解物资管理人员的工作进展、能力水平及存在的问题，从而采取相应的管理措施。

1．明确评价目标

首先，将项目的整体战略目标分解为物资管理的具体目标，如提高物资供应效率、降低采购成本、优化库存结构等。

其次，在确定战略目标的基础上，进一步将物资管理目标细化为对人力素质和能力的要求，如沟通协调能力、数据分析能力、采购谈判技巧等。

2．确定 KPI

KPI 在项目物资管理人力素质评价中的具体设计应充分体现五个核心要素：第一，KPI 应具体描述物资管理人员需要达成的明确标准或完成的任务，如“每月采购成本需降低 5%”，以确保评价目标清晰无误；第二，KPI 必须是可量化的，如“物资供应准时率需达到 98%”，以便能够准确评估绩效表现；第三，KPI 的设定应兼顾可达成性，即在合理范围内既具有挑战性又可实现，避免标准过高或过低导致的不切实际；第四，KPI 必须与项目物资管理的核心目标和人力素质能力紧密相关，以确保评价的有效性和针对性；第五，每个 KPI 都应设定明确的时间限制，如“每季度评估一次”，以便有效跟踪进度并及时评估成果。这样的 KPI 能够全面、科学地评估物资管理人员的绩效，推动项目物资管理水平的提升。

3．建立 KPI 体系

在构建项目物资管理的 KPI 体系时，要采取多维度评价策略，从工作效率、成本控制、质量控制以及团队协作等多个方面全面评估物资管理人员的素质和能力。为了确保评价的公正性和科学性，可以进一步根据每个 KPI 对项目成功的重要性和紧急性进行权重分配，通过科学合理的权重设置，既突出了关键绩效指标的优先级，又平衡了不同维度之间的关联性和影响力，从而实现对物资管理人员绩效的全面、精准评估。

4．实施与监控

一套系统的绩效管理体系包括了定期收集物资管理人员的绩效数据，确保数据的准确性和及时性，以此作为评估的基础。通过对比实际绩效与预设的 KPI 目标值，能够紧密跟踪工作进度，并及时识别潜在的问题和挑战。在此基础上，还要注重向物资管理人员提供及时的绩效反馈，既表彰优秀表现以激发积极性，也明确指出改进方向和具体建议。此外，还要保持 KPI 体系的灵活性，根据实际项目需求和市场变化进行适时调整，确保其始终与项目目标保持一致，从而有效促进物资管理工作的持续优化和提升。

5．结果应用

通过建立完善的奖惩机制，将 KPI 的评估结果与奖惩措施紧密结合，以此激励物资管理人员积极追求卓越，不断提升个人绩效。同时，要重视人才的发展，基于 KPI 的反馈，精准识别潜力人才和特定的培训需求，为每位员工量身定制个性化的人才培养计划，助力其职业生涯的成长。此外，要坚持持续改进的原则，通过持续监控和评估 KPI 结果，不断调整和优化物资管理流程，全面提升人力素质和能力水平，推动物资管理工作向更高效、更专业的方向发展。

总之，关键绩效指标法在项目物资管理人力素质评价方面具有重要的应用价值。通过明确评价目标、确定 KPI、建立 KPI 体系、实施与监控以及结果应用等步骤，可以全面、客观地评估物资管理人员的素质和能力水平，为项目成功提供有力保障。

（二）360 度反馈法

360 度反馈法在项目物资管理人力素质评价上，是一种全面而多角度的评估方法，旨在从多个维度获取关于物资管理人员绩效和能力的反馈，以促进其个人发展和提升项目物资管理的整体水平。

360 度反馈法，又被称作全方位反馈评价或多源反馈评价。该方法由与被评价者关联紧密的人，如上级、同事、下属、客户等，连同被评价者自身，从众多不同视角出发，以匿名形式对被评价者予以评价。

1．评价内容与维度

在项目物资管理中，对人力素质能力的全面评价至关重要。这包括评估物资管理人员在多个关键领域的表现：第一，工作效率是衡量物资管理人员在物资采购、供应、存储等各环节中操作速度与效率的重要指标，如订单处理速度和库存周转率的高低直接反映了其工作效能；第二，成本控制能力是评估物资管理人员在降低采购成本、优化库存成本等方面成效的关键，采购成本降低率和库存成本优化程度是其能力的重要体现；第三，质量控制方面，物资管理人员需确保物资合格率，有效管理供应商质量，以保障项目物资的整体品质；第四，团队协作能力是不可或缺的，它涵盖了物资管理人员与团队成员间的沟通协调、冲突解决等能力，对团队整体效能的提升至关重要；第五，对管理层而言，领导力、决策能力和团队管理能力等也是必须评估的方面，这些能力对引领团队、制定战略决策及优化管理流程具有决定性作用。

2．实施步骤

在实施360度反馈法时，首先要明确其评价目的与适用范围，精准界定被评价对象及参与评价的人员范围。随后，依据这些目的与维度精心设计问卷，确保问卷内容明确具体，便于评价者轻松理解并准确操作。项目启动后，通过电子或纸质方式向评价者发放问卷，同时强调评价的重要性与匿名性，以鼓励真实反馈。待问卷回收完毕，立即着手数据的统计与分析工作，以此为基础形成初步的评价结果。最后，向被评价者提交详尽的反馈报告，既肯定其优势也明确指出其不足之处，并提供针对性的改进策略。此外，还要安排一对一的反馈辅导，助力被评价者深入理解评价结果，并量身制定个人成长与改进计划。

3．优缺点分析

360度反馈法以全面性和客观性著称，通过汇聚来自上级、同事、下属及自我等多方面的评价信息，有效规避了单一评价者带来的主观偏见和视野局限，为被评价者勾勒出一幅更为完整、立体的能力画像。此外，360度反馈法还促进了被评价者的自我认知，通过对比自我评价与他人评价的差异，激发了自我反思与成长的动力，有助于其更清晰地认识到自身的优势与不足。同时，360度反馈法显著提升了员工的参与度和责任感，让员工感受到自己既是评价对象，更是评价过程的积极参与者，更加珍视评价结果，并愿意主动采取措施进行改进。

尽管360度反馈法具有诸多优势，但其实施成本也不容忽视。从问卷的精心设计到数据的广泛收集与深入分析，整个流程需要投入大量的人力、物力和时间。此外，尽管匿名评价方式旨在减少偏见，但评价者仍可能受到个人情感、利益冲突等主观因素的影响，导致评价结果存在一定的偏差。再则，部分评价内容因其复杂性和抽象性，难以用具体的数值指标进行量化衡量和直接比较，这也给评价结果的准确性和客观性带来了一定的挑战。因此，在应用360度反馈法时，需要充分考虑其优缺点，并结合实际情况进行灵活调整和优化。

总之，360度反馈法在项目物资管理人力素质能力评价中具有重要的应用价值。通过全面、客观地评估物资管理人员的绩效和能力，可以促进物资管理人员的个人发展并提升项目物资管理的整体水平。然而，在实施过程中也需要注意克服360度反馈法潜在的缺点和挑战，以确保评价结果的准确性和有效性。

（三）目标管理法

目标管理法（management by objectives，MBO）在项目物资管理人力素质能力评价方面的应用，是一种通过设定明确、可衡量的目标，并定期对员工在实现这些目标过程中的表现进行评价的方法。

1．目标设定

在项目物资管理的框架下，我们首先依据总体目标与战略，运用 SMART 原则——具体性、可衡量性、可达成性、相关性和时限性，来设定清晰且可操作的个人及团队目标。这些目标紧密围绕物资管理的关键绩效指标，如提升工作效率、优化成本控制、确保物资质量以及强化团队协作等。同时，目标管理法倡导上下级之间的深入沟通与协商，共同制定目标，以此增强员工的参与感与责任感，确保所设目标既合理又可行，从而推动项目物资管理的持续优化与提升。

2．目标分解

在项目物资管理中，将总体目标进行层级分解，细化为公司级、部门级以及个人级的具体目标，此举不仅有助于将宏大的愿景转化为可操作的步骤，还便于每位员工清晰理解并有效执行各自的任务。同时，这一过程中明确了各级人员的职责与任务，确保了每位成员都能准确把握自己的工作内容和目标要求，促进了整体协作的顺畅与高效。

3．执行与监控

员工在明确自身目标与职责后，会制定详尽的工作计划并付诸实施。在此过程中，上级管理人员扮演着至关重要的角色，他们提供必要的支持与指导，确保计划的顺利推进。同时，为了及时识别潜在问题并作出相应调整，定期对工作进度和目标完成情况进行监控与评估成为不可或缺的一环，这一流程确保了项目物资管理的持续优化与高效执行。

4．评价与反馈

根据设定的目标和 KPI，对员工的工作表现进行客观、公正的评价。评价过程应注重数据的收集和分析，确保评价结果的准确性和可靠性。同时，将评价结果及时反馈给员工，并与他们进行深入的沟通和交流。通过反馈，帮助员工了解自己的优点和不足，明确改进的方向和措施。同时，鼓励员工提出自己的意见和建议，促进双向沟通和共同成长。

总之，目标管理法在项目物资管理人力素质能力评价方面的应用，有助于明确员工的工作目标和职责，提高工作效率和质量，增强员工的参与感和责任感，促进组织的持续改进和发展。

（四）自我评估与同事互评

在项目物资管理人力素质能力评价中，自我评估与同事互评是两种重要的评价方式，它们各自具有独特的作用和优势。

1．自我评估

自我评估是指员工根据既定的评价标准，对自己的工作表现、能力水平、素质特征等方面进行客观、全面的评价。在项目物资管理人力素质能力评价中，自我评估通常包括以下几个方面。

（1）岗位职责履行情况。员工会回顾自己在项目物资管理岗位上的具体职责，评估自己是否按时、按质、按量地完成了各项工作任务。这包括物资采购、库存管理、物资分配、成本控制等多个方面。

（2）工作态度与职业素养情况。自我评估还会涉及员工的工作态度、责任心、职业道德等方面的内容。员工会反思自己在工作中是否积极主动、认真负责，是否遵守了公司的规章制度和职业道德规范。

（3）自我认知与改进方向情况。通过自我评估，员工可以更加清晰地认识到自己的优势和不足，从而确定自己的改进方向和目标。他们会思考自己在哪些方面需要进一步提升，以及如何制定具体的改进计划。

自我评估的优点在于能够激发员工的自我反思和自我提升意识，促进员工的个人成长和发展。然而，自我评估可能受到主观因素的影响，因此需要与其他评价方式相结合，以形成更加全面、客观的评价结果。

2．同事互评

同事互评是指由同一工作团队或部门的同事之间相互评价对方的工作表现、能力水平、素质特征等方面。在项目物资管理人力素质能力评价中，同事互评通常包括以下几个方面。

（1）工作协作与沟通方面。同事会评价彼此在工作中的协作能力、沟通能力和团队精神。他们会关注在共同完成任务时，对方是否能够积极配合、有效沟通，以及是否能够共同面对挑战和解决问题。

（2）专业能力与技能方面。同事会根据各自的专业背景和工作经验，评价对方在项目物资管理方面的专业能力和技能水平。这包括物资采购的精准性、库存管理的有效性、物资分配的合理性等方面。

（3）反馈与建议方面。在同事互评过程中，评价者通常会给出具体的反馈和建议，帮助被评价者了解自己在哪些方面存在不足，并提供改进的方向和方法。

同事互评的优点在于能够多角度、多层面地评价员工的工作表现和能力水平，提高评价的全面性和客观性。同时，通过同事之间的互评，可以促进团队成员之间的交流和合作，增强团队的凝聚力和战斗力。然而，需要注意的是，同事互评也可能受到人际关系等因素的影响，因此其结果需要谨慎对待，并结合其他评价方式进行综合分析。

总之，自我评估与同事互评在项目物资管理人力素质能力评价中都具有重要的作用。这两种评价方式的结合使用，可以形成更加全面、客观、公正的评价结果，为员工的个人成长和企业的持续发展提供有力支持。

第六节 人力素质的提升对策

项目物资管理人力素质的提升对策是确保物资管理工作高效运行、满足项目需求并推动项目成功的关键。以下是一些具体的提升对策。

（一）建立健全培训体系

根据物资管理人员的实际需求，制定包括培训内容、培训时间、培训方式等在内的详细培训计划。培训内容应涵盖专业知识、沟通协调、应变能力等多个方面。定期组织相关专业知识的培训课程，提供学习资料和案例分析，以提升物资管理人员的专业知识水平。同时，开展沟通协调、应变能力的培训，包括沟通技巧、团队合作、冲突处理等方面的课程。还可邀请行业内的专家学者进行授课，引入最新的管理理念和技术手段，提升物资管理人员的综合素质。

（二）强化内部沟通与协作

通过建立有效的内部沟通机制，确保物资管理部门与其他部门之间的信息畅通。通过定期召开项目会议、工作汇报等方式，了解各部门的需求和问题，及时调整人力资源配置。加强物资管理部门内部的团队合作，通过团队建设活动、经验分享等方式，提升团队的凝聚力和协作能力。通过构建有效的内部沟通机制、定期召开项目会议与工作汇报以及加强团队建设与经验分享，促进了物资管理部门与其他部门之间的信息畅通与协作，提升了团队的凝聚力和工作效率，为项目的成功实施提供了有力保障。

（三）实施绩效考核与激励机制

根据物资管理人员的工作职责和绩效目标，建立科学合理的绩效考核体系。通过定期考核和评估，了解员工的工作表现和存在的问题。根据绩效考核结果，实施相应的激励机制。对表现优秀的员工给予奖励和晋升机会，激发员工的工作积极性和创造力。建立科学合理的绩效考核体系是提升物资管理团队效能的关键举措。通过明确考核标准、实施定期评估、及时反馈结果、实施激励机制以及深化结果运用等措施，能够全面激发员工的工作积极性和创造力，推动物资管理工作的持续改进与创新发展。

（四）加强人才储备与引进

加强物资管理人才的储备工作，通过校园招聘、社会招聘等方式吸引高素质、专业化的人才加入物资管理部门。根据项目的实际需求和发展趋势，优化物资管理部门的人才结构。注重引进具有创新思维和实践经验的人才，提升整个团队的综合素质和竞争力。加强物资管理人才的储备工作是提升物资管理工作水平、推动项目持续发展的重要保障。要秉持开放、包容、创新的人才理念，不断优化人才结构、提升团队素质、激发创新活力，为组织的长远发展贡献更多的智慧和力量。

（五）引入现代化管理工具和技术

引入先进的物资管理信息化系统，实现物资管理的数字化、智能化。通过系统化管理，提高物资管理的效率和准确性。借助大数据与人工智能技术，深度挖掘并剖析物资管理数据。通过数据分析，挖掘潜在问题与趋势，为物资管理决策提供强劲支撑。引入先进的物资管理信息化系统，是实现物资管理数字化与智能化的重要举措。通过系统化管理、大数据分析以及人工智能技术的协同运用，可大幅提高物资管理的效率与精准度，为组织的持续进步及竞争力的增强筑牢根基。

总之，项目物资管理人力素质的提升对策需要从多个方面入手，包括建立健全培训体系、强化内部沟通与协作、实施绩效考核与激励机制、加强人才储备与引进、引入现代化管理工具和技术等。这些对策的实施将有助于提升物资管理人员的素质和能力，推动物资管理工作的高效运行和项目的成功实施。

本 章 小 结

本章分析了项目组织的定义与意义，从知识结构、基本素质、基本能力与道德要求四个方面分析了项目组织对人力素质的要求，分析了项目组织人力管理的目标与原则，介绍了人力素质的评价方法，提出了人力素质的提升对策。

第四章　项目物资定额计算与管理

项目物资消耗定额管理是现代项目管理中的关键环节之一。在项目执行过程中，准确掌握物资的消耗情况对于项目的顺利进行至关重要。项目物资消耗定额管理的目的是制定合理的物资消耗标准，从而确保项目的物资供应与消耗之间的平衡。本章将从项目物资消耗定额管理和项目物资储备定额管理两方面进行详细讲解。

第一节　项目物资消耗定额管理

一、项目物资消耗定额的定义和作用

（一）项目物资消耗定额的定义

定额，顾名思义，就是“定”和“额”。“定”指的是规定，强调预先，即对事物的数量、质量、方式和方法等做出具有约束力的决定。“额”的意思是指一定的范围，即规定的最高或最低的数量或程度。定额就是规定在产品生产中人力、物力或财力消耗的标准。

物资消耗定额是指在一定生产技术组织条件下，制造单位产品或者完成单位生产任务所需消耗的物资数量标准。该标准是在生产实践经验基础上，结合实际技术条件，对原材料、零部件等各类物资消耗量所制定的定量标准。

这些定额可以基于不同的因素，如产品种类、生产工艺、设备条件等进行制定。通过物资消耗定额，企业能够更准确地估计生产成本，并进行成本控制和管理。定额可以帮助企业计划采购物资的数量和时间，避免物资的浪费和积压，提高资源利用效率。

（二）项目物资消耗定额的作用

物资消耗定额以保障企业的经济效益以及发展为主要宗旨，在项目实施过

程中，根据工程设计、技术规范和施工方案等相关文件，针对各项施工任务所需的物资进行科学合理的测算和计量，进而确定出每个施工任务所需要的物资消耗数量和标准。它在项目管理中起到了重要的作用，以下是关于项目物资消耗定额的六个方面作用的介绍。

1. 控制项目成本

项目物资消耗定额是项目成本控制的关键环节之一。通过科学制定和严格执行物资使用标准，可以有效减少浪费，优化资源配置，从而实现成本节约，提高项目经济效益。

2. 优化供应链

项目物资消耗定额助力供应链优化，确保物资及时供应，避免延误。精准的需求预测使团队能高效选择供应商，建立长期合作关系，降低成本，提升供应链效率。

3. 优化资源配置和调度

项目物资消耗定额为项目管理者提供了重要的参考依据，可以帮助他们合理安排施工资源和调度人员。通过明确物资消耗定额，可以预先规划所需的物资种类和数量，从而合理分配资源、安排施工任务，并且避免因物资不足或浪费导致的施工进度延误。

4. 便于施工进度管理

项目物资消耗定额有助于项目经理对施工进度进行有效管理和控制。通过准确计算物资消耗量，可以合理安排物资供应和施工进度，避免因物资短缺或延迟导致的施工延误。同时，物资消耗定额也可以作为衡量施工进度的重要指标之一，帮助项目经理及时发现并解决施工进度偏差问题。

5. 节约社会劳动

物资消耗计算依据的各类定额，促使项目加强管理，把社会劳动所带来的物资消耗控制在合理的限度内。企业或项目组以物资消耗定额作为促使工人节约诸如劳动时间和原材料消耗等，加快工作进度的手段，以增加市场竞争力、节约更多成本。

6. 推行经济责任制的重要手段

物资消耗定额是实施经济责任制的关键。它能够规范物资使用，提高资源利用效率，推动绿色发展和循环经济，进而实现企业的可持续发展。

（三）影响项目物资消耗定额的主要因素

1. 与生产情况、生产过程有关的因素

物资消耗定额与生产情况和生产过程密切相关。首先，不同种类和规格的产品的物资消耗量有差异，因此需要根据具体产品来确定相应的定额。其次，生产工艺和技术要求也会直接影响物资消耗量，因为不同的工艺和技术可能需要更多或更少的物资投入。再次，设备的使用情况也是一个重要因素，包括设备的性能、精度等级以及维护保养程度，这些都会对物资消耗定额产生影响。然后，员工的技能水平和操作方法也会影响物资的消耗量，熟练的员工能够更高效地使用物资。最后，原材料的质量和供应情况以及生产环境和管理措施也会对物资消耗定额产生一定影响。总之，物资消耗定额的制定需要综合考虑产品种类和规格、生产工艺和技术要求、设备的使用情况、员工的技能水平和操作方法、原材料的质量和供应情况及生产环境和管理措施等因素，以确保定额的准确性和合理性。

2．与操作方法有关的因素

操作方法直接影响到设备的使用效率和损耗程度。合理的操作方法能够提高设备的利用率，减少设备的磨损和损坏，从而降低了物资的消耗量。相反，不当的操作方法可能导致设备的频繁故障和修理，从而增加了物资的消耗量。同时，操作方法还涉及生产工艺的选择和优化。不同的生产工艺对物资的消耗量有着直接的影响。通过改进操作方法和优化生产工艺，可以降低物资的消耗量，提高生产效率。

3．与劳动力的配备和组织有关的因素

在项目物资管理中，劳动力的配备和组织是确保工程顺利进行的关键。这涉及对工人技能的评估、工作量的合理分配以及与项目进度的同步协调。有效的劳动力管理可以减少成本、提高效率，并确保遵守安全规范。

二、项目物资消耗定额的制定

（一）项目物资消耗定额的制定原则

1．合理控制消耗水平的原则

合理控制消耗水平的原则要求物资消耗定额在不同层面，体现差异化标准。预算定额需反映社会平均消耗水平，作为行业成本估算与资源规划的基准；施工定额则应结合企业技术能力与管理经验，在保证工程质量的前提下制定先进合理的消耗标准，该标准需达到高于社会平均水平的平均先进水平，以推动物资节约并实现良好的经济效果。平均先进水平是指在当前的技术水平条件下，大多数职工经过努力可以达到的水平。如果定额水平过高，可望而不可即，则会影响职工的积极性；反之，若定额水平过低，无约束力，则起不到定额应有的作用。

2．遵循综合经济效益的原则

物资消耗定额要从加强企业管理、全面完成各项技术经济指标出发，而不能单纯地强调节约物资。降低物资消耗，应在保证工程质量、提高劳动生产率、改善劳动条件的前提下进行。综合经济效益就是优质、高产与低耗相统一的原则。

通过遵循这些原则，项目团队可以制定合理、准确的物资消耗定额，以支持项目的顺利进行和成本控制。这有助于确保物资供应充足、项目进展顺利，并最大限度地利用资源。

（二）项目物资消耗定额的制定依据

确定物资消耗定额时，可以根据该物资的消耗量是否稳定来采取以下不同的方式。如果物资的消耗量相对稳定，可以通过历史数据、实际工程经验和行业标准等进行定额确定。

（1）技术要求和规范：根据项目的技术要求和规范，确定物资的使用标准和消耗量。这包括材料规格、工艺要求、设计标准等方面的考虑。

（2）工作量估算：对项目中各项工作进行估算，并将其与物资需求相结合，以确定每个工作阶段所需的物资数量。这需要考虑到工作的性质、规模、周期等因素。

（3）历史数据分析：通过分析过去类似项目的物资消耗情况，了解各种物资在不同阶段的使用量和消耗速度。这可以提供有关物资需求的参考点。

（4）专业知识和经验：依靠项目团队的专业知识和经验，考虑特定项目的特殊需求和条件，制定物资消耗定额。这包括对特殊工艺、设备要求等方面的了解。

（5）市场调研和供应链考虑：进行市场调研，了解物资的价格、可用性和交付时间等因素。考虑供应链中的各个环节，确保所选定额符合项目的实际供应情况。

（6）成本效益分析：评估不同物资选项的成本与效益，选择具有最佳成本效益比的选项。这可以帮助优化物资消耗定额，使其在经济上可行且合理。

可以综合考虑以上依据，制定项目物资消耗定额。它们可以帮助确保物资供应的充足性、满足项目需求，并在合理的成本范围内进行管理。

（三）项目物资品种、规格和材质的选定

1．定质

在工程项目中，定质是指确定和规定所需物资或工程材料的质量标准和要

求。它涉及对物资的性能、技术参数、材料特性等方面进行明确和具体的描述。

定质的目的是确保所采购和使用的物资符合项目的要求，并满足相关的技术、安全、环境等标准。通过制定明确的质量标准和要求，可以提高工程项目的质量水平，降低风险，并保证项目的顺利进行。在定质过程中，常见的做法包括以下几种。

（1）制定物资规格：根据项目的技术要求和规范，制定物资的详细规格。这包括对材料成分、强度、硬度、耐久性、尺寸等方面的要求。

（2）标准参考：参考相关的国家、行业或国际标准，以确保物资的质量符合普遍认可的标准要求。

（3）技术评估：进行物资的技术评估，评估其是否符合项目的技术要求和性能指标。这可能涉及实验室测试、样品检验等。

（4）质量控制计划：制定质量控制计划，明确物资的检验、验收和测试要求，以确保物资的质量符合预期。

（5）供应商管理：与供应商合作，确保他们能够提供符合定质要求的物资，并建立供应链中的质量控制机制。

通过定质，可以确保工程项目所使用的物资具备适当的质量，从而保证工程项目的可靠性、安全性和可持续性。

2．定量

在工程项目中，定量是指对所需物资、工作量、资源消耗等进行数量化的过程。通过定量，可以明确项目所需物资的数量，确定项目所需的工作量和资源消耗情况，从而为项目的规划、预算和管理提供依据。定量通常包括以下内容。

（1）物资定量：根据项目需求和技术要求，对所需物资进行数量估算和计算，以确定项目所需的物资数量。

（2）工作量定量：根据项目的施工方案和工作进度，对各项工作任务进行工作量的估算和计算，以确定完成项目所需的工作量。

（3）资源消耗定量：根据项目的工程量清单和施工方案，对各种资源的消耗情况进行估算和计算，以确定项目所需资源的数量和使用情况。

（四）项目物资消耗定额的制定方法

1．技术分析法：净用量+合理施工损耗

通过对工程项目中的技术细节和流程进行分析，以确定物资的消耗量。该方法依赖于对具体工程过程的了解和专业技术知识的运用。通过仔细分析每个环节和步骤所需的物资数量，再结合实际情况进行计算和估算。技术分析法可以考虑到不同工艺、设备、施工方法等因素对物资消耗的影响，并根据实际需求进行调整和修正。

2. 标准实验法：根据实际情况进行修正

标准实验法通常是在实验室内利用专门仪器设备进行的，通过实验求得完成单位工程或生产单位产品的物资消耗数量，再按实验条件修正后，制定出物资消耗定额。首先，基于实验室或实地测试，通过特定条件下的实验来确定物资的消耗量。其次，考虑到现场环境、施工工艺、操作技术等因素对物资消耗的影响，根据实际工程情况进行修正。通过这种方法，可以更准确地预测和计算出实际工程中物资的消耗量，从而制定合理的物资消耗定额。修正过程可以根据实际情况进行调整，以确保定额与实际需求相符，并提高成本控制和资源管理的精度。

3. 统计分析法：平均先进数

物资消耗定额中的平均先进数是指在确定物资消耗定额时，参考已经达到较高水平的项目或单位的实际消耗数据，计算出的平均值。这个平均值代表了当前行业内相对先进的消耗水平，可以作为制定定额的参考依据。平均先进数的使用旨在促进资源利用效率的提升和成本控制的优化，以使其他项目或单位能够借鉴并达到更高的消耗效益。

例如，元旦假期结束后，某电子产品公司统计了某产品去年下半年的物资消耗量，见表 4-1 所列。

表 4-1　某产品去年下半年的物资消耗量

月份	7	8	9	10	11	12	合计	平均
产量/件	80	80	80	90	110	100	540	90
物资消耗量/kg	960	880	800	891	1 045	824	5 400	900
单耗/（kg/件）	12	11	10	9.9	9.5	8.24	—	10

从表中可以看出，7—12 月每月用料的平均单耗为 10 kg/件。其中 7、8 两个月的单耗大于平均单耗，9 月的单耗与平均单耗相等，10、11、12 三个月的单耗低于平均单耗。所以，10、11、12 三个月的单耗为先进数。再根据 10、11、12 三个月的物资消耗量和产量计算出平均单耗，即为平均先进数。

计算式为

$$\frac{891+1\,045+824}{90+110+100}=9.2$$

各月产量较平衡时，可用简单算术平均法计算，即

$$\frac{9.9+9.5+8.24}{3}=9.213$$

这种统计分析方法比较符合先进、合理的要求，常被企业采用。但它的计算基础是经过分析的统计资料，而不是确切的技术资料，其准确性随统计资料的准确程度而定。

4．现场测定法：写实记录

现场测定法是一种直接在实际施工现场进行测量和记录的方法，用于确定工程项目中某些参数或数据的数值。在现场测定法中，操作人员会前往施工现场进行测量，并将所得到的实际数值进行记录和整理。

在进行现场测定时，需要注意以下几点。

（1）准备测量仪器和设备：根据需要测定的参数，选择合适的测量仪器和设备，并确保其准确性和可靠性。

（2）现场测量操作：按照测量的要求和步骤，在施工现场进行测量，确保操作规范和测量准确。

（3）记录测量结果：将测量得到的数据准确地记录下来，包括测量数值、时间、地点等信息，以便后续分析和使用。

（4）校验和验证：对测量结果进行校验和验证，确保数据的准确性和可信度。

（5）数据整理和分析：对记录的测量数据进行整理和分析，提取有用的信息，为后续的决策和控制提供依据。

通过现场测定法，可以直接获取实际的数据，而不依赖于模拟或推算，从而更加准确地了解和把握施工现场的实际情况，为项目管理和控制提供可靠的数据支持。

5．经验估计法：估算

经验估计法是一种基于经验和专业知识进行估算的方法，用于确定工程项目中某些参数或数据的大致数值。在经验估计法中，根据类似的过往项目或相似的情况，借鉴过去的经验来进行估算。可以请教有经验和专业知识的专家或从业者，他们可以根据自己的经验和知识对项目进行估算，并提供可靠的参考意见。也可以将当前项目与已经完成的类似项目进行比较和类比，找出相似之处并参考其结果，以得出合理的估算值。最后根据实际情况和项目进展，对估算进行修正和调整，以保持估算的准确性和可靠性。

经验估计法在工程项目中具有一定的实用性和可行性，尤其是在项目初期或缺乏详细数据的情况下。然而，需要注意的是，经验估计法只能提供一个大致的数值范围，不能代替详细的量化分析和精确的测量方法。因此，在实际应用中，应该结合其他方法和数据进行综合考虑和分析。

总之，在制定物资消耗定额时，应综合考虑不同方法的优点和不足，并根据具体情况选择合适的主要方法，并辅以其他方法进行补充。这样可以充分利用各种方法的优势，提高定额的准确性和可行性。例如，标准实验法能够通过实验数据直接确定物资的消耗量，具有较高的准确性。技术分析法能够考虑到工艺、设备等因素对物资消耗的影响，更贴近实际工程需求。而平均先进数能够提供行业内较高水平的参考数据。因此，在制定物资消耗定额时，可以将标准实验法作为主要方法，技术分析法作为辅助方法，同时参考平均先进数来确保定额的先进性和可行性。通过综合运用多种方法，使其相互结合、相互补充，从而制定出具有准确性、先进性和可行性的物资消耗定额，提高成本控制和资源管理的效率。

三、项目物资消耗定额的管理方法

项目物资消耗定额的管理是指对项目中所需物资的消耗进行有效管理和控制的过程。

（一）建立完善的管理体制

1．建立各级物资定额管理机构

建立各级物资定额管理机构是为了有效管理和控制项目中的物资消耗，确保物资的合理使用和成本控制。建立各级物资定额管理机构的一般步骤为：制定组织架构、设立物资定额管理部门、建立物资定额编制制度、建立物资定额审批机制、建立物资定额更新机制和建立物资定额监控体系。通过建立各级物资定额管理机构，可以加强对项目中物资消耗的管理和控制，提高物资使用效率，降低成本，保证项目的顺利进行。同时，建立各级物资定额管理机构也有助于规范和标准化物资定额的编制和应用，提高管理水平和质量。

2．配备专职或兼职定额人员

配备专职或兼职定额人员是指在项目中设立一个专门负责物资消耗定额管理的岗位或角色。这些人员负责收集、分析和更新相关数据，制定合理的物资消耗定额，并进行监控和调整。他们需要具备丰富的经验和知识，熟悉项目需求和行业标准，能够根据实际情况进行定量估算和预测。

3．明确业务分工，建立岗位责任制

建筑施工企业应明确部门分工，建立岗位责任制，将物资消耗定额执行、技术节约措施落实、考核与统计分析紧密结合，以提高经营管理水平。

（二）项目物资消耗定额的正确使用

使用物资消耗定额时应特别注意以下两点，以防误用。

1．工程项目设计要求

工程项目设计要求是指在进行工程项目设计时需要满足的一系列技术、安全、环境和质量等方面的要求。第一，设计要求应符合相关法律法规和标准，确保工程符合国家和地方的规范和要求。第二，设计要求应考虑工程的功能需求，即满足项目的目标和要求，包括建筑物的用途、产能要求等。第三，设计要求需充分考虑工程的可持续性，如节能、环保和资源利用等方面的要求。第四，设计要求应注重安全性，包括结构的稳定性、防火、防护、紧急疏散等方面的要求。第五，设计要求应注重质量控制，确保设计方案的合理性、施工过程的可行性以及后期维护的便捷性。通过满足这些设计要求，可以保证工程项目的安全、可靠、高效运行，并符合社会和环境的可持续发展要求。

2．工程内容及工艺要求

工程内容是指工程项目中所包含的具体工作和任务，涵盖建筑、结构、电气、暖通、给排水、土木工程等方面，具体包括建筑物的设计与施工、设备的安装与调试、管道的铺设与连接等，涉及材料选择、施工工序、操作方法、质量要求等内容。工艺要求是对工程实施过程中技术操作规范和流程的规定，包括施工工艺的标准（如混凝土浇筑的振捣方式、焊接工艺的参数要求）、设备安装的技术规程（如机电设备的精度校准方法）、材料加工的工艺参数（如钢材热处理的温度控制）等，需确保各环节操作符合设计标准与行业规范，以保障工程质量的一致性和可靠性。工程内容和工艺要求紧密相关，工程内容确定了具体的工作范围和任务，工艺要求规定了如何完成这些工作以满足相应的技术和质量要求。通过严格遵守工程内容和工艺要求，可以保证工程项目的顺利进行，达到预期的效果和质量标准。

（三）项目物资消耗定额的考核

项目物资消耗定额的考核是项目执行过程中对物资使用情况进行评估和监控的一种方法。通过项目物资消耗定额的考核，可以了解项目物资的实际使用情况，发现问题并采取相应的措施进行调整和改进。项目物资消耗定额的考核应该是一个持续的过程。通过不断监控和评估物资消耗情况，及时发现问题并采取改进措施，可以提高物资使用效率，降低成本，确保项目的顺利进行。

在项目物资消耗定额考核过程中，应以物资名称、规格为分类维度，按分部工程项目分别统计物资实际消耗量，将各分部工程的物资消耗量进行汇总，即可得出该单位工程的各类物资消耗总量。图 4-1 为物资消耗的执行情况。

<table>
<tr><td>建设单位</td><td colspan="2"></td><td>施工单位</td><td colspan="3"></td><td>开、竣工日期</td><td colspan="5"></td></tr>
<tr><td>工程名称</td><td colspan="2"></td><td>结构</td><td colspan="3"></td><td>总面（体）积</td><td colspan="5"></td></tr>
<tr><td>地址</td><td colspan="2"></td><td>计划造价</td><td colspan="3"></td><td>实际总价</td><td colspan="5"></td></tr>
<tr><td rowspan="3">分部工程名称</td><td rowspan="3">物资名称</td><td rowspan="3">规格型号</td><td rowspan="3">单位</td><td colspan="2">分部工程量</td><td colspan="2">单耗</td><td colspan="2">消耗量</td><td colspan="3">其中</td></tr>
<tr><td rowspan="2">计划</td><td rowspan="2">实际</td><td rowspan="2">定额</td><td rowspan="2">实际</td><td rowspan="2">定额</td><td rowspan="2">实际</td><td colspan="2">分项工程</td><td>……</td></tr>
<tr><td>定额</td><td>实际</td><td>……</td></tr>
<tr><td>甲</td><td>乙</td><td>丙</td><td>丁</td><td>①</td><td>②</td><td>③</td><td>④=⑥/②</td><td>⑤=①×③</td><td>⑥</td><td></td><td></td><td></td></tr>
<tr><td></td><td></td><td></td><td></td><td></td><td></td><td></td><td></td><td></td><td></td><td></td><td></td><td></td></tr>
<tr><td></td><td></td><td></td><td></td><td></td><td></td><td></td><td></td><td></td><td></td><td></td><td></td><td></td></tr>
<tr><td></td><td></td><td></td><td></td><td></td><td></td><td></td><td></td><td></td><td></td><td></td><td></td><td></td></tr>
</table>

图 4-1　物资消耗的执行情况

在项目物资消耗定额的考核体系中，物资的节约量（或超耗量）、节约额（或消耗额）及节约率（或超耗率）构成了从数量差异到价值评估、从绝对指标到相对比率的完整分析链条。

通过物资节约量（或超耗量）可直观反映实际消耗与定额标准的偏差，结果为正表明超耗，为负则体现节约；同步可换算为金额维度的节约额（或消耗额），从价值层面量化偏差程度。在此基础上，物资节约率（或超耗率）通过比率形式深化分析，该指标消除了物资数量差异的绝对值影响，便于不同物资、不同项目间的横向对比。而单位工程物资节约率（或超耗率）则从整体维度出发，综合评估单位工程的物资消耗效率，形成从单品项到整体工程的完整考核闭环。这三个指标相互关联——数量差异是基础，金额差异是价值延伸，比率指标则实现了标准化评估，共同为物资消耗的动态监控与持续优化提供数据支撑。三个指标的具体计算公式如下。

某种物资的节约量（或超耗量）=实际消耗总量−定额消耗总量（正为超耗、负为节约）

$$\text{某种物资的节约率（或超耗率）}=\frac{\text{某种物资的节约量（或超耗量）}}{\text{某种物资的定额消耗总量}}\times 100\%$$

$$\text{单位工程物资节约率（或超耗率）}=\frac{\text{单位工程物资的节约量（或超耗量）}}{\text{某种物资的定额消耗总量}}\times 100\%$$

（四）项目物资消耗定额的修订

1. 积累原始资料

在日常工作中，注意积累消耗物资的原始资料，以便有定额子目需要修改时，有据可依。

2. 跟踪调查

跟踪调查定额的使用情况，如施工条件是否达到定额中的标准，制定的定额是否脱离实际，定额用量是否过于宽松等。若不符，则根据调查情况，研究解决办法，使修订的定额符合工程实际。

3. 按程序修订定额

对不符合实际情况的定额子目，通过技术、施工、物资生产等部门有关人员共同研究后，进行技术和经济上的综合修订，然后报上级主管部门批准后再执行。

四、项目物资消耗定额的相关理论

（一）总量控制理论

总量控制理论强调对物资消耗进行整体控制和规划。通过对整个生产过程中物资的需求和消耗进行预测和管理，确保物资供需平衡，并避免物资的过度消耗或短缺。

总量控制理论的核心思想是在生产过程中确定物资消耗的总量限制。这个总量限制可以基于多种因素来确定，包括产品需求、生产能力、市场需求等。通过对总量的控制，企业可以实现避免过度消耗、防止物资短缺、优化物资利用的目标。

总量控制理论要求企业在制定物资消耗定额时，综合考虑产品需求、生产能力、市场需求等因素，并设定合理的总量限制。通过这种方式，企业可以实现物资消耗的有效控制和规划，以提高生产效率，降低成本，并实现可持续发展的目标。

（二）理性消耗理论

理性消耗理论强调通过合理的物资消耗定额，实现物资的合理利用和最优配置，以提高生产效率和降低成本。理性消耗理论的核心思想是在满足人们需求的前提下，最大限度地减少资源消耗和环境负担，实现可持续发展。通过合理评估、计划、节约和循环利用等措施，企业可以有效平衡资源供需关系，促进社会经济的可持续发展。

总之，这些理论为企业提供了一些指导，帮助企业制定合理的物资消耗定额，实现资源的有效利用和生产效率的提高。同时，还有助于促进可持续发展和环境保护。

第二节　项目物资储备定额管理

一、项目物资储备定额的定义和作用

（一）项目物资储备定额的定义

项目物资储备定额是指在一个特定的项目中，根据项目需求和预测，为保障项目顺利进行而预先确定的一定数量和种类的物资储备。其目的是在紧急情况出现时如供应链中断，保障物资供应的连续性和及时性，减少项目延误和运营中断的风险。通过合理制定储备定额，可以提高项目的运作效率和灵活性，降低风险。这要求项目团队根据具体需求和预测，评估并确定物资的种类和数量，制定科学的储备策略，以应对可能的挑战，确保项目按计划顺利实施。

（二）项目物资储备定额的作用

项目物资储备定额在项目管理中起着重要的作用,具体包括以下几个方面。

1. 应对风险

项目物资储备定额可以帮助项目团队应对潜在的风险和不确定性。通过提前储备一定数量和种类的物资，可以避免因供应链中断、物资短缺或质量问题等而导致的项目延误。

2. 确保项目顺利进行

合理的物资储备定额可以确保项目执行过程中所需的物资及时可用。当项目需要使用或替换特定物品时，能够快速获取所需物资，避免项目进度受阻。

3. 控制成本

通过事先确定物资储备定额，可以控制采购成本和库存管理成本。既避免大量物资闲置造成资源浪费，同时又能满足项目需求，实现成本效益的平衡。

4．提高灵活性

项目物资储备定额可以提高项目的灵活性和应变能力。当项目发生变化或突发情况时，可以根据实际需求快速调整物资储备，并适应新的需求或条件。

总之，项目物资储备定额的作用是确保项目顺利进行，减少风险，控制成本，并增强项目的灵活性。合理的物资储备定额可以帮助项目团队更好地应对挑战和变化，提高项目的成功率和效率。

（三）影响项目物资储备定额的主要因素

确定物资储备定额取决于两个因素，即物资周转期和周转量。表示物资储备定额的公式为：物资储备定额=平均每月物资需要量×物资合理储备天数。项目物资储备定额的影响因素则围绕这两项展开。

1．施工工程各作业段单位时间内的物资需要量

由于在物资管理上要求企业的物资储备量与所能保证的生产、建设的消费规模基本上成正比，在其他条件不变的情况下，单位时间内的物资需要量越大，需要的储备物资数量就越大。

2．物资供应商的经营水平

物资供应商的经营水平具体包括生产能力和设备的完好程度、生产计划与管理水平等。物资供应商的生产能力充足，设备的完好程度高，生产材料供应及时，售后服务质量好，就可以降低物资储备量，否则就要加大物资储备量。物资供应商的管理水平直接影响其生产计划的准确性，进而影响物资的储备量。如果生产计划准确、管理水平高、供应方式合理，物资储备量就可以相对降低，否则，物资储备量就要增大。

3．供货距离及运输条件

物资供应商与施工企业施工现场的距离越长，各中转站到各施工现场之间的距离越远，交通条件越差，运输过程中经过的编组站越多，生产企业、中转仓库、施工现场需要的物资储备量就越大。

4．仓储能力及资金情况

企业资金充裕、仓储能力强，就可以支持较大的物资储备；反之，则只能保持较少的物资储备。当然，这只是一个制约条件，而不是决定条件。在资金及仓储条件允许的前提下，还应以经济合理为前提确定物资的储备量。

总之，施工物资的生产是连续不断进行的，具有周期性、批量性，而物资消耗既有不均衡性，又有不确定性，这就需要储备物资作为调节。

二、项目物资储备定额的制定

（一）项目物资储备定额的制定原则

物资储备定额的目标是确定完成计划任务所必须消耗的（或投入使用的），既是最低的，又是足够的物资数量。项目物资储备定额是否合适，是能否保证及时、齐备、经济、合理地进行供应和顺利完成生产计划的前提。如果物资储备计划确定的物资需要量偏低，则不能保证生产任务的需要，影响生产的正常进行；如果物资储备计划确定的物资需要量偏高，则会造成物资的积压和浪费，影响资金周转，增加供应费用，提高基建工程和产品的生产成本。

项目物资储备定额是制定整个物资消耗计划的开端和基础。因为其他项目物资消耗计划如物资分配计划、物资供需平衡计划、物资供应计划等，都是直接或间接地以物资储备计划所确定的物资需要量为基础来制定的。因此物资储备计划的质量如何，将在很大程度上影响其他各种物资消耗计划的准确性，进而影响到整个物资供应工作。

由于各项生产任务性质的不同，各种物资在各项生产任务中的地位和作用不同，各种物资的需要量的确定方法也不相同。即使同一类型的生产任务使用同一种物资，由于生产水平与使用条件不同，所需要的物资数量也不尽相同。因此，项目物资储备定额是一项比较复杂的工作，在确定需要量时，应采用不同的核算方法，对影响需要量的各种因素进行全面考虑。

（二）项目物资储备定额的制定内容

项目物资储备定额的制定内容主要包括任务量、物资消耗定额、物资消耗历史资料与实际调查资料。

1．任务量

建筑企业的任务包括施工生产任务、构配件生产任务、设备维修任务以及技术组织措施工作等。建筑企业的任务有的是主管部门下达的指令性计划，有的是自己确定的，有的是通过市场竞争获得的。如果在计算物资储备需要量时，有些任务还不明确，可以运用预测方法根据计划期内影响有关任务的各种因素来测算。

2．物资消耗定额

物资消耗定额种类比较多，在计算物资需要量时，要根据各种具体任务的情况，选用与之相配的消耗定额进行计算。

3．物资消耗历史资料

有的单位的有些基建工程或工业生产项目还没有制定物资消耗定额，这种情况下，可以将物资消耗历史资料作为确定物资需要量的重要依据。根据某一段时期的物资消耗历史资料制定的物资消耗定额，不一定与计划期的物资需要量相吻合，还需要参考计划期前一定时期的实际消耗情况，从而掌握物资消耗计划水平。

4．实际调查资料

实际调查资料包括施工资料、生产写实资料和实地查勘资料等。通过深入实际调查研究，掌握某些施工或生产项目的实际消耗或应该消耗的第一手资料，更有利于准确确定物资消耗储备定额。

第三节　企业物资储备定额管理方法

一、定量控制法

定量控制法是一种用于管理和控制过程的方法，通过对数据进行定量分析和计算，以实现系统的稳定性和优化。它通常涉及收集和监测相关数据，然后使用数学模型和算法进行分析，以确定适当的控制策略并采取相应的行动。

施工项目中的定量控制法涉及以下几个方面。

（1）资源管理：通过定量控制方法，可以对施工项目所需的人力、材料和设备资源进行评估和管理。这包括确定资源需求、优化资源配置、制定调度计划等。

（2）成本控制：定量控制法可以帮助估计和控制施工项目的成本。通过收集和分析相关数据，可以建立成本模型、预测成本、识别成本偏差，并采取相应的措施来控制成本。

（3）进度管理：定量控制法可用于监控和控制施工项目的进度。通过建立进度模型、收集进度数据、分析进度偏差等，可以及时发现问题并采取纠正措施，确保项目按计划进行。

（4）质量控制：定量控制法可以帮助评估和管理施工项目的质量。通过收集和分析相关数据，建立质量指标、制定质量控制计划、检验和监测质量等，可以确保施工质量符合要求。

（5）风险管理：定量控制法可用于评估和管理施工项目的风险。通过定量分析和建立风险模型，可以识别潜在风险、评估其概率和影响，并采取相应的措施来减轻风险。

总之，施工项目中的定量控制法利用数学模型、统计分析和优化算法等方法，对资源、成本、进度、质量和风险等进行定量分析和管理，以实现施工项目的有效控制和优化。

二、定期控制法

定期控制法是按固定时间周期，对项目物资储备开展核查与调控的管理方法。核心是设定统一检查周期（如每周、每月），周期性梳理物资储备状态。

在施工项目里，应用定期控制法涵盖如下环节。

（1）储备核查：按周期盘点物资库存，对比储备定额，清晰掌握实际储备与定额的差异数据。

（2）需求适配：结合周期内项目进度、任务调整，重新测算物资需求，判断储备是否需调整。

（3）补给决策：依据周期核查结果，若储备不足，结合采购周期、运输时长等，确定补货量与补货时间；若超储，规划物资调剂、消耗或处置方案。

（4）动态优化：通过周期性复盘，根据项目实际消耗规律，调整储备定额的时间参数，让定期控制更贴合项目节奏，保障物资供应既不短缺也不冗余，平衡成本与效率。

总之，定期控制法以固定周期为管理节奏，周期性统筹物资储备的核查、适配与优化，适配施工项目阶段性推进特点，辅助实现物资储备的动态管控。

三、定额修正法

定额修正法是聚焦于施工进程中，依据实际数据动态优化物资储备定额的管理方法。其核心逻辑是不局限于初始定额，而是结合项目反馈持续迭代。

在施工场景中，定额修正法的运作路径如下。

（1）数据采集：全程收集物资实际消耗速度、库存波动、任务变更等数据，如某阶段钢筋日均消耗量、雨季材料损耗率。

（2）差异分析：对比实际消耗与初始定额，剖析偏差成因，如因工艺改进使模板周转次数增加，导致需求减少。

（3）定额调整：基于分析结果，科学修正储备定额，如因任务量追加，将混凝土储备定额提升一定比例。

（4）持续迭代：随项目推进，重复“采集—分析—修正”流程，让定额始终贴合实际，精准指导物资储备，避免因定额僵化引发供应问题，助力项目成本与资源效率双优。

总之，定额修正法以动态迭代为驱动，通过数据闭环持续优化储备定额，适应施工项目复杂多变的特性，为物资精确储备提供灵活且贴合实际的管理支撑。

案例分析

迪那油气开发部物资储备定额的编制

迪那油气开发部在2009年成立之初就高度重视物资储备定额管理工作，经过十几年的摸索逐渐形成了一套简单实用的方法。现将其物资储备定额的管理方法作如下介绍。

1. 储备定额的确定标准

（1）最低储备定额，也称保险储备定额或安全储备定额，是由平均日消耗量乘以供应周期与保险储备天数之和所得的、用于防范物资供应中断的库存数量下限。

最低储备定额 = 平均日消耗量×（供应周期 + 保险储备天数）

（2）最高储备定额，是指物资储备的最大数量。该数值一般由进购一批物资的最大数量与最低储备定额相加而得。

最高储备定额 = 进购一批物资的最大数量 + 最低储备定额

其中，进购一批物资的最大数量 =（物资采购周期天数+物资使用前的准备天数）×平均每天物资需要量。

物资使用前的准备天数是指对到货物资进行检验、签收、入库、领料及技术准备等所需要的时间总和。

（3）为了便于指导现场使用，迪那油气开发部以最低储备定额为基准，在此基础上乘以相应的调整系数确定了储备定额，只要某项物资的库存低于储备定额就需要及时进行补充至定额。

$$N=A \cdot K \cdot a \cdot T/P$$

其中，N 为储备定额（件），N 值的确定采用“取整”原则；A 为同类设备的台数（台）；K 为每台设备的同种备件数（件）；T 为备件采购周期（月），根据前一年或前几年的平均时间确定；P 为备件使用期限（月），根据技术文件或经验确定；a 为不平均系数，由 A、K 的乘积决定。a 作为同类设备台数与每台设备同种备件数乘积的系数，是根据实际运行过程中的消耗量及库存量变化，以够用为主要目标，进行不断修正与调整，避免造成积压。

2. 实例应用

以迪那油气开发部低压电力系统备件为例（表 4-2）。漏电断路器 DZ47LE 1P 16A 共使用 12 个，通过查阅技术手册和现场使用情况得出漏电断路器的使用寿命主要和使用环境、负荷以及开关次数有关，定义这种断路器为非易损件，而且采购周期较短，所以只需少量的储备即可满足需要。根据计算公式综合考虑将该断路器的储备定额定为 1 个，目前库存 1 个。而第 3 项物资的储备定额为 2 个，目前库存只有 1 个，所以下月计划中必须补充 1 个。

表 4-2　低压电力系统备件

序号	物资编码	规格型号/零部件号	单位	使用数量	储备定额	实际库存
1	11000242983	漏电断路器 DZ47LE 1P 16A	个	12	1	1
2	11001014319	漏电断路器 DZ47LE-1P-C 10A	个	14	1	1
3	11001014306	漏电断路器 DZ47LE-2P-C 25A	个	24	2	1
4	11001014325	漏电断路器 DZ47LE-63/3P*4 线-C 32A	个	12	1	1
5	2000222301	高分段小型断路器 C65N-3P 16A 380V	个	13	1	1
6	11001014113	高分段小型断路器 C65N-49 D 50A	个	6	1	1
7	11000243096	高分段小型断路器 C65N 3P 63A	个	5	1	1

以迪那油气开发部仪表自动化系统备件为例（表 4-3）。从表 4-3 可以看出，并不是所有的物资都需要进行储备，在具体实行过程中还应该结合生产实际，对不影响生产的物资可以不进行储备。

表 4-3　仪表自动化系统备件

序号	物资名称	规格型号	测量范围	单位	使用数量	储备定额	实际库存
1	压力变送器	3051TG4A2B31AE5M5T	0~10.0 MPa	台	2	0	0
2	压力变送器	3051TG4A2B31AE5M5T	0~16.0 MPa	台	26	4	4
3	压力变送器	3051TG3A2B21AE5M5T	0~2.5 MPa	台	5	1	1
4	压力变送器	751AM4E5C	0~13.8 MPa	台	20	5	4

迪那油气开发部按照物资定额储备管理模式运行十几年来，目前库存共 1 492 项，金额约为 800 万元，实现了投产之初确定的运行后库存不超 1 000 万

的目标，实行物资定额储备已成为迪那油气开发部控投降本的突破口。

3. 案例总结

总的来说，迪那油气开发部的物资定额储备管理方法简单实用，经过十多年的实践逐渐完善。他们根据最低储备定额和最高储备定额的原则，确定物资的储备定额，并根据具体情况进行库存管理和补充。通过这种方法，他们有效地控制了库存数量，降低了成本，取得了良好的效果。这种物资定额储备管理模式为其他部门提供了借鉴和参考，有助于提高物资管理的效率和经济性。

本章小结

项目物资定额管理是确保项目顺利进行的重要环节。本章深入讨论了物资消耗定额的定义、作用以及如何制定合理的物资消耗标准。通过技术分析法、统计分析法等方法，可以准确估算物资消耗量，进而实现成本控制和资源优化配置。同时，还介绍了物资消耗定额的管理方法，包括建立管理机构、审批流程和考核机制，以提高物资使用的效率和效果。

在物资储备定额管理方面，本章阐释了物资储备定额的定义和作用，以及如何根据项目需求和市场条件制定储备策略。通过定量控制法等管理方法，企业能够合理安排物资储备，增强应对风险的能力。这些管理流程和方法有助于企业在保证物资供应稳定性的同时，实现成本效益的最大化。

第五章　工程项目物资计划的编制与实施

物资计划管理是工程项目物资管理的重要一环，它贯穿于项目建设的始终。科学、严谨的物资计划是进行物资采购的前提和基础，是物资采购高效执行的可靠依据。同时，也是确保物资供应及时、准确、保质保量的重要手段。

在实际工作过程中，可能出现以下问题：如技术人员只重视技术性操作，忽视物资的消耗；物资需求计划下达后，工作人员未及时处理，使得计划不能及时实施，出现物资供应不及时的情况等。

目前企业管理人员主要从管理的角度对物资计划管理中申报的规范性、合理性进行管控，比如组织物资计划集中审核会、开展审查专家培训、加强考核评价等，这些举措对提升物资计划申报质量有一定效果，但会消耗大量的人力和物力。

第一节　项目物资计划管理的定义和作用

一、项目物资计划的定义

物资计划是指企业根据项目建设需要及物资消耗规律等，对项目实施过程中所需物资的预测，是指导和组织物资的采购、加工、储备、供应和使用的依据。物资计划主要包括物资申请计划、物资平衡分配计划、物资供应计划、物资流转计划。

二、项目物资计划管理的定义

物资计划管理是指企业物资管理部门运用物资计划来组织、指挥、监督、调节物资的订货、采购、运输、分配、供应、储备、使用等经济活动的管理工作。物资管理部门首先要确定一定时期内所要达到的目标，物资计划就是为实现物资管理目标所做的具体部署和安排。

三、项目物资计划管理的作用

物资计划管理可以对整体资源配置进行优化，涉及物资的采购、运输、使用等各方面。物资计划管理的根本作用是保证项目的物资需要，保证工程能按照计划组织施工，提高企业经济效益。科学严谨的物资计划管理有助于项目建设和安全生产的物资供应保障，实现企业的生产经营管理目标。物资计划管理可以确保物资采购计划真正落实，各个部门要及时跟进各个环节，避免企业物资出现不必要的风险。

第二节　项目物资计划的分类

一、按用途分类

物资计划按用途可分为物资需用计划、物资申请计划、物资供应计划、物资采购计划、物资加工订货计划等。

物资需用计划是物资计划中最基本的计划，是编制其他计划的依据。按照设计图纸和技术资料，结合物资消耗定额逐项计算，确定各部门的需求，列出需要物资的品种、规格、质量、数量，最后汇总成物资需用计划。

物资申请计划是需求部门根据实际需要，向上级单位或供应部门提交的列明所需物资种类、数量、用途及时间要求的正式申报文件，是获取物资调配或审批采购的前提依据。

物资供应计划是企业的物资供应部门，为完成供应任务，组织供需衔接的实施计划。

物资采购计划是企业根据物资需求计划，制定的关于采购什么、向谁采购、何时采购、以何种条件采购标准化物资的具体行动方案。

物资加工订货计划是企业对需定制化生产的非标物资，制定的关于技术规格要求、加工进度、验收标准及供应商协作的专项供应方案。

二、按期限分类

物资计划按计划的期限长短可分为年度物资计划、季度物资计划、月度物资计划、零星物资计划、临时追加物资计划。

年度物资计划是企业为了满足整年物资需求而制定的物资计划，是保证工程项目可以正常进行的基础。

季度物资计划是年度物资计划的细化，是为了更加均衡地组织物资供应，保证项目的顺利进行。

月度物资计划是各部门根据当月的施工、生产进度安排编制的需用物资计划。

零星物资计划是针对日常低值易耗品或突发小额需求编制的灵活物资计划，通常不纳入常规周期计划管理，具有频次高、单次量少的特点。

临时追加物资计划是指因设计变更、进度调整等突发情况，在原有计划外紧急补充物资需求的特殊计划，需履行快速审批流程，强调时效性与应急性。

第三节　项目物资计划的编制

一、编制项目物资计划的原则

一方面，编制物资计划要从全局出发，既要考虑现实需求，又要考虑未来可能，统筹兼顾，全面安排，保证重点，照顾一般。另一方面，编制物资计划要依据国家方针政策，坚持计划的科学性。

因此，在编制物资计划的过程中应遵循需求准确性原则、时间合理性原则、成本效益原则、可行性原则、风险管理原则、可持续发展原则等。

二、编制项目物资计划的风险

1. 商务风险

采购过程中，编制物资采购计划时无论基于经评审的最低投标价法还是综合评估法，在经济层面都面临各种风险。

2. 人为风险

采购人员限于业务水平或职业道德素养，在采购计划商务部分中设置不合理、不规范的条款，造成采购失败或引起投标人质疑，如设置地域限制或设置过高的业绩要求等。或者设置违反“公开、公平、公正”原则的条款，如要求投标人自行前往项目现场踏勘，留下现场项目人员联系方式等。

3．市场风险

产品自身信息与市场信息不对称或信息不全面，未考虑生产和运输周期，到货期设置不合理，市场供求状态不平衡引发资源紧张等，导致采购失败，浪费人力、物力和时间。

4．技术风险

物资采购的目的是通过招标、比选、谈判等手段来实现采购最优性价比的产品。采购的产品性能是否满足需要，是采购工作的重中之重。

（1）对产品性能、技术指标、产品形式、几何尺寸等不熟悉。依赖厂商提供资料，从而导致歧视性技术条款，引发潜在投标人响应不足，竞争不充分，造成采购失败；或者评标后未中标人质疑“暗箱操作”，通过多渠道投诉，让招标人疲于应对。

（2）对重要技术条款标注星号（*）不谨慎。未根据项目实际要求合理设置星号，可能导致标注星号过多，满足条件的投标人过少，甚至使得所有投标被否；也可能导致标注星号过少，形同虚设，无法达到采购人合理的采购目标。因此采购时间拖长，采购效率和成功率不高，甚至影响企业的生产。

三、编制项目物资计划的流程

编制项目物资计划是项目管理中的重要环节之一，它旨在确保项目所需的物资能够按时、按量地供应到位，以支持项目的顺利实施。在编制物资计划时要严格依据施工组织设计方案和施工预算，明确工程项目的工作量、建设进度和物资需用量。结合施工图纸或消耗资料，确定具体用量。考虑已落实的供货资源，确保物资供应的可靠性和稳定性。

编制项目物资计划的流程包括需求分析、供应商选择、物资计划编制、资金预算、采购执行、监控和调整以及结算和验收等环节。

（1）需求分析：项目团队需要进行详细的需求分析，预测项目所需的物资种类、数量和质量标准。

（2）供应商选择：在明确了物资需求后，项目团队需要评估不同供应商的能力和信誉，选择合适的供应商。

（3）物资计划编制：基于需求分析和供应商选择，项目团队开始编制物资计划。该计划包括物资采购时间表、采购数量、采购方式（如竞争性招标、直接采购等）以及物资交付安排等内容。

（4）资金预算：项目团队需要根据物资计划进行资金预算。这涉及物资采购的费用估算、支付方式以及项目资金来源等方面。

（5）采购执行：一旦物资计划和资金预算得到批准，项目团队就开始执行采购计划。这包括与供应商签订合同、监督物资生产和交付过程，并确保按照计划进行。

（6）监控和调整：在物资采购过程中，项目团队需要进行监控和调整，以确保物资供应的及时性和质量。这可能涉及与供应商的协调、解决潜在问题或变更合同等。

（7）结算和验收：项目团队需要对物资供应进行结算和验收。这包括核对物资数量和质量是否符合合同要求，并支付相应的款项给供应商。

四、编制项目物资需用计划

（一）项目物资需用计划的目标

项目物资需用计划的目标是确保项目所需的物资在正确的时间、正确的地点以正确的数量供应到位，支持项目的顺利进行。以下是项目物资需用计划的几个目标。

1．确保项目进度

物资是项目顺利进行的基础之一。通过制定并顺利执行物资需用计划，可以合理安排物资采购、运输和储存等环节，以确保物资能够及时到达项目现场，避免因物资短缺或延迟而导致项目进度受阻。

2．最大限度地降低成本

项目物资需用计划的目标之一是最大限度地降低物资采购和管理的成本。通过精确预测和计划物资需求，可以避免过度采购或过度储备物资，从而减少存储、运输和废弃物处理等额外费用。此外，通过制定合理的采购计划，还可以与供应商进行谈判，争取更有利的价格和条款，进一步降低采购成本。

3．优化物资利用率

项目物资需用计划旨在优化物资的利用率。通过仔细评估项目的实际需求，可以避免不必要的物资浪费，并确保每个物资都得到充分利用。这有助于提高项目效率并减少对环境的影响。

（二）确定物资需要量的依据

确定工程项目物资需要量的依据包括工程设计、施工图纸、技术规范和标准、经验数据和统计分析，以及实地勘察和测量等多个方面。在确定物资需要量时，需要综合考虑这些依据，并根据实际情况进行合理的调整和评估。

1．工程设计

工程设计是确定项目物资需要量的重要依据之一。在工程设计阶段，根据项目的需求和要求，制定详细的设计方案，并计算出所需的各类物资数量。设计方案中会包括施工材料、设备、工具等的种类、规格、数量以及使用方法等信息。

2．施工图纸

施工图纸是工程项目物资需要量的另一个重要依据。根据设计方案编制的具体施工图纸中包含了各个构件、部位的尺寸、材料要求、数量等信息。通过仔细研究施工图纸，可以确定项目所需物资的详细数量。

3．技术规范和标准

根据相关的技术规范和标准，可以确定工程项目所需的物资种类、质量要求和数量。这些技术规范和标准通常由国家、地区或行业制定，对于不同类型的工程项目，可能有相应的技术规范和标准来指导物资的选择和使用。

4．经验数据和统计分析

过去的类似工程项目的经验数据和统计分析也可以作为确定物资需要量的参考依据。通过分析类似项目的物资使用情况和效果，可以得出合理的物资使用比例和数量。

5．实地勘察和测量

实地勘察和测量是确定工程项目物资需要量的重要手段之一。通过在工程现场进行勘察和测量，可以获取准确的尺寸、材料要求等信息，从而确定所需物资的具体数量。

（三）确定物资需用计划的程序

项目工程部在项目中标一个月内依据工程合同、施工方案等编制项目主要物资的物资总需用计划。根据各分部施工方法按照相应的材料消耗定额，求得各种材料的需求量，并汇总得总需求量。

按照 A、B、C 类别分别编制物资需用计划，A 类物资由项目物资部经理根据月度申请计划和施工现场、加工周期和供应周期分别报出，B 类物资由项目物资部经理根据审批的申请计划和工程部门提供的现场实际使用时间、供应周期直接编制，C 类物资在进场前按物资供应周期直接编制采购计划进场。

物资总需用计划在经相关负责人申请审核后交给项目物资设备部一份，项目物资设备部收到物资总需用计划后上报公司物资设备部。经公司物资设备部认可后，委托代理或者直接向供应商下达供应订单并组织实施。物资总需用计划的编制流程如图 5-1 所示，编制的物资总需用计划如图 5-2 所示。

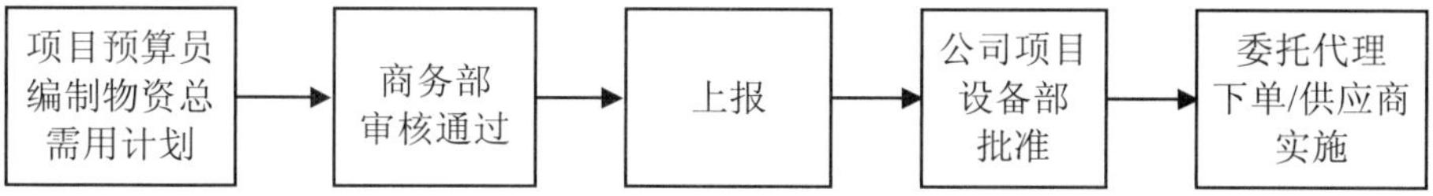

图 5-1 物资总需用计划的编制流程

工程名称：__________ 年月日编号：__________

序号	物资名称	规格型号	质量等级	单位	计划数量	计划进场日期	备注
1							
2							
3							

审批：__________ 审核：__________ 编制：__________

图 5-2 编制的物资总需用计划

（四）物资需用计划实例

【例 5-1】某施工队负责某个项目的物资管理，食堂工程处于基础部位，办公楼工程处于结构部位，根据本月的生产计划，试编制物资需用计划。

（1）食堂工程，本月计划完成基础工程部分施工。其中 M5 混合砂浆砌砖的工程量为 200 m^3，C10 碎石混凝土的工程量为 100 m^3。

第一步：查砌砖、混凝土工程的定额得，M5 混合砂浆砌砖每立方米工程量需普通砖 512 块、砂浆 0.26 m^3，C10 碎石混凝土每立方米工程量需混凝土 1.01 m^3。

第二步：计算混凝土、砂浆及砖的需用量。

①砌砖工程。

普通砖=512×200=102 400（块）

砂浆=0.26×200=52（m^3）

②混凝土工程。

混凝土=1.01×100=101（m^3）

第三步：查砂浆、混凝土的配合比可知，每立方米混凝土用水泥 198 kg、沙子 777 kg、碎石 1 360 kg，每立方米砂浆用水泥 320 kg、石灰 0.06 kg、沙子 1 599 kg。

混凝土中各种物资的需用量：

水泥=198×101=19 998（kg）

沙子=777×101=78 477（kg）

碎石=1 360×101=137 360（kg）

砂浆中各种物资的需用量：

水泥=320×52=16 640（kg）

石灰=0.06×52=3.12（kg）

沙子=1 599×52=83 148（kg）

食堂工程物资分析见表 5-1 所列。

表 5-1 食堂工程物资分析

工程名称	单位	工程量	水泥（kg）	沙子（kg）	石灰（kg）	砖（块）	碎石（kg）
M5 混合砂浆砌砖	m^3	200	16 640	83 148	3.12	102 400	
C10 碎石混凝土	m^3	100	19 998	78 477			137 360
小计			36 638	161 625	3.12	102 400	137 360

（2）办公楼工程，本月计划完成结构过梁安装、空心板堵眼等施工项目。其中生产计划下达的工程量，按照食堂工程中的计算方法，可以得出下列物资分析，见表 5-2 所列。

表 5-2 办公楼工程物资分析

工程名称	单位	工程量	水泥（kg）	沙子（kg）	石灰（kg）	砖（块）	碎石（kg）
过梁安装	根	43	449	17 877	24	22 016	
C10 碎石混凝土	m^3	249	49 795	195 408			342 026
小计			50 244	213 285	24	22 016	342 026

（3）该施工队伍本月的物资需用计划见表 5-3 所列。

表 5-3 施工队伍本月的物资需用计划

序号	单位工程名称	施工部位	水泥（kg）	沙子（kg）	石灰（kg）	砖（块）	碎石（kg）
1	某食堂	基础	36 638	161 625	3.12	102 400	137 360
2	某办公楼	结构	50 244	213 285	24	22 016	342 026
合计			86 882	374 910	27	124 416	479 386

五、编制项目物资申请计划

对于主要材料，需要给供应商留出备货时间，所以物资申请计划必须提前一个月或者更早上报。要标明各种物资的名称、规格数量、技术标准、使用部位及时间和项目名称等。另外，考虑到物资在运输或者使用过程中的损失，在申请时需要加上一定的备用量。

物资申请计划的主要指标为：本期需用量、期初库存量、期末储备量。

物资申请量=本期需用量+期末储备量–期初库存量

【例 5-2】一个工程项目的各种物资需用计划及各种物资库存情况见表 5-4 和表 5-5 所列，这些物资由项目物资组自采，试编制申请计划。

表 5-4　物资需用计划

单位工程名称	施工部位	水泥（kg）	沙子（kg）	石灰（kg）	砖（块）	碎石（kg）
某食堂	基础	36 638	161 625	3.12	102 400	137 360

表 5-5　物资库存情况

水泥（kg）		沙子（kg）		石灰（kg）		砖（块）		碎石（kg）	
期初	期末	期初	期末	期初	期末	期初	期末	期初	期末
1 050	1 500	0	7 500	0	2	0	0	0	0

根据表 5-4 和表 5-5，编制出物资申请计划，见表 5-6 所列。

表 5-6　工程物资申请计划

序号	物资名称	单位	项目名称	期初库存量	本期需用量	期末储备量	申请量
1	水泥	kg	某食堂	1 050	36 638	1 500	37 088
2	沙子	kg	某食堂	0	161 625	7 500	169 125
3	石灰	kg	某食堂	0	3.12	2	5.12
4	砖	块	某食堂	0	102 400	0	102 400
5	碎石	kg	某食堂	0	137 360	0	137 360

六、编制项目物资供应计划

（一）物资供应计划的作用

物资供应计划的作用是确保项目所需物资的及时供应和充足储备。编制物资供应计划涉及对项目需求的准确评估和分析，以确定所需物资的种类、数量和质量要求。在制定物资供应计划时，需要考虑物资的采购渠道、交付时间和运输方式，以确保物资能够按时到达项目现场并满足施工进度的要求。

此外，物资供应计划还需考虑项目预算和成本控制，以避免浪费和超支。合理的物资供应计划可以帮助优化物资的采购和库存管理，减少不必要的停工和延误，提高项目的效率和质量。为了成功执行物资供应计划，项目团队需要与供应商建立良好的合作关系，并进行有效的沟通和协调。定期的跟踪和监控将有助于及时发现并解决潜在的问题和风险，确保物资供应的顺利进行。

（二）编制物资供应计划的流程

1．编制物资供应目录

编制物资供应目录时要把需用的不同规格的物资，系统地整理汇总，列明各种物资的类别、名称、规格、型号、价格以及供应来源等。

生产经营中所需的物资会随着生产任务、条件的变化而发生变化，物资供应目录也会随之变化。

2．确定物资的需用量

根据设计文件、施工方案和技术措施计算，或直接套用施工预算中建设工程各分部、分项的工程量，进而求得所需物资的总需用量。表 5-7 是一些常用的确定物资需用量的方法。

表 5-7　确定物资需用量的方法

方法	内容
定额核算法	这是指根据预先制定的物资消耗定额标准，结合生产任务量或工程规模，通过定额×数量的公式计算物资总需求量的方法。定额既可以是国家或行业标准，也可以是企业根据自身情况制定的内部定额。通过任务量与定额的乘积，可以直接计算出物资的需用量
比例推算法	这种方法按照一种物资的需用量和一定的系数，推算出其他相关物资的需用量。这种方法适用于物资之间存在一定的比例关系的情况。例如，在建筑工程中，可以根据混凝土的使用量推算出水泥、砂石等配套物资的需用量

续表

方法	内容
动态分析法	为了在平衡的基础上合理组织物资的计划、分配、调拨和运输，需要计算分地区的物资需用总量。这种方法通过分析物资需求的动态变化，结合地区特点和发展趋势，来预测和确定物资的需用量
统计分析法	这种方法根据过去的物资需求资料或生产计划等得出需求规律，再根据需求规律预测未来的物资需求品种和需用量。公式为：**物资需用量=（计划前物资实际消耗量／计划前产量）×计划期产量**
经验估计法	这种方法依赖于经验丰富的管理人员或专家的主观判断。他们根据以往的经验和对当前情况的了解，对物资的需用量进行估计
直接计算法	这种方法直接根据项目的实际情况和具体需求，计算出物资的需用量。这种方法适用于需求明确、计算简单的情况。公式为：**某种物资需用量=产品产量×该物资单耗定额**
物资消耗定额法	这种方法根据物资的消耗定额（即单位产品或工程所需的物资量）和预计的生产量或工程量，直接计算出物资的需用量。这种方法适用于生产型企业或工程项目

3．确定物资的期初库存量和期末储备量

计划期的期初库存量和期末储备量往往是不等的，编制物资供应计划时，必须确定物资的期初库存量和期末储备量。

期初库存量一般是根据编制物资供应计划时的实际库存量，以及预计计划期初前的到货量和耗用量计算出来的。期初库存量和期末储备量的计算公式如下。

期初库存量=实际库存量+期初前的到货量−期初前的耗用量

期末储备量=经常储备量+保险储备量

4．编制物资平衡表

企业在确定各种物资需用量和期初库存量、期末储备量的基础上，就可以编制物资申请计划表。物资申请量的计算公式如下。

申请量=需用量+期末储备量−期初库存量−企业内可利用资源

【例 5-3】某施工队两个项目的月物资供应计划编制实例。某月物资库存情况见表 5-8 所列，物资申请计划见表 5-9 所列。

表 5-8　某月物资库存情况

物资名称	水泥	沙子	石灰	砖	碎石
单位	t	t	kg	块	t
期初库存量	11.3	78.5	84	37 510	36.8
期末储备量	22.6	65.25	86	24 200	47.7

表 5-9　物资申请计划

序号	单位工程名称	施工部位	水泥（kg）	沙子（kg）	石灰（kg）	砖（块）	碎石（kg）
1	某食堂	基础	36 638	161 625	3.12	102 400	137 360
2	某办公楼	结构	50 244	213 285	24	22 016	342 026
合计			86 882	374 910	27	124 416	479 386

计算各种物资的供应量，见表 5-10 所列。

表 5-10　物资供应量

物资名称	单位	申请量	期初库存量	期末储备量	物资供应量
水泥	t	87	11.3	22.6	98.3
沙子	t	375	78.5	65.25	361.75
石灰	kg	27	84	86	29
砖	块	124 416	37 510	24 200	111 106
碎石	t	479	36.8	47.7	489.9

编制物资供应计划，见表 5-11 所列。

表 5-11　物资供应计划

物资名称	单位	期初库存量	计划需用量			期末储备量	供应量合计	供应措施					
			合计	某食堂	某办公楼			市场招标	招标财务顾问	加工订货	补偿贸易	联合开发	其他
水泥	t	11.3	87	37	50	22.6	98.3	99					
沙子	t	78.5	375	162	213	65.25	361.75	362					
石灰	kg	84	27	3	24	86	29	29					
砖	块	37 510	124 416	102 400	22 016	24 200	111 106				111 106		
碎石	t	36.8	479	137	342	47.7	489.9		490				

七、编制项目物资落实计划

在编制好物资供应计划后，按照供应计划所确定的措施，如采购、加工订货，分别编制物资落实计划，即采购计划和加工订货计划。

编制计划的程序如下。

（1）了解项目需求，确定采购及加工订货物资品种、规格等，确定加工周期和供应时间。

（2）确定加工图纸或加工样品。

（3）按照施工进度的物资需求时间节点和经济批量原则（平衡订货成本与库存成本），确定采购批量需要的资金预算额度及物资到货周期。

表 5-12 为物资采购（加工订货）计划。

表 5-12　物资采购（加工订货）计划

物资名称	规格	计量单位	需用数量	需用时间	采购批量	需用资金

第四节　项目物资计划的实施

一、组织项目物资计划的实施

在实施项目物资计划的过程中要进行监督检查，一般通过统计分析、调查研究和物资核销等方法进行，项目物资计划检查分析的主要内容包括如下。

（1）物资申请计划的批准情况。

（2）物资采购计划的落实和订货合同的完成情况。

（3）物资供应对企业生产进度的保证程度。

（4）主要物资的库存周转状况。

（5）主要物资的消耗定额的执行情况。

二、项目物资计划的调整或修订

物资计划具有多变、涉及面广的特点，与各部门、各企业都密切相关。一方发生改动，就会使得物资资源和需要发生改变。这些必然会引起原计划的变更，为了使计划更加符合实际需求，需要对计划及时调整或修订。

需调整或修订物资计划的一般情况：任务量变化、设计变更、工艺变动、其他原因（例如，计划期初预计库存不正确、物资消耗定额变化、计划有误等）。

调整或修订物资计划的三种方法：全面调整、专案调整或修订、临时调整或修订。

调整或修订物资计划时应注意如下问题。

（1）实事求是地调整计划。

（2）最小程度调整计划。

（3）及时掌握情况。

（4）应妥善处理、解决调整和修订物资计划中的相关问题。

第五节　项目物资计划技术

项目物资计划技术涵盖了多个方面，以确保物资在项目执行过程中的高效管理和及时供应。下面根据项目的不同阶段和需求进行分类和描述。

一、项目物资需求分析技术

1．物资需求预测

物资需求预测常采用定量和定性预测方法，如时间序列分析、回归分析、专家判断等，对项目所需物资的数量、种类、规格等进行预测。时间序列分析属于定量预测方法，是利用时间序列数据中的趋势和周期性来预测未来物资需求。常见的时间序列模型包括自回归模型（AR）、移动平均模型（MA）和自回归移动平均模型（ARMA）等。专家判断属于定性预测方法，利用专家的经验和知识建立规则库，通过规则匹配来预测未来的物资需求。这种方法适用于数据较少或难以量化的情况。这有助于提前了解物资需求，为后续的采购和库存管理提供依据。

2．物资分类与优先级划分

根据项目的需求和物资的性质，对物资进行分类，并确定其优先级。例如，

ABC 分类法，将关键结构材料、高成本材料等物资划分为高优先级，以确保其及时供应。对于非重点管理的材料，如低值易耗品、一般工具等，可根据项目实际情况进行灵活管理。

二、项目物资库存管理技术

1．库存控制策略

采用合理的库存控制策略，如安全库存、经济订货批量等，以确保库存量既不过多也不过少。这有助于降低库存成本，提高物资管理效率。

2．库存预警系统

建立库存预警系统，对库存量进行实时监控。当库存量低于安全库存水平时，及时发出预警信号，以便及时补充库存。

三、项目物资计划监控与调整技术

1．计划执行监控

对物资计划的执行情况进行实时监控，确保各项工作按照计划进行。在遇到意外情况时，及时调整计划，确保项目整体进度的实现。

2．计划调整与优化

根据项目实际情况和外部环境变化，及时调整物资计划。建立规范的调整流程，明确调整的申请、审批和执行程序。对调整后的物资计划进行评估和分析，总结经验教训，为以后的项目物资计划提供参考。

本章小结

物资计划管理是一个确保施工项目顺利进行的关键环节，它涉及物资的采购、存储、使用、回收等全过程。物资计划管理包括物资需求预测与计划编制、物资采购管理、物资存储管理、物资使用管理及物资计划监控与调整五个方面。

物资计划的编制只是计划工作的开始，更重要的工作是物资计划的实施，协调物资计划实施中出现的问题，建立物资计划分析和检查制度，及时适时调整和修订计划，并对物资计划的经济效果、物资计划的执行效果进行考评。

第六章　项目物资供应商管理

供应商管理是构建稳定供应链的核心环节。本章以供应商关系管理为框架，将供应商划分为伙伴型、优先型等四类，结合施工企业物资运输成本高、品种规格复杂等特点，明确确保供应质量，降低采购成本等管理目标。通过供应商调查、评价指标体系构建，阐述选择策略与动态评估方法，针对供应链中信息不对称、利益冲突等问题，提出协同库存管理、供应链透明度提升等优化策略，最终形成从供应商筛选到关系维护的全周期管理模式。

第一节　供应商管理概述

一、供应商管理的定义

供应商管理是现代企业管理中不可或缺的一环，它涵盖了企业与供应商之间建立、维护和优化合作关系的全过程。其目的在于确保供应链的高效运作和持续改进，降低采购成本，提高采购效率，提升供应商绩效和质量水平，同时降低供应链的风险和不确定性。

随着供应商管理的不断发展，供应商选择的标准、稳定性、合同性质、供应批量等管理内容也在发展变化，具体见表 6-1 所列。

表 6-1　供应商管理的管理内容

管理内容	传统供应商管理	当下供应商管理
供应商选择标准	首先强调价格，其次是质量	并行考虑，多标准因素
稳定性	变更频繁	长期、稳定、紧密合作
合同性质	短期 / 一次交易	长期 / 合作协议
供应批量	小	大
供应商数量	大量	少而精，长期紧密的合作关系

续表

管理内容	传统供应商管理	当下供应商管理
供货风险	大	小
信息交流	信息专有	从长远考虑，信息共享
早期研发	基本不参与	共同开发
应对价格	一般性谈判（赢 / 输式）	从经济的角度考虑，有计划地降低，利润共享
质量控制	需要大量质量检查	由买方认证，供应商对产品质量负全部责任

二、供应商管理的分类

供应商管理的重点是分类管理。分类的标准很多，这里只讲最主要的分类标准，即企业与供应商彼此的重要性。根据这种分类标准，供应商可以分为四类，如图 6-1 所示。

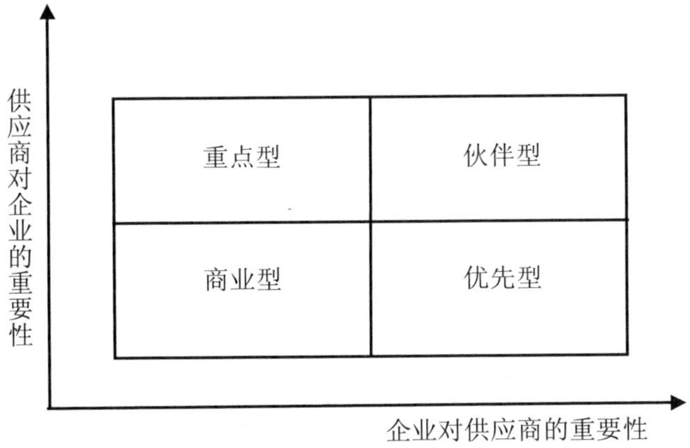

图 6-1　企业与供应商彼此重要性的供应商分类

1．伙伴型供应商

当企业认为供应商有很强的产品开发能力，采购的产品对企业非常重要，同时供应商也认为企业的采购业务对他们来说同样重要时，这样的供应商被称为伙伴型供应商。其特点是双方关系紧密，合作深度高，通常涉及共同的产品开发、市场策略等。

2．优先型供应商

优先型供应商是指那些企业对供应商重要，而供应商对企业却不重要的供应商。因为企业的采购对该供应商至关重要，该供应商的采购业务对于企业来说是非常有利的，应优先考虑，可以获得价格或交货期等方面的优惠。

3．重点型供应商

当供应商认为企业的采购业务对他们来说无关紧要，但该采购业务对企业来说却非常重要时，这样的供应商被称为重点型供应商。

4．商业型供应商

对于供应商和企业来说均不是很重要的那些采购业务，相应的供应商可以很方便地选择和更换，这样的供应商被称为商业型供应商。

三、供应商管理的目标

（一）确保供应质量，提升响应速度

供应商管理的首要目标是确保供应商提供的产品或服务的质量符合企业的要求，避免出现质量问题，影响企业的生产和销售。同时，还需要确保供应商能够按时、按量交付产品或服务，保证供应链的可靠性和稳定性。另外，通过供应商管理，企业可以要求供应商提供更加优质的服务和更快的响应速度，以满足企业的需求。

（二）降低采购成本，提高采购效率

通过有效的供应商管理，企业可以与供应商建立长期合作关系，争取到更优惠的价格和更灵活的付款条件，从而降低采购成本。

（三）建立稳定的供应商合作关系

与供应商建立长期稳定的合作关系，有助于增强双方的信任和默契程度，减少合作过程中的沟通和摩擦。这种稳定的合作关系有助于确保供应链的稳定性和可靠性，降低供应链风险。

第二节　供应商管理的内容

供应商管理是一个综合性的体系，旨在确保企业与供应商之间建立稳定、高效且互利的合作关系。供应商管理的主要内容包括供应商调查、供应商评价、供应商选择等。

一、供应商调查

供应商调查是供应商选择过程中信息的来源，对供应商进行选择前要先掌握供应商和物资供应市场的各种信息，所以就需要对供应商进行调查。供应商调查分为以下三个部分。

1．初步调查

对物资供应商的初步调查就是调查物资供应商的一些基本情况，主要包括供应商的名称、法人代表、资质和认证情况、生产地址、市场占有率、生产能力等信息。这些调查内容除了为选出最合适的物资供应商做准备外，还可以大概了解整个物资供应市场情况。采购单位通过初步调查的结果，分析对比供应商的优缺点，初步选择适合于工程项目需要的供应商。

2．市场调查

市场调查包括市场规模、可供应物资量、需求量、市场类型、市场的经济和政治环境，汇总市场中各个物资供应商的信息能得到市场自身基本情况。

3．深入调查

对物资供应商的深入调查就是在经过初步调查后，对筛选出的符合工程项目要求的物资供应商，进行更加深入详细的调查，然后发展成为自己的供应商。深入调查的主要调查内容涉及供应商的内部，例如生产线、生产工艺技术、包装、质量检测、企业内部管理等环节，考察供应商的生产水平、管理水平和设备技术水平。对供应商的深入调查需要消耗更多的时间和人力，调查难度大、成本高，所以多数企业只对准备发展为合作伙伴关系或者重要物资的供应商进行深入调查。

二、供应商评价

（一）构建供应商评价指标体系的原则

（1）全面性。评价指标要全面概括供应商的实际情况，不仅要体现供应商和供应商之间横向的比较，还要纵向考虑供应商过去的表现以及未来的发展前景。

（2）针对性和可扩展性。针对不同的行业和产品特点以及实际采购要求，制定出相应的评价指标体系。采购方就可以根据自己的实际情况和工程项目要求，有选择性地使用部分指标。这也就要求评价指标要有可扩展性，能够适应不同的要求。

（3）科学性和实用性。评价指标要能科学地表现出供应商的实际情况，评价指标体系要适当。如果指标过多，过于复杂，就会使评价的注意力集中在不重要的细小指标上，造成评价结果不准确。如果指标过于粗略简单，也不能全面地体现出供应商的整体水平。选定的指标的数据或信息要在实际操作中方便采集，而且容易量化，能够运作。

（4）定性和定量相结合。定性指标的含义要表达得清楚明确，在赋值过程中要按照一定的标准来反映定量指标的性质。无论是定性指标还是定量指标都要运用科学的计算方法来实现对供应商的评价。

（二）构建建筑工程项目物资供应商评价指标体系

1. 供应商的初选阶段指标

建筑工程项目物资供应商的初选阶段主要是从大量的供应商中筛选出符合工程项目基本要求，有合作可能的供应商。所以，这一阶段主要是对供应商的基本信息进行考察，需要供应商在企业资质、经营范围、生产能力、业绩能力等方面符合项目要求。

（1）企业资质。在工商、税务部门依法登记注册，取得生产许可或者代理、经销许可；有 ISO9000 系列质量管理体系认证证书、合格产品质量检验报告；财务状况和审计状况良好。

（2）经营范围。有独立法人资格；符合项目所需物资经营范围。

（3）生产能力。有项目所需物资的生产能力证明；有专业技术人员和合格的生产设备。

（4）业绩能力。有近三年为大、中型企业或国家重点项目提供物资的良好业绩；良好的履约记录。

上述指标是物资供应商成为建筑工程项目合格供应商并能够发展成长期合作伙伴的基础。一旦某个指标不符合要求，就淘汰该供应商，只有供应商符合上述几条要求才能进入下一轮的选择。

2. 供应商的精选阶段指标

由于建筑工程项目施工是一个动态、复杂多变的生产过程，所以工程物资供应商的评价指标体系也是一个复杂的系统。根据 1966 年迪克森（Dickson）总结出的 23 项供应商评价准则，和众多国内外关于工程物资供应商评价的研究以及实地的调研，构建了建筑工程项目物资供应商评价指标体系。具体如下。

（1）产品质量。质量指标是供应商评价过程中最重要的指标之一，物资的质量关系到工程的质量，只有物资的质量符合要求才能保证整个工程的质量。在供应商初选阶段已经调查了供应商质量认证体系是否合格和物资的适用性、价值性是否符合项目需要，在这个阶段我们要用产品质量合格率来描述质量指标，产品合格率=合格产品数量 / 总生产产品数量×100%。

（2）产品价格。价格决定了采购的成本，采购成本占工程项目总成本的60%～70%，是总成本的重要部分。所以价格是选择供应商的重要因素，但是不能只看价格，要和其他因素结合评价选出优秀供应商。

（3）准时交货能力。这个指标是指供应商能否按时按量地交付工程所需物资，不能及时交货会影响施工的连续性，延误工期，影响企业效益并给企业信誉带来不良影响。用准时交货率来表示交货能力指标，准时交货率=准时交货次数 / 总交货次数×100%。

（4）设备与技术水平。要实现产品的高品质就需要配备过硬的生产设备以及高水准的技术水平。设备越过硬且技术水平越高，生产效率和产品品质就越高。

（5）生产灵活性。工程项目施工过程容易受各种因素影响，物资需求将脱离原先的预算并有很大的不确定性。这就要求供应商在面对客户的需求不确定时有较强的生产灵活性，以及适应订单变化的灵活性。

（6）供给能力。供给能力体现了供应商的生产能力，是供应商能否满足采购方产品需求的基本保证，也能体现供应商持续供货的能力。这一指标通过供应商年产量来体现。

（7）供应商的信誉。供应商的信誉是对供应商过去行为和未来前景的综合描述。它既反映了利益相关者对供应商提供产品能力的评价，也反映了供应商在行业内的综合影响力。

（8）支付方式。在建设工程行业中，最突出的特点就是资金紧张。对建设单位来说，只有工程施工结束投入使用才能有盈利收入，而且工程前期资金投入数额较大，造成资金紧张。对施工单位来说，一般在中标后建设单位只能支付施工单位大约 30%的预付款，施工单位只能自己垫资施工，使得周转资金紧张。针对这一现实情况，采购方在选择物资供应商时也常将货款能否延迟支付或延迟支付时间长短考虑在内。对于不能够延迟支付的供应商，指标值为 0；对于能够延迟支付的供应商，指标值依能够延迟支付的时间递增，每多延迟一个月指标值增加 1 个单位。

三、供应商选择

（一）影响供应商选择的因素

对于建筑企业施工项目而言，施工建设的工程是最终的产品，建筑企业要提升自己在建筑业的竞争能力，就必须提高施工项目的质量，降低成本，加快施工速度。而建筑企业的物资供应商应该具备一定的能力来支持建筑企业的这些目标。建筑企业在项目采购物资上，低成本和高质量的要求是不可或缺的，在其他方面，如提前期、反应速度以及创新等方面，对供应商也有一定的要求。建筑企业会重点考察物资供应商的以下 6 点因素。

（1）价格因素。这里的价格是指物资供应商对企业项目所供给的物资的价格，同时也包括物资在运输过程中产生的费用。工程施工项目对供应商要求的价格需要有竞争力，而不一定是最低的价格，因为这个价格包括了供应商对物资需求时间、数量、质量的综合考虑，一味地降低价格在某些程度上来说，必定会降低其他方面的能力。物资的成本很大程度上决定着项目建设的成本，对于建筑企业来说，这就会很大程度上决定着企业的效益，所以价格因素是企业考虑选择供应商的重要因素。

（2）质量因素。物资供应商所提供的工程建设需要的物资，在质量上是不是合格的，这是一个非常重要的因素。不管什么形式的供应链结构，原材料质量和产品质量都是非常重要的一个因素，可以说，质量是一条供应链存活的重要保证。物资供应链也不例外，施工物资的质量很大程度上决定着建筑这个最终产品的质量，高质量的物资材料不一定能建造出高质量的建筑，但是劣质的物资材料就绝对不可能建造出高质量的建筑。所以，如果物资供应商不能保证其供应物资的质量达到产品说明书和 ISO 认证体系的要求，就根本没有参与企业项目物资采购招投标的权利，同时会很快在市场上销声匿迹。特殊工程例如路桥、工厂等建筑，在原有质量要求的基础上，会有更高或者特殊的要求，这对物资供应商供应的物资材料的质量提出了更高的要求。为了保证供应商自身的利益，保证施工企业的利益，保证整个物资供应链的利益和协作继续，物资材料的质量因素是一个重中之重的考虑因素。

（3）位置因素。供应商的地理位置决定着物资材料的运输距离，而运输距离又影响着物资采购的成本费用，所以地理位置也是一个值得重点考虑的因素。在同等质量、同等价格的前提下，建筑企业希望可以选择位置比较接近项目所在地的物资供应商，或者物资存放仓库在项目所在地附近的物资供应商。运输距离的缩短，可以缩短物资运输的时间，这对项目订货提前期的缩短会有很大帮助。提前期和交货期时间的缩短，使安全库存的设定可以有所下降，库存成本也会随之下降，企业项目物资管理中出现缺货的概率也就低，所以说供应商位置对物资供应链的快速反应有显著的影响。如果供应商没有好的地理位置，那么供应商就需要增设仓库，以便在与其他供应商的竞争中抢占有利地位。

（4）物资供应能力。物资供应能力指的是物资供应商的生产能力。但是，一般项目采购所接触的供应商只能算作物资材料生产企业的分销商，所以项目采购所考虑的物资供应能力，只能是物资供应商的库存和安全库存。通过对这一项指标因素的考虑，确定供应商是否有能力保证项目建设所需的物资材料供应，确保供应商的库存量和库存管理达到一定的规模水平，如果不能保证，则需另选供应商或者加选供应商。

（5）供应商信誉。信誉是供应商的可靠性保障。在选择供应商的时候，不止是建筑企业，任何企业都想有一个或者多个信誉良好、经营稳定以及财务状况毫无问题的材料供应商做后勤保障。只有在可靠的前提下，双方才能够相互信任，相互扶持，在合作过程中达到双赢的结果，并结成稳定供应链，使这种良好的合作关系保持下去。

（6）其他服务能力。很多产品或者原材料都需要售后服务，其实工程施工物资同样需要供应商有良好的售后服务能力。供应商所提供的物资有高效低廉替代品时，可以及时与企业项目沟通，或者某些物资需要供应商提供相应的专业技术支持时，一个优秀的物资供应商应该具备这项能力。

（二）供应商选择的基本原则

供应商选择的基本原则是 QCDS 原则，也就是质量、成本、交付与服务并重的原则，如图 6-2 所示。

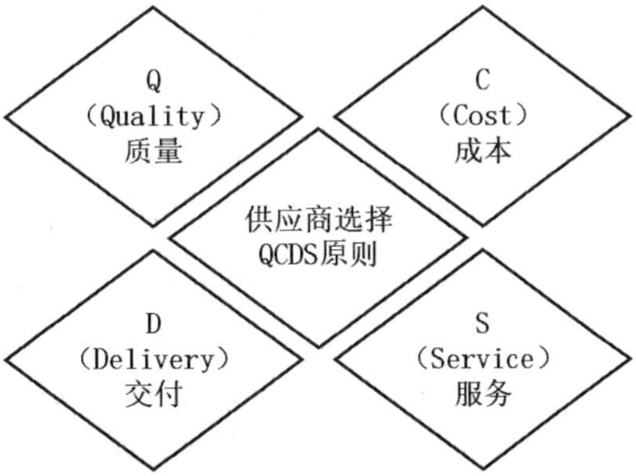

图 6-2　供应商选择的 QCDS 原则

（1）质量原则。企业必须对供应商的质量保证体系进行重点考察，确定质量保证体系完整且有效，并考察供应商的生产能力、工艺能力，确定供应商能够对特定的产品进行生产。

（2）成本原则。企业应运用价值工程方法对所需产品进行成本分析，并与供应商开展价格谈判，以实现节约成本。

（3）交付原则。企业需考察供应商的生产能力、人力和物力是否充足，是否有及时交付产品的能力。

（4）服务原则。企业需考察供应商是否具备完整的服务系统，以确保在双方合作期间，供应商可以全程、全方位地满足企业需求。

（三）供应商选择的步骤

在物资采购工作中，施工企业需要制定一套科学的步骤，用来完善供应商的选择，流程大致如图 6-3 所示，具体分为以下几个步骤。

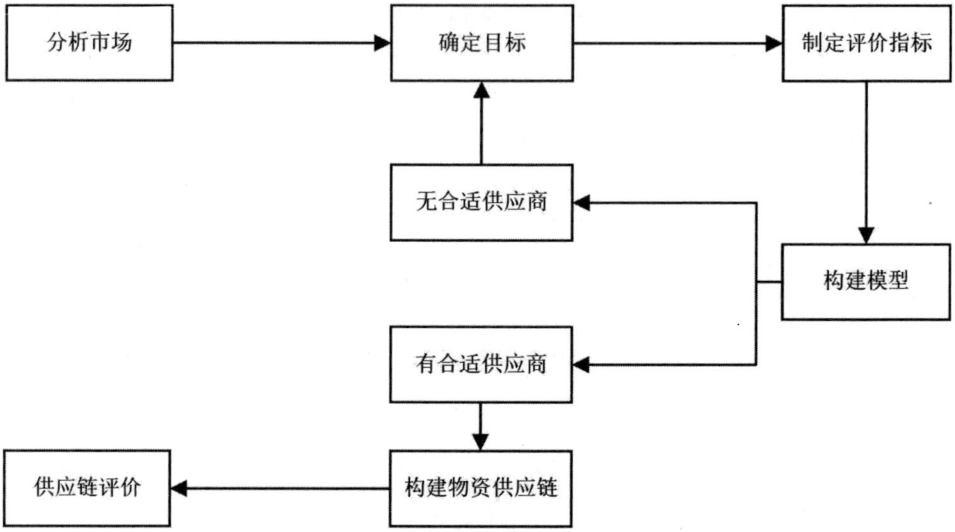

图 6-3　供应商选择流程图

（1）分析市场。分析市场指的是分析相关采购物资所在市场的竞争环境。例如，对于重庆市内的企业而言，企业在采购物资之前，不但要分析重庆市内的物资市场情况，还要兼顾项目所在地附近的市场情况。对市场的充分了解，让企业在制定各种计划时有明确的现实指导意义，不会被供应商提供的不实信息所蒙蔽。对市场的充分了解，也能让企业充分掌握供应商信息，对于构建供应链，进行供应链管理有很大帮助。

（2）确定目标。在进行了充分的市场分析之后，企业开始制定采购计划，明确项目采购目标，明确进行供应商选择的目标，这个目标必须为项目服务，也是为企业服务。所以供应商的选择绝对不是一个简单的选择过程，而是企业与企业之间的一次业务流程重构过程。科学地进行好这个选择过程，对双方都会带来可观的利益，构建起稳定的物资供应链，使得建筑企业和物资材料供应商可以长期稳定地合作下去，就会出现双赢的局面。同时，不同企业之间的发展战略和企业目标各不相同，不同项目之间的工程目标和管理过程也大为不同，所以供应商选择的结果，会因为项目的不同而不同，因为企业的不同而不同，在供应商选择目标的确定上，必须具备灵活性，体现特殊性。

（3）制定评价指标。物资供应商的评价是一个非常复杂的工作，它包含了很多因素，不同的因素之间又没有任何的关联，如果要做出合理的评价，就必须制定全面的评价指标体系。在这个评价指标体系中，判断供应商各项实力的指标都必须包含在内，而企业对供应商进行评价、选择的依据和标准都来自供应商评价指标体系。

（4）构建模型。在制定了物资供应商评价指标体系之后，需要选择一定的方法和数学模型来对这个指标体系进行量化和分析。每个企业选择供应商的方法都不一样，使用的数学模型也不一样，数学模型的使用必须根据企业自身的实际情况，先定性判断，再量化评价指标，最后结合定性分析和定量分析，科学地分析和选择合适的物资供应商。

（5）与合适的物资供应商合作，并构建物资供应链。根据第三步制定的评价指标体系，采用第四步构建的数学模型，符合企业要求、符合施工项目要求的物资供应商被选择出来与正在进行的项目合作，项目部与供应商建立供应链合作伙伴关系。

（6）供应链评价。在工程项目施工进程中，建筑企业会对供应商在物资供应工作中的表现给予关注和评价，对整个供应链的收益和成本进行评价，如果结果好，对提高企业效率和收益有很大帮助，则可以继续合作，反之，合作关系就会被终结，供应链也会随之解体。因此供应商选择是一个没有停顿的动态决策过程。

（四）供应商选择的方法

企业若要对供应商进行选择，能够使用的方法有很多种。通常情况下，企业先考虑自身的采购量有多少、采购标准的严格程度、有多少备选供应商、对这些供应商有多少了解以及采购周期的紧迫程度等，然后决定选择方法。现阶段，企业能够使用的选择方法包括直观判断法、成本比较法、协商选择法、ABC成本法、线性权重法、人工神经网络算法等。这些方法中，部分方法过于简单粗犷，并不符合规模较为大型的企业，如直观判断法、成本比较法、协商选择法等。当下，在对供应商进行选择时，企业使用频率最高的几种方法包括 ABC成本法、线性权重法、人工神经网络算法等。

在对供应商进行选择时，企业怎样选择最优的选择方法，则须先分析自身的采购量有多少，采购重点是什么，并综合考虑供应商的特点。表 6-2 中将供应商选择的常用方法做了对比。

表 6-2　供应商选择的方法对比

方法	概述	优势	劣势	适用范围
直观判断法	针对意向型供应商进行走访、考察，收集其基本资料，决策者形成自己的判断结果，两方面共同分析，对供应商进行评价及选择	过程简单，快速完成选择	太注重个人主观意识，相关工作人员的经验以及知识水平会直接影响选择情况	普通供应商的选择可以使用此方法，如供应辅助原料的供应商
成本比较法	选择一种准备采购的产品，让符合标准的各个供应商提供报价，根据报价，再加上其他采购成本，包括物流成本、验货成本等，综合比较，在其中选择总成本最低的一家	能够对成本进行切实控制	过于注重成本价格，并未重视其他因素，如产品质量、交付情况、服务水平等，考虑的因素不够全面	若部分供应商的质量及交付期限等区别不是很大，可以使用此方法
协商选择法	若潜在的供应商不多，同时仅有几家供应商拥有特定的生产技术或者资源，此种情况适用协商选择法，即采购部门与符合标准的供应商通过协商来选出最终的供应商	沟通性强，可以保质保量地完成采购订单，并确保交付期限及售后服务等问题	由于选择范围小，容易导致成本上升	若企业可进行选择的供应商范围非常有限，同时竞争严重，而企业又必须进行采购，此时可采用此方法
ABC 成本法	1996 年，鲁德霍夫（Roodhooft）和科林斯（Konings）研究出了该方法，其原理是借助成本模型对总成本进行计算，以此对供应商进行选择	可以协助企业对成本进行了解，同时有针对性地对某些成本进行管控	能够使用的范围较小，其相应标准较为苛刻	供应商必须拥有专业化的成本数据体系，面对这样的供应商才可使用此方法

续表

方法	概述	优势	劣势	适用范围
线性权重法	在对供应商进行选择时，对能够对决策形成影响的各因素，使用评分方法完成评分，同时按照各因素的重要程度，对其设置相应的权重，借助线性权重法完成供应商的选择	促进企业对各评价指标的重要程度形成清晰的认识，以此明确采购过程的侧重点	无法对部分突发性因素进行考虑	规模不是很大的企业可以使用此方法
人工神经网络算法	20 世纪 80 年代诞生出了人工神经网络算法，它较为智能，可以对人脑进行模拟，如形象思维、灵感及直觉等	此方法可以对评价专家的知识、经验以及思维模式进行模拟，使相关评价结论以及供应商的选择更加科学、公平、客观	必须拥有非常高的操作技术水平，另外对硬件的要求也非常严格	对科技要求严格，同时采购预算非常高的部分企业，可以使用此方法

第三节　基于供应链模式的供应商管理策略

供应链管理是一种管理所有服务流、物流和信息流，使原材料从供应商转移到工厂、仓库，最后再传达到消费者手中的系统方法。对于工程项目而言，物资供应链管理至关重要，它关系到工程项目的整体进度、成本与质量。

一、核心企业与供应商之间存在的问题

（一）信息不对称

供应链各成员之间的利益诉求不同，导致信息往往不能得到充分共享。

核心企业难以准确掌握供应商的实际情况，如生产能力、库存水平、质量状况等，从而增加了供应链管理的难度和风险。同时，供应商也可能无法及时获取核心企业的需求变化和市场动态，导致生产和供应的滞后。

（二）利益冲突

在追求各自利益最大化的过程中，核心企业与供应商之间难免会产生利益冲突。这些冲突可能表现在价格谈判、交货期、质量标准、服务要求等方面。如果双方不能妥善处理这些冲突，将影响供应链的稳定性和合作效果。

（三）信任缺失

信任是供应链协同的基石。然而，在复杂多变的市场环境中，信任的建立和维护并非易事。一旦某一方出现违约行为或表现不佳，将严重损害双方之间的信任关系，从而影响后续的合作。信任缺失可能导致双方在合作中持谨慎态度，减少信息共享和协同创新的积极性。

二、实施供应商管理的策略

（一）重新定位与供应商的关系

实施有效的供应商管理就是要将危害供应链运作的冲突因子消灭于萌芽状态，最根本的办法是消除引起冲突的土壤。具体做法可以从以下几方面进行尝试。

（1）建立有效的供应链组织机制。

（2）建立公正、合理的供应链协议。

（3）立足于长期的合作关系。

（二）优化库存管理

（1）协同库存管理。与供应商合作，实施协同库存管理策略，如供应商管理库存，以减少库存成本和提高库存周转率。

（2）预测需求。利用历史数据和市场需求预测工具，准确预测未来需求，以便合理安排生产和采购计划。

（三）提高供应链透明度

（1）数字化管理。运用数字化工具和技术，如 ERP 系统、供应链管理软件等，提高供应链的透明度。

（2）实时监控。对供应链的各个环节进行实时监控，确保信息的准确性和及时性。

（3）风险管理。识别并管理供应链中的潜在风险，如供应商破产、质量问题、运输事故等，制定相应的应对措施。

本章小结

本章首先对供应商管理的定义进行了解释，介绍了供应商管理的分类和目标。其次重点分析了供应商管理的内容，并从供应商调查、评价和选择三个方面介绍了供应商管理的流程。最后分析了供应链管理模式下的供应商管理。

第七章　项目物资采购管理

物资采购管理是控制项目成本的关键节点。本章界定采购的工程、货物、咨询服务三大类型，分析集中采购、招标采购等形式的应用场景，强调其在节约成本、优化质量中的战略作用。从采购前期市场调研、计划编制，到中期供应商选择、合同签订，再到后期验收、成本核算，构建全流程管理体系，明确适价、适质、适时等“五适”原则，解析公开招标、谈判采购等模式的操作流程，结合案例阐释数字化采购在效率提升与风险防控中的实践价值，形成科学规范的采购管理方法论。

第一节　项目物资采购管理的概念和作用

一、项目物资采购的概念

（一）采购的定义

采购，是指企业在一定条件下从供应市场获取产品或服务作为企业资源，以保证企业生产经营活动正常开展的一项企业经营活动。

（二）项目物资采购的分类

项目物资采购可分为工程采购、货物采购和咨询服务采购。

（1）工程采购是指以招标或者其他商定的方式对合格的承包商进行选择，让其承担项目建设任务的过程，是一种有形采购。如修建隧道、水电站工程等。

（2）货物采购是指购买项目所需的货物以及与货物相关的服务的过程，属于有形采购。如仪器、设备、机械、办公用品等货物，以及运输、安装、培训、维修等服务。

（3）咨询服务采购是指通过聘请专业的咨询专家或者咨询公司来提供运行服务等项目服务的过程。

（三）项目物资采购的重要性

（1）采购成本构成了企业成本管理体系中的核心与主体，其高效管理直接关系到企业资源的最优配置与经济效益的最大化。

（2）从供应角度来看，控制供应链中上游管理的主导力量就是采购。企业为了更好地满足顾客的需求，会以更快的速度、更低的成本提供更高质量的产品到市场，以获取更高的利润。从整体供应链角度，企业为了获取更多的利润，便会以各种各样的方式加快物资和信息的流动，这必须通过供应商来发挥作用，必须依赖采购这一活动。

（3）为保证企业自身产品的质量水平，企业需要通过采购把质量管理延伸到供应商质量控制当中，削减企业的质量成本。

二、项目物资采购管理的定义

（一）采购管理的定义

采购管理，是指从项目外部获取或采购工作所必需的原材料、产品、货物及服务的一系列过程，这一过程强调了对采购活动的有效规划、精细管理与严格控制。项目物资采购的具体实施步骤如下。

1．确定采购内容

项目物资采购管理的首要任务是清晰界定所需采购的对象及其对应的质量标准。每个项目都有其特定的需求，对于产品和服务的要求往往有详细而具体的说明。而无论是产品还是服务，它们均需满足三项基本条件：通用性，确保采购物品能够广泛适用于项目需求；可获取性，保证所需物品在市场上易于寻找并购买；经济性，即采购成本合理，符合项目预算与成本控制要求。

2．把握采购时机

针对项目的不同阶段及特点，项目所需产品和服务的采购时机应灵活调整。精准把握采购时机，旨在避免过早采购导致的库存积压与成本上升，同时预防因采购延误而引发的项目延期等风险。在制定采购计划时，需综合考虑项目实际需求、供应商交货周期以及潜在的市场波动等因素，以确保采购活动的高效与顺畅。

3．选择采购方式

采购方式直接影响采购的效率、成本与质量。招标采购中，公开招标面向社会广泛征集供应商，借助充分竞争获取优质资源与优惠价格，适用于金额大、技术规格明确且竞争充分的项目；邀请招标是向特定供应商发标，流程简单、保密性强，适合技术复杂或需保密的项目。非招标采购中，询价采购可对比多家报价，操作简便、周期短，常用于标准化产品；竞争性谈判可多轮议价，灵活调整需求，适用于需求不明或技术复杂的情况；单一来源采购针对唯一供应商，如专利产品采购，需严格审批确保合规。选择采购方式时，要综合考量项目预算、时间、技术难度和市场竞争状况。

4．确定项目相关产品的采购数量

确定采购数量需综合考量多个因素。依据项目实际需求，通过对工程量的计算、对生产计划的分解来明确数量；平衡库存管理成本，避免库存积压或不足影响进度。对需求波动产品，用统计学方法预测趋势，设置安全库存。同时，关注供应商供货能力与批量折扣，如阶梯式价格，结合项目资金与存储条件，权衡采购数量与折扣收益，确定经济合理的采购量，优化项目成本与资源利用。

（二）采购的形式

1．集中采购

企业设立于核心管理层的专门采购部门，负责统筹并集中执行企业所有物资的采购进货任务。

优势：集中采购显著降低采购成本；减少物资储备，加速资金周转，降低库存成本；精简采购团队，降低人工成本，促进专业人才的培养与发展；集中下料提升材料利用率，减少浪费；凭借专业性与技术力量，优选材料供应商，确保产品质量；集中批量运输，有效降低运输费用。

劣势：集中采购可能引发价格争议，协商难度大；采购流程复杂，不适用于紧急采购需求；对于非通用性物料，集中采购未必能带来价格优势；采购与使用部门分离，可能影响物料规格的准确性。

2．分散采购

分散采购的特点主要体现在以下几个方面。首先，分散采购适用于采购小批量或单件物品，这些物品通常价值较低且开支较小。其次，分散采购的流程相对简短，所需手续简便，从而能够实现决策的迅速制定。再次，分散采购具备快速的问题反馈机制，能够迅速提供针对性的解决方案，展现出高度的灵活性。最后，分散采购在资金占用和库存空间需求上均较小，简化了物品的保管工作。

3．电子采购

（1）网上直接采购。直接与供应商在线沟通，简化采购流程，提高效率。

（2）网上第三方采购。通过专业采购公司平台，利用第三方服务进行采购，提高采购的专业性与效率。

（3）网上招标采购。结合招标采购与电子商务技术，实现线上招标、投标、评标及合同签订的全过程电子化。

三、项目物资采购管理的作用

1. 直接作用

节约成本提升经营利润，优化产品质量与物流组织加速资本周转，采购流程科学促进业务流程重组与组织变革，增强采购部门与市场互动，促进内部信息有效交流。

2. 间接作用

提升产品标准化，降低库存积压，增强生产灵活性，为产品设计更新提供原材料支持，加强企业内部部门间的协作能力。

第二节　项目物资采购管理的内容和目标

一、项目物资采购管理的内容

项目采购管理是项目管理中非常重要的一部分，它涉及项目中所需资源的采购、供应商选择、合同签订以及供应商关系的管理等方面。项目采购管理的目标是确保项目所需资源的供应能够满足项目的需求，同时保证采购过程的高效和合规。为了实现物资采购的基本职能，物资采购管理需要有一系列的业务内容和业务模式。

（一）采购活动前期准备

预先深入市场调研，收集主要资源供应商的详尽资料，考察资源状况，掌握商品价格动态及市场波动，熟悉邻近采购环境。依据承包合同条款，明确采购责任，结合调研成果，编制可行性分析报告，全面剖析潜在影响因素。

预先预估成本，确立单项及总体采购策略。定期分析预测成本，对比预测与实际成本，剖析差异根源，及时讨论总结，调整策略以控制后续采购成本。

物资采购的前期筹备与规划至关重要，为采购执行提供明确导向，同时助力即时评估项目盈亏，是物资采购管理不可或缺的关键步骤。

（二）采购活动过程控制

1．编制采购计划

围绕项目总物资需求与消耗，建立执行台账，控制关键物资。物资部门根据合同要求，明确施工进度与计划，把握物资进场节点。同时，依据设计文件（采购、技术、图纸等）细致规划物资采购，确保提前准备。

2．选定采购方式

公司采购方式大体分为非招标与招标两类，细分为零星、单一来源、询价、竞争性谈判、邀请招标、公开招标及框架招标等，还包括集团采购与发包方采购。灵活组合采购方式，融合各采购方式的优势，以优化成本、质量及效率。

3．执行采购计划

实施采购计划需明确责任到人，按既定进度推进。包括联系供应商、商务洽谈、合同签订、物流运输、验收入库、支付款项及后续事宜处理等，确保采购流程顺畅执行。

4．供应商选择

项目团队需要根据项目的特点和需求，制定供应商选择的标准和流程。通过招标、询价、竞争性谈判等方式，从众多供应商中选择最合适的供应商。

5．合同签订

在选择好供应商后，项目团队需要与供应商进行合同谈判和签订。合同中应明确双方的权责和交付要求，确保供应商能按时完成所需供应。

6．管理供应商

在项目物资采购管理的核心组成部分中，供应商管理扮演着至关重要的角色。选择供应商时，必须全面审视以下五个关键因素：第一，售后服务的质量，它是衡量供应商综合能力的重要指标；第二，报价的合理性，需对比市场价格，确保无异常偏差，以维护项目成本效益；第三，产品质量的优劣，必须严格筛选，确保所采购的物资均为高品质；第四，供应商的信誉度与财务状况，需深入调查，排查潜在的法律纠纷与违约记录，以保障合作的稳健性；第五，供应商的履约能力与综合实力，这是确保供应稳定性与项目顺利进行的基础。

（三）采购活动后期管理

1．采购评估与反思

物资采购后应定期（月末、季末、年末）进行采购活动的效果评估，旨在总结采购成效，提炼经验，识别问题，并提出改进措施。

2．采购活动监控

物资采购监控聚焦于采购全过程，涵盖相关人员行为、资金流动及具体采购事务的实时监控等，确保采购活动的合规性与高效性。

3．采购基础建设

物资采购基础是为构建高效、科学的采购体系而铺设的基石，涵盖管理框架的搭建、软件系统的应用以及硬件设施的配备。

4．风险管理

在项目采购过程中，可能会面临各种风险，如供应商无法按时交货、质量问题、价格波动等。项目团队需要及时识别和评估风险，并制定相应的应对措施。

5．变更管理

在项目执行过程中，可能会出现采购需求的变更。项目团队需要对这些变更进行评估和管理，包括变更的合理性、对项目进度和成本的影响等。

6．采购绩效评估

项目结束后，项目团队需要对采购过程进行评估，包括供应商的绩效评估、采购成本的评估等。这有助于总结经验教训，提高采购管理的效率和效果。

二、项目物资采购管理的目标

在物资采购实践中，由于采购多元化，采购管理目标也不是单一的，既要考虑短期的经济效益，又要考虑长期的物资供应保证。项目物资采购管理的目标如下。

（1）提供不间断的物料流和物资流，以便使整个组织正常运转。

（2）使存货投资和损失保持最小。

（3）保持并提高质量。

（4）发现或开发有竞争力的供应商。

（5）当条件允许的时候，将所购物料标准化。

（6）以最低的总成本获得所需要的物资和服务。

（7）提高公司的竞争地位。

（8）在企业内部与其他部门建立和谐而富有成效的工作关系。

（9）以最低水平的管理费用完成采购目标。

三、传统采购管理与现代采购管理的区别

随着企业环境的变化和竞争的加剧，企业对采购工作的要求也在逐步发生

变化，这就要求采购管理工作也要进行创新和变革。表 7-1 主要介绍现代采购管理相对于传统采购管理在与供应商的关系、合同期限、采购批量、对库存的认识等方面的区别。

表 7-1　传统采购管理与现代采购管理区别

区别	传统采购管理	现代采购管理
与供应商的关系	往往是相互对立的，关系不稳定，竞争多于合作	与供应商建立长期的合作伙伴关系，通过共享信息、协同工作和持续改进来增强双方的竞争力
合同期限	合同期限通常较短	倾向于签订长期合同
采购批量	大批量	小批量、多频次
对库存的认识	保持大量库存，应对不确定性	低库存，注重库存管理和控制

第三节　项目物资采购管理的原则

一、适价原则

在采购活动中，价格因素始终占据核心地位，企业尤为关注通过采购能够实现资金的节约。因此，采购人员需投入大量时间与精力在与供应商的议价过程中，以争取最适宜的采购价格。确立一个合理的价格通常需要经历以下关键步骤。

（1）广泛询价。此环节不局限于既有供应商，应积极引入新供应商参与报价，以拓宽价格比较范围。

（2）细致比价。秉承“货比三家”的原则，针对高价值设备或大额零部件的采购，采购人员需尤为谨慎。鉴于供应商报价条件各异，需先将各报价条件统一标准化，再进行比较，以确保比价结果的真实性与可靠性。

（3）深入议价。在比价基础上，筛选出两至三个最具竞争力的报价进行深入沟通。此阶段旨在明确采购细节要求，并通过进一步协商争取价格优惠。需注意的是，初次报价往往含有一定议价空间，但面对卖方市场时，议价成效可能受限。

（4）最终定价。历经上述环节后，买卖双方达成共识的价格即确定为后续采购的基准价。同时，建议保留两至三家供应商的报价信息，以备不时之需。这些供应商的报价可能趋同，也可能存在差异。

二、适质原则

在常规的采购活动中，必须分配一定时间与精力，以促进供应商不断提升并稳定所供物品的品质。若采购物品的质量未能满足既定标准，其后果包括但不限于：引发内部管理困扰，品质不佳的来料会迫使企业内部人员投入额外时间与资源进行处理，导致管理成本显著增加；检验成本攀升，为筛选合格品，需在重检与挑选环节耗费更多时间与精力，从而会提高检验费用；生产效率与质量受损，不良品进入生产线将引发更多返工，直接影响产品质量与生产线的整体效率；交货延误与信誉危机，品质问题可能迫使生产计划推迟，难以按时履行对客户的交货承诺，进而削弱客户对企业的信任，极端情况下甚至可能导致客户流失。

三、适时原则

企业既定生产计划的有效执行高度依赖于原材料的准时供应。延迟到货将引发生产停滞，即停工待料，进而延误产品出货期，严重损害客户满意度。反之，过早到货则会导致库存积压，资金占用过多。因此，采购人员需积极协调并监督供应商，确保物料按时交付，尤其对于某些企业而言，交货时间的精准性至关重要。

作为采购员，需精准把握采购时间节点，避免因过早或过晚采购导致的成本增加或生产延误。精准把握采购时间节点的关键在于合理设定前置期，包括如下三种前置期。

内部前置期涵盖从需求确认至订单发出的全过程，涉及规格准备、供应商筛选、询价报价、合同签订等环节。

外部前置期是指供应商从接收订单至完成交付的时间段。

总前置期为内部、外部前置期与订单处理时滞之和，全面反映从需求产生到货物接收的全过程时间。

四、适量原则

采购数量的合理确定是实现成本控制与生产需求平衡的关键。大批量采购虽可享受数量折扣，但易导致资金积压；采购量不足则难以满足生产需求。因此，依据经济订购量进行采购成为普遍做法。采购人员需监督供应商严格遵循订单数量交货，以维护供需双方的利益平衡。

五、适地原则

企业在选择供应商时，倾向于优先考虑近距离的合作伙伴，以掌握合作主动权。近距离供货不仅简化了沟通流程，加速了问题处理，还有效降低了物流运输成本。因此，在供应商试点选择阶段，优先考虑地理位置接近的供应商，是实现高效采购与成本控制的重要策略之一。

综上所述，实现最佳采购需全面考量适价、适质、适时、适量、适地等多方面因素，这需要采购人员在实际操作中不断积累经验，灵活应对各种挑战。

第四节　项目物资采购的流程

一、确定合同类型

不同类型的合同在分配买卖双方所承担的风险责任时有所差异，因此，合同双方作为合作伙伴在制定合同方案时的关注点也会有所不同。买卖双方签订合同的关注点见表 7-2 所列。

表 7-2　买卖双方关注点

项目	关注点
买方	（1）实施风险 （2）维护项目的经济性 （3）项目执行的高效性
卖方	（1）实施风险 （2）实施成本

合同类型通常可划分为以下五种，每种均针对特定情境与需求设计，具体阐述如下。

（1）CPPC 合同（百分比合同）。此类合同在实际应用中相对罕见，主要原因在于成本控制机制不够显著，难以满足高效成本管理的需求。

（2）CPFF 合同（成本加固定费用合同）。此类合同在研发服务类项目中较为普遍，尽管其应用广泛，但仍存在一定的适用局限性，需根据项目特性谨慎选择。

（3）CPIF 合同（成本加激励费用合同）。此类合同常见于买卖双方的长期合作关系中，其独特之处在于风险共担机制，赋予合同高度的灵活性，以适应市场与项目需求的变化。

（4）FPIF 合同（总价加激励费用合同）。此类合同主要适用于买卖双方间合作周期较长的情境，通过设定固定价格并结合激励机制，确保合作的稳定性与效率。

（5）FFP 合同（固定总价合同）。此类合同因其成本易于控制的特性，深受买方青睐，因此在实践中具有较高的采用率，特别适用于需要精确控制成本的项目场景。

上述分类不仅明确了各类合同的适用范围与特点，还体现了合同管理在保障项目顺利实施、优化资源配置方面的重要作用。

二、采购计划编制

1．市场调查与分析

进行深入的市场调查与分析，以获取与采购内容相关的最新国内国际行情，确保采购决策基于准确的市场信息。

2．编制依据的资料

以项目章程作为总体指导方向，项目管理计划构建整体框架；通过范围说明书明确设计、执行及功能等项目需求，产品说明书界定产品规格，工作分解结构及字典细化任务与需求；结合采购资源评估、市场状况、环境与组织因素综合分析，借鉴组织过程资产，并参考风险记录识别潜在风险；综合其他计划编制输出、约束条件与假定，保障采购计划的可行性与适应性。

3．编制工具与技术

（1）自制 / 外购分析。权衡自制与外购的成本效益，选择最优采购策略。

（2）专家判断。利用多方专家资源（如企业内部专家、咨询工程师、专业协会、行业集团）提供专业意见，增强决策的科学性。

（3）合同类型选择。根据项目需求与风险承受能力，选择合适的合同类型，确保合同管理的有效性与灵活性。

4．编制结果

详细阐述采购过程的管理策略，包括从询价计划编制到合同收尾的全流程规划，确保采购活动有序进行；作为采购项目的详细规范，工作说明书需根据采购项目性质、买方需求及合同形式调整详细程度，力求明确、完整且简练。同时，应包含对所附属服务的清晰说明，以满足项目整体需求。

三、采购询价

询价过程，作为项目采购的初步阶段，旨在从潜在供应商处征集关于如何满足项目特定需求的提案（通常以建议书或投标书形式呈现）。在此过程中，项目本身通常尚未产生直接成本。

询价的主要方法包括以下几种。第一，通过正式渠道发布招标公告，以广泛邀请业界参与；第二，利用专业期刊平台发布采购信息，吸引行业内专业供应商的注意；第三，借助网络媒介的高效传播特性，扩大询价信息的覆盖范围；第四，从已建立的供应商目录中精选并直接邀请部分供应商参与，以提高询价的针对性和效率。这些方法共同构成了询价活动的核心策略，旨在确保项目需求能够得到充分、准确的响应。

四、供应商选择

1. 议标法

议标法，又称合同谈判法，是一种通过双方就存在的分歧进行深入讨论与协商，旨在消除差异、达成共识，并最终促成协议签订的方法。

2. 综合评标法

综合评标法，又称加权评分法，该方法通过设定一系列评价指标，并对这些指标赋予不同的权重，以量化方式减少人为偏见对评标结果的影响，从而选出最优的投标方案。

3. 最低价格法

最低价格法以价格为核心考量因素，通过比较不同供应商的报价，结合预设的评价标准和最终履行要求，选择出符合项目需求且报价最低的供应商作为中标者。

4. 独立估算法

在选取供应商时，独立估算法将既定的招标方法视为参考基准，但不完全依赖于此。通过独立评估各供应商的资质、实力及提案内容，随后进行专业性的谈判，以达成双方满意的合同条款并签订合同。

五、合同管理

1. 合同管理的主要内容

合同管理的核心在于有效协调不同供应商之间的接口。合同管理旨在通过规范双方行为，确保合同条款得到切实履行。合同管理主要包括以下内容。

（1）适度授权。赋予承包商必要的权限，以确保其工作能够顺利推进。

（2）有效监督与监控。采用适当方法对承包商进行监督，涵盖成本控制、工作计划进度监控以及绩效考核等方面。

（3）加强对分包商的管控与检查。确保分包商的工作符合合同要求。

（4）建立卖方通信渠道。为合同条款涉及的卖方提供可执行的通信设施，以确保信息畅通。

（5）采购订单审计。对采购相关订单进行审计，以确保合规性。

（6）合同归档与项目验收。按时完成合同归档工作，并推进项目验收进程。

2．合同管理的工具和技术

合同变更控制系统、买方主持的绩效评审、检查和审计、绩效报告、支付系统、索赔管理、记录管理系统。

3．合同管理的结果

来往函件、合同变更、支付申请。

4．合同收尾

合同履行和清算，对一些未决项目的决策。

第五节　项目物资采购的方式

物资采购方式指的是按照供应商情况、采购物资的性质、采购金额的规模以及存在的采购风险程度等的差异进行相应的采购流程及方式的选取。

当前，企业在利用招标方式进行工程项目物资采购时多采用公开招标采购和邀请招标采购，而当需要通过非招标方式进行工程项目的物资采购时采用较多的两类方式分别为谈判采购与询价采购。下面主要介绍上述四种物资采购方式。

一、公开招标采购

公开招标采购指的是采购企业根据企业物资采购需求，制定相应的招标条件，通过报纸、期刊、网站等途径将所制定的招标条件以招标公告的形式向社会发布，任何满足条件的企业都可以在规定截止时间之内投标且享有平等的竞争机会。招标截止后，招标企业会根据投标企业所提供的资料以及实地考察对投标企业给出的企业信誉、报价、资质、财务状况、业绩以及服务水平等进行综合评价，最终选出最优的投标企业。公开招标采购因向所有符合条件的投标企业提供公开、公平、公正的竞标机会，故整个招标过程中参与投标的企业数目相对较多，竞争激烈，有利于选择最优的供应商。

二、邀请招标采购

邀请招标采购指的是采购企业按照一定的标准从自身积累或权威机构发布的供应企业当中选择一些符合标准的企业向其发出招标邀请。邀请招标采购的优势主要表现为两个方面：首先，相较于公开招标采购，因不必刊登招标公告、发布招标信息等，费用方面有所减少；其次，受到邀请的企业往往不止一家，同时给予各被邀企业同等的机会，仍存在竞争，可进行择优选择。

三、谈判采购

谈判采购适用于市场竞争不足或缺乏竞争的情形，涉及技术规格、价格、合同、物流及验收等多轮谈判。谈判采购分为单一来源采购与竞争性谈判采购两类。单一来源采购因技术垄断、市场垄断等，仅能从唯一供应商采购，流程简化，节省时间与成本。而竞争性谈判采购适用于物资特殊、技术复杂、价格波动大且透明度低、合格供应商有限等情况，需双方就技术、生产、服务、报价等深入谈判。尽管谈判采购面临竞争不足与价格垄断问题，但在特定项目与紧急补给上具有优势，且利于双方深入讨论合同条款，降低采购风险。

四、询价采购

询价采购指的是采购企业为了通过对各个供应企业所提供的技术规格、报价、物资质量以及服务水平等进行综合评价对比从而确定最佳供应企业而采用的以询价书作为载体的物资采购方式。询价采购主要适用于以下几种情况，采购金额和数量均相对较小，采购物资标准单一，预估采购合同价格低于法律所规定的金额，时间上要求比较紧急，物资比较充足且其价格变动较小等。

案例分析

1. 案例回顾

B 公司，作为大型程控交换机的制造商，因生产急需关键部件——时钟，而陷入供应链紧张的局面。在紧迫的采购需求下，采购经理仅凭个人关系与未经验证的甲公司签订了供货合同，并提前支付了高额预付款。然而，甲公司非但未能按时发货，反而将预付款挪作他用，企图通过期货市场获利后再行退还。此举不仅导致B公司资金周转受阻，更因延误交货而错过了市场机遇，对企业经营造成了深远影响。

2. 问题分析

本案例中，B公司的采购流程存在严重漏洞，主要体现在以下几个方面：一是缺乏供应商资质审核机制，仅凭个人信任进行决策；二是采购权限过于集中且缺乏有效监督，导致单一责任人全权处理采购事宜；三是预付款管理不严，未考虑供应商信用风险即进行大额支付；四是缺乏风险应对预案，面对供应商违约时缺乏有效追索手段。

3. 解决方案

为防范类似风险再次发生，B公司应从以下几个方面加强采购过程的风险控制。

（1）采购审批权集中与分散相结合。建立严格的采购审批制度，大额采购项目需经高层审批，同时明确各级审批的权限与责任，确保决策透明、合理。同时，将询价、供应商选择、合同签订、付款审批等关键环节分散至不同部门或岗位执行，形成相互制约、相互监督的机制。

（2）供应商管理体系的建设。建立全面的供应商管理体系，包括但不限于对供应商的营业执照、经营许可、资信状况、生产能力、供货历史等进行严格审查。必要时，进行实地考察，以确保供应商的真实性和可靠性。同时，建立供应商黑名单制度，对失信供应商进行记录并限制合作。

（3）预付款与合同管理。对于需要预付款的采购项目，应严格评估供应商的财务状况和信用等级，设定合理的预付款比例和支付条件。同时，加强合同管理，明确双方权利义务、违约责任及争议解决方式，确保合同内容的合法性和有效性。

（4）货物验收与风险控制。设立独立的验收部门，负责采购货物的质量检验和数量核对工作。建立严格的验收标准和流程，确保货物符合合同要求。同时，建立退换货制度和风险预警机制，一旦发现货物质量问题或供应商违约行为，立即启动应急响应程序，最大限度减少企业损失。

（5）培训与文化建设。加强对采购人员的专业培训和职业道德教育，提高其风险意识和法律意识。同时，营造诚信、公正的企业文化氛围，鼓励员工积极举报采购过程中的违规行为，共同维护企业的利益和安全。

本 章 小 结

本章重点探讨了项目物资采购管理及采购方法的相关内容，科学的采购计划安排不仅能提升项目建设效率，还因其在企业成本管理中的核心地位而显得尤为重要。本章详细阐述了物资采购的流程，包括制定采购计划、确定采购方式、实施采购计划、供应商选择与管理等，为项目的顺利进行提供了坚实的物资保障。同时，本章以案例的形式强调了物资采购的重要地位，凸显了其对企业整体运营的战略意义。

第八章 工程项目物资运输管理

项目物资运输管理是指在项目实施过程中，对物资、设备和货物的运输进行有效组织和管理的一项重要工作。它涉及物流规划、运输方式选择、运输安排以及运输监控等方面，旨在确保项目物资准时、安全、高效地运送到指定地点，满足项目的需求。

项目物资运输管理是确保项目物资供应链畅通的重要环节。通过科学合理地规划物流，选择合适的运输方式，安排妥善的运输方案以及进行有效的监控，可以保证项目物资的高效运输，促进项目顺利进行，从而达到物资管理的目标。

第一节 项目物资运输概述

一、项目物资运输的定义

项目物资运输是指利用特定的设备和工具，将一定形状、质量、体积的项目物资，从一个地点向另一个地点安全地按时运达的物流活动。它是在不同地域范围内，以改变物的空间位置为目的对物进行的空间位移。运输是物流的中心环节之一，也是现代物流活动最重要的一个功能。在工程项目中，物资运输是一个关键的环节。

二、项目物资运输的方式

（一）按运输工具分类

1. 公路运输

公路运输是指利用一定的运输工具，一般以载货汽车为主要运输工具，通过公路使货物产生空间位移的过程。从狭义上来说，公路运输是指汽车运输。公路运输主要承担短途、小批量的货物运输。

2．铁路运输

铁路运输是指在现有的铁路交通线路上，利用火车作为运输工具运送货物的一种陆上运输方式。铁路运输主要承担长途、大批量的货物运输。项目物资运输环节中，相比其他运输方式，铁路运输有更强的适配性和优越性。铁路运输的主要优点如下。

（1）自然环境因素影响相对较小。

（2）路况影响较小、速度快。

（3）实际运输成本低。

3．水路运输

水路运输是指以船舶为主要运输工具，以港口为运输基地，以水域（包括海洋、河流和湖泊）为运输活动范围的一种运输方式。水路运输仍是世界上许多国家最重要的运输方式之一。

水路运输有以下四种形式。

（1）沿海运输。沿海运输是使用船舶通过沿海航道运送客货的一种方式，一般使用中、小型船舶。

（2）近海运输。近海运输是使用船舶通过海上航道运送客货的一种运输形式，视航程既可使用中型船舶，也可使用小型船舶。

（3）远洋运输。远洋运输是使用船舶跨大洋的长途运输形式，主要依靠运量大的大型船舶。

（4）内河运输。内河运输是使用船舶在陆地内的江、河、湖、川等水道进行运输的一种方式，主要使用中、小型船舶。

4．航空运输

航空运输是在具有航空线路和飞机场的条件下，利用飞机作为运输工具进行货物运输的一种运输方式。在我国运输业中，航空运输的货运量占全国货运量的比重还比较小。航空运输主要是承担长途客运任务，伴随着物流的快速发展，航空运输在货运方面也将会扮演重要角色。航空运输具有快速、机动的特点，是现代旅客运输，尤其是远程旅客运输，以及国际贸易中的贵重物品、鲜活货物和精密仪器运输所不可或缺的运输方式。

5．管道运输

管道运输是用管道作为运输工具的一种长距离输送液体和气体物资的运输方式，是一种专门由生产地向市场输送石油、煤和化学产品的运输方式，是统一运输网中干线运输的特殊组成部分。

管道运输具有运量大、占地少、建设周期短、建设费用低、安全可靠、连续性强、耗能少、成本低、效益好的优点，同时也具有灵活性差的缺点。

6．海陆联运

海陆联运包含海铁联运和公海联运，都是目前国际项目物资运输中经常被使用的运输方式。海铁联运是进出口货物由铁路运到海港之后直接由船舶运出，或由船舶运输到达海港之后由铁路运出的只需“一次申报、一次查验、一次放行”就可完成整个运输过程的一种运输方式。公海联运是先通过海上运输将货物运至港口，再利用公路运输工具，如货车，将货物从港口运输到内陆目的地或其他物流节点。这种联运方式灵活性高，能够实现“门到门”运输，适用于运输距离较短、收货点分散的情况，可快速响应客户多样化的需求。

（二）按运输线路分类

1．直达运输

直达运输是指材料从起运点直接运到目的地的运输方式。它的运输时间短，不需要中转，装卸损耗及费用少。施工企业物资运输应尽量选择这种方式，以节约运输成本。

2．中转运输

中转运输是指材料从起运点到中转仓库，再由中转仓库到目的地的运输方式。施工企业施工点多，分布面广，物资材料品种、规格复杂，需要中转运输；零星、易耗、量小而集中采购的材料需要中转运输；受现场保管条件限制，有些近期不用的材料也需要中转运输。

在选择具体运输线路时，应根据运输条件、流向等合理选择运输距离短的线路，缩短运输时间，节约运输费用，并且应尽量避免对流运输、重复运输、迂回运输和过远运输。

（三）按装载方式分类

1．集装箱运输

集装箱运输是一种常见的整装运输方式，它通过将物资装入标准化的集装箱中进行运输。集装箱具有统一的尺寸和结构，便于装卸、堆放和转运，提高了货物的保护性能和运输效率。集装箱运输具有标准化、适合多式联运、效率高、保护性能好等特点。但集装箱运输也存在一些挑战，如装载限制、货物追踪和监控等问题。因此，在项目物资运输管理中，合理选择集装箱运输方式，以确保物资的准时、安全、高效运送。

2．散装运输

散装运输是指将物资直接倒入或堆放在运输工具中进行运输。散装运输的物资包括煤炭、矿石、砂石等。这种方式通常适用于大批量、低价值的物资，可以减少包装成本和劳动力成本。

3．混装运输

混装运输是指将不同种类或不同目的地的货物混合装载在同一辆运输工具（如卡车、集装箱、船舶等）中进行运输。与整装运输相比，混装运输可以更加灵活地满足多个客户或项目的需求，提高运输效益和资源利用率。混装运输具有多样性、低成本、资源利用率高、高灵活性等特点。

（四）按运输条件分类

1．普通物资运输

普通物资运输是指不需要特殊运输工具的运输，如砂石、标砖等的运输。这些物资的运输可使用铁路的敞车、水路的普通船队或货驳及一般载重货车装运。

2．特殊物资运输

特殊物资运输是指用特殊结构的车船，采取特殊措施，运输特种物资。它包括超限物资运输、危险品运输等。对于施工企业而言，特殊物资运输主要是超限物资运输。长度、宽度或高度中的任何一个超过运输部门规定的标准尺度的物资被称为长大物资，如大型钢管、钢梁等。质量超过运输部门规定的标准质量的物资称为笨重物资，如大型预制构件和大型机械设备等。

（五）按业务分类

在工程建设中，施工资源的供应模式主要包括分散供应和集中供应两种类型。分散供应模式是指由施工单位自行负责采购和保管工程建设所需的材料，而集中供应模式是指对工程建设周期内所需全部施工资源进行详细编排整合，以集中的方式对物资的采购、储运、分拨阶段实施全阶段管控的一种供应管理模式。

1．甲供物资运输

甲供物资是指工程招标文件和合同中约定，由建设单位（或建设单位主管方）招标采购的专业物资。施工单位按照建设单位要求，及时上报物资申请计划，做好沟通对接、质量数量验收、储存保管等工作。

这种物资运输方式通常涉及以下几个关键阶段。

（1）合同签订。甲方和乙方（施工单位）在合同中明确甲供物资的型号、规格、数量、质量要求以及价格等关键信息。合同中还应包含关于甲供物资运输的具体条款，如运输方式、运输时间、运输责任等。

（2）供应商选择与订单提交。甲方提供合格供应商的相关资质文件给乙方，确保物资的质量和供货的可靠性。乙方根据甲方提供的甲供物资清单和合同要求，向供应商提交正式订单，包括物资的名称、规格、数量、单价等。

（3）物资的生产与供货。供应商收到订单后，根据合同约定的时间节点安排物资的生产和供货。甲方和乙方共同对物资的规格和质量进行检验，确保符合合同要求。

（4）物资运输。供应商在约定的时间内将甲供物资送到工地现场，运输过程中需要注意物资的包装和防潮措施。根据物资的特性和运输要求，选择合适的运输方式，如公路运输、铁路运输、水路运输等。运输过程中需确保物资的安全，避免损坏或丢失。

（5）物资的接收与入库。乙方组织接收物资，并对每批物资进行清点、验收和检查，确保物资无损坏，并符合合同约定的质量要求。将验收合格的甲供物资送入仓库，并进行合理的分类和标识。

（6）后续管理与使用。施工现场根据工程进度和需要，向仓库提出相应的甲供物资需求。仓库根据施工现场的申请，按照甲供物资清单进行发放，并记录物资的出库情况。施工现场根据申请的物资进行施工安装，并对使用的物资进行记录和报废处理。

（7）跟踪与监控。在竣工验收后的一定期限内，甲方对甲供物资的质量和使用情况进行跟踪和监控，确保质量符合施工要求。

此外，甲供物资运输还需注意以下几点。

（1）运输过程中应严格遵守相关法律法规和安全规定，确保人员和物资的安全。

（2）运输前应对物资进行充分的包装和保护，以减少在运输过程中的损坏和损失。

（3）应选择有资质和信誉良好的运输公司进行合作，确保运输服务的可靠性和及时性。

2. 自供物资运输

自供物资是指除甲供物资以外的所有物资（集采物资、非集采物资）。集采物资，主要是构成工程主体结构的主要材料和通过批量采购有利于质量保证和降低成本的辅助材料。非集采物资，一般金额较小，由项目进行竞争性谈判、询价或电商采购。

这种物资运输方式通常涉及以下几个关键阶段。

（1）物资采购管理。

需求预测：根据施工项目的设计文件、施工进度计划以及物资消耗定额，预测项目所需物资的种类、数量、时间等。

供应商选择：通过市场调研、询价、比较等方式，选择合适的供应商，确保物资的质量和供应的可靠性。

合同签订：与供应商签订物资采购合同，明确物资的价格、质量、交货时间、运输方式等条款。

（2）物资运输管理。

运输方式选择：根据物资的性质、数量、运输距离等因素，选择合适的运输方式，如公路运输、铁路运输、水路运输等。对于大宗物资，可以选择大型运输车辆或船舶进行运输，以降低运输成本。对于易碎、易损坏的物资，需要采取专业的包装和固定措施，避免在运输过程中发生损坏。

运输计划制定：根据施工进度和物资需求计划，制定详细的运输计划，包括运输时间、路线、运输工具、人员安排等。合理安排运输时间，避免物资积压或短缺。选择合适的运输路线，确保运输的安全和效率。

运输执行与监控：安排专业的运输团队负责物资的运输工作，确保运输的顺利进行。在运输过程中，对物资进行实时监控，确保物资的安全和完好。及时处理运输过程中出现的问题，如交通事故、天气变化等。

物资到达与验收：物资到达施工现场后，由专门的人员进行验收，检查物资的数量、质量、包装等是否符合要求。验收合格的物资入库，不合格的物资应及时与供应商沟通处理。

（3）物资存储管理。

仓库设置：根据项目需要，合理设置仓库，并按照物资的种类和特性进行分类存储。

库存管理：建立物资库存管理制度，实时记录物资的进出库情况，定期进行库存盘点，确保库存数据的准确性。

物资保养：根据物资的特性和要求，制定保养计划，定期对物资进行保养和维护，确保物资的正常使用。

（4）注意事项。

遵守相关法规：在物资运输过程中，需要遵守相关的交通法规和安全规定，确保物资运输的安全和合法。

合理安排运输时间：合理安排物资的运输时间，避免在高峰期或恶劣天气条件下进行运输，以降低运输风险。

加强沟通与协调：与供应商、运输公司等相关方保持密切沟通与协调，确保物资运输的顺利进行。

三、项目物资合理运输

项目物资合理运输是指力求达到货物的运量、运程等各个环节合理，有效地、节约地使用运输能力，以最小的运输费用、最快的运达速度，及时准确地完成运输任务。

项目物资合理运输的措施对于确保项目顺利进行、降低成本、提高效率具有重要意义。以下是一些项目物资合理运输的措施。

1．路线规划

根据货物的数量、重量、体积和目的地等因素，选择最短、最快速的运输路线，减少运输时间和成本。同时要优化中转环节，减少不必要的转运，降低转运过程中的损耗和成本。

2．运输方式选择

根据货物的性质和要求，选择合适的运输方式，包括公路运输、水路运输、铁路运输等。在选择运输方式时，要综合考虑成本、时间和货物特性等因素。

3．仓储管理

根据货物的特性和存储需求，合理安排仓库布局，确保货物能够快速装载和卸货。采用先进的仓储管理系统，实现货物的存储、配送和管理的自动化，提高仓储效率。

4．运输信息管理

建立运输信息管理系统，实时监控运输过程中的车辆位置、货物状态和运输时间等信息。及时处理运输过程中出现的问题，并提供实时跟踪和查询服务，提高运输的可视性和透明度。

5．安全管理

采取必要的安全措施，如使用防盗锁、安全设备和保险等，确保货物在运输过程中的安全。建立完善的风险评估和预警机制，及时应对可能出现的风险和问题。

通过以上措施的实施，可以实现项目物资的合理运输，提高运输效率和质量，降低运输成本，并确保货物安全运达目的地。这些措施不仅适用于单个项目，也可以作为一般性的运输管理策略，为企业的运输管理提供指导和支持。

第二节　项目物资运输管理的含义与要求

一、项目物资运输管理的定义

项目物资运输管理是指在一定的环境下，对项目物资运输活动进行计划、组织、领导、控制，实现运输经营目标的过程。

二、项目物资运输管理的作用

项目物资运输管理在项目管理中扮演着至关重要的角色，其作用主要体现在以下几个方面。

（1）确保项目进度。物资是项目执行的基础，及时、准确地运输物资到项目现场，能够确保项目按照预定的时间表和计划进行。物资运输的延误可能导致项目进度的滞后，进而影响项目的整体完成时间。

（2）成本控制。有效的物资运输管理能够优化运输路径，降低运输成本。通过制定合理的物资调配和运输计划，可以减少不必要的运输费用和库存成本，提高项目的经济效益。

（3）降低风险。物资运输过程中可能面临各种风险，如货物损坏、丢失、延误等。通过加强物资运输管理，可以制定风险应对策略，降低风险发生的可能性，减少风险对项目的影响。

（4）提高项目质量。物资运输管理不仅关注物资的运输过程，还涉及物资的验收、存储等环节。通过严格的物资验收和存储管理，可以确保项目使用的物资符合质量要求，从而提高项目的整体质量。

（5）优化资源配置。物资运输管理可以根据项目需求和实际情况，合理安排物资的运输时间和数量，优化资源配置。这不仅可以提高物资的利用率，还可以避免资源的浪费和闲置。

（6）提升项目效率。有效的物资运输管理能够减少物资在运输过程中的等待时间和停留时间，加快物资的流转速度，从而提升项目的整体效率。

（7）促进跨部门协作。物资运输管理往往需要与多个部门和团队进行沟通和协作，如采购部门、物流部门、施工单位等。通过加强物资运输管理，可以促进各部门之间的沟通和协作，提高项目的整体执行效率。

（8）支持决策制定。在物资运输管理中，各部门提供的数据和信息可以为项目决策提供有力支持。通过对物资运输数据的分析和挖掘，可以发现项目执行中的问题和瓶颈，为决策制定提供科学依据。

总之，项目物资运输管理在项目管理中发挥着重要作用，它不仅能够确保项目进度和成本控制，还能降低风险、提高项目质量、优化资源配置、提升项目效率以及促进跨部门协作等。因此，在项目管理中应重视和加强物资运输管理。

三、运输管理制度

运输管理制度是确保运输活动高效、安全、可靠进行的基础，涵盖了货物或人员从选择、装载、包装、装卸、运输途中的监控到安全保障和运输质量管理的全过程，主要包括以下四个方面。

1．安全管理

确保所有运输活动均遵守国家法律法规及相关标准，特别是《中华人民共和国安全生产法》《中华人民共和国铁路法》《铁路安全管理条例》等。

2．运输操作管理

（1）运输方式选择。根据货物或人员的特性，选择合适的运输方式和路径。

（2）装载与包装。按照规定的装载方法和包装要求，确保货物在运输过程中的稳定性和安全性。

（3）装卸操作。制定详细的装卸操作规程，对装卸人员进行培训，提高操作技能和安全意识。

（4）运输监控。利用现代技术手段（如北斗定位、物联网技术等）对运输过程进行实时监控，确保货物安全送达。

（5）运输质量。设立质量管理部门，对运输过程进行全程质量监控，定期进行质量评估和改进。

3．事故处理与应急响应

（1）应急预案。制定应急预案和事故处理流程，确保在发生紧急情况时能够迅速应对。

（2）整改措施。对事故原因进行深入分析，制定整改措施并落实到位，防止类似事故再次发生。

4．制度执行与监督

（1）制度执行。所有员工必须严格遵守运输管理制度的各项规定和要求。

（2）监督与检查。设立专门的监督机构或指定专人负责对运输管理制度的执行情况进行监督和检查。

（3）奖惩机制。对违反制度规定的员工进行惩罚，对表现优秀的员工进行奖励，以激励员工积极遵守制度。

第三节　项目物资运输决策

一、运输方式的影响因素

在选择项目物资运输方式时，主要考虑因素分为两种类型：一种是包括运输时间、运输成本等在内的可变因素；另一种是包括运输物资的种类、运输量和运输距离等在内的不变因素。

1．货物特性

货物的种类决定了其运输的特殊要求，如易损、易燃、易爆等特殊性质的货物需要选择更为安全、稳定的运输方式。

货物的性质，如质量、体积、形状、包装等，也影响着运输方式的选择。例如，质量大、体积大的货物可能更适合水路运输或铁路运输。

2．运输成本

运输成本是企业选择运输方式时需要考虑的重要因素之一。企业需要在保证货物安全、及时到达的前提下，选择成本最低的运输方式。

3．运输时间

运输速度的快慢、运输路程的远近决定了货物运输时间的长短。企业应结合货物的紧急程度和交货时间要求，选择最为合适的运输方式。

4．运输距离

对于短途运输，公路运输具有灵活性高、运输时间短、装卸速度快等特点，可能是更为合适的选择。而对于长途运输，铁路、水路等运输方式能够降低运输成本，提高运输效率。

5．运输量和可达性

企业应尽量选择运输量大的运输方式，以减少货运次数和能源消耗。了解送货区的地理形势，选择适宜的方式，确保货物能够顺利送达目的地。

6．运输工具的可得性

企业需要考虑所需运输工具的可得性，如车辆、船舶、飞机等的数量、类型、分布等。

二、运输路线的选择及优化

运输路线选择就是，找到运输网络中的最佳路线，尽可能缩短运输时间或运输距离，从而达到降低运输成本、改善运输服务的目的。

对于不同的运输路线，通过特别设计的方法加以选择，最简单最直接的方法就是最短路径法。以下是对运输路线选择的详细分析和优化方法。

（一）问题分析

1．明确起点和终点

首先，需要明确货物的起点和终点位置。这是进行路径规划的基础。

2．考虑运输条件

运输条件包括道路状况、交通法规、运输工具的限制等。这些因素将影响路径的选择和运输效率。

3．确定目标

路径规划的目标通常是找到一条从起点到终点的最短路径，或者是在满足一定约束条件下（如时间、成本等）找到最优路径。

（二）优化方法

最短路径算法是求解起点和终点不同、单一路径规划问题的常用方法。常见的最短路径算法包括 Dijkstra 算法、A*算法等。

1．Dijkstra 算法

从起点开始，逐步扩展到其他节点，每次选择距离起点最近的未访问节点作为下一个扩展点，直到到达终点。这种方法适用于节点数量较少的情况。

2．A*算法

结合启发式函数来引导搜索方向，启发式函数估计从当前节点到目标节点的代价。这种方法在搜索过程中综合考虑了从起点到当前节点的实际代价和到目标节点的启发式估计代价，因此通常能够更快地找到最优路径。

本 章 小 结

物资运输的基本方式有公路运输、铁路运输、水路运输、航空运输和管道运输。这五种运输方式各有自己的优缺点，需要根据货物的运输路线、设备能力、运费等方面相互协调才能形成高效的运输系统。

工程项目物资运输的目的是确保物资按时到达施工现场，并在合适的时间和地点供应给施工队伍使用。工程项目物资运输管理需要综合考虑供应链管理、物流管理和风险管理等多个方面的因素。不仅需要根据项目进度制定物资的运输计划，还要考虑运输方式的选择，特别是远距离运输。通过有效的计划、运输安全、跟踪和监控、库存管理、风险管理和数据分析等措施，实现物资运输的高效、安全和可控。

第九章　项目物资仓储业务与安全管理

仓储部分在物资管理中扮演着至关重要的角色。它涉及物品的存放、保管和调配，直接影响企业或组织的运作效率和成本控制。

随着全球化的进程加速和供应链的复杂性增加，仓储管理的重要性不断凸显。有效的仓储管理可以帮助企业实现库存的最佳平衡，确保所需物资能够及时到达目标地点，满足生产和销售的需求。同时，良好的仓储管理还能够提高物资的安全性和质量，减少损失和浪费。

在现代物资管理中，仓储部分也需要与其他环节进行紧密协作，如采购、生产和销售等。通过与这些环节的无缝对接，仓储部门能够更好地理解和满足各个环节的需求，确保物资流动的顺畅和高效。此外，仓储管理还需要借助先进的信息技术来支持其工作。通过引入仓储管理系统和自动化设备，可以实现对物资的实时跟踪和监控，提高数据的准确性和可靠性。同时，仓储管理系统还能够优化仓库布局和存储方式，提高空间利用率和作业效率。

总之，仓储部分在物资管理中具有重要地位和作用。它不仅是物资流通的重要环节，也是保障供应链高效运转的关键一环。通过科学规范的仓储管理，企业或组织可以实现更好的资源利用和运作效率，从而取得持续发展的竞争优势。

第一节　项目物资仓储管理的概念和作用

一、项目物资仓储管理的定义

项目物资仓储管理是指在项目实施过程中对项目所需物资的存储、保管和调配进行有效管理的一系列活动。它涵盖了对物资的入库、出库、库存监控、库存记录以及与供应商和项目团队的协调等方面。

项目物资仓储管理的定义包括以下几个要点。

（1）入库管理。负责接收项目所需物资，并对其进行验收、检查和分类。入库管理需要确保物资的数量、规格和质量与采购合同或计划一致，并进行适当的标识和记录，以便后续的保管和调配操作。

（2）出库管理。根据项目进度和需求，按照规定的流程或程序将物资从仓库中提取出来，并发放给项目相关人员。出库管理需要确保物资的准确性和及时性，同时记录相关的出库信息，以便于库存管理和追溯。

（3）库存监控。通过建立有效的库存管理系统和机制，对仓库内的物资进行定期的盘点、清点和核对。库存监控可以帮助及时发现和解决物资损失、浪费、过期等问题，并确保库存水平与项目需求相匹配。

（4）库存记录。对项目物资的入库、出库和库存情况进行详细的记录和更新。这包括物资的编码、规格、数量、位置等信息的准确记录，并建立相应的档案和报表，以便于管理者和项目团队了解物资状况和进行决策。

（5）与供应商和项目团队的协调。与供应商和项目团队密切合作，及时沟通和协调物资需求、交付时间、质量标准等事项。仓储管理需要与采购部门、项目经理和其他相关方保持良好的沟通和协作，以确保物资供应的顺利进行和项目各环节的无缝衔接。

所以，项目物资仓储管理是指对项目所需物资的存储、保管和调配进行有效管理的一系列活动。它的目标是确保物资的准确性、及时性和可靠性，以支持项目的成功实施。

二、库存管理理论

1915 年，美国经济学家 F. W. 哈里斯在论文中提出了经济订货量模型。该模型通过平衡采购成本、库存持有成本和缺货成本，计算最优订货量，为库存管理的定量分析奠定了基础。库存是企业为了持续开展生产运营管理工作，满足生产运营的需求所储备的人、信息、物品、财产等资源。合适的库存可以保证企业的稳定运营和持续发展，缓解生产中存在的压力，但是要避免库存过量造成资金被大量占用，增加企业的管理成本。企业的库存管理涉及仓库管理和库存控制，要做好对物料的管理，保证生产资源的供应，并对数量进行严格控制，减少浪费行为。有效的库存管理可以保证企业经营活动的正常开展，保证库存成本和客户需求的均衡，提高企业收益。

1970 年前后，库存管理理论引入原料需求计划理念，结合企业生产计划确定原材料的采购数量和采购周期。1980 年，供应商库存管理模式开始流行，该模式提高了信息共享程度，加强了上下游供应链企业之间联系的紧密度，完善了需求预测管理，增强了企业应对市场变化的灵活程度和外部抗风险能力。供应链的上游企业为了确保可以及时发货而增加库存，这不仅会导致库存管理成本增加，还会加大企业的运营管理压力。

三、库存管理的作用

库存管理对企业的作用包含以下几点。第一，维持企业的销售稳定。为了更好适应外部市场需求的变化，通过提供足够的库存，可以满足不同客户的需求。第二，平衡生产和需求的关系。如果出现生产和需求之间的冲突，就会影响到库存对生产的调节作用，所以利用库存管理，可以维持企业的供需平衡。第三，加强对外部突发情况的合理应对。针对企业运营中存在的运输中断、生产滞后、紧急订单等情况，需要通过有效的库存管理，解决各种突发的问题，避免对大量资源无效占用。所以，有必要做好企业运营管理中的库存工作，强化库存管理，改善库存不足；完善对库存商品的计划控制工作，稳定企业库存，提高企业运营水平。

第二节　项目物资仓储管理的规划

一、仓库的分类

（一）按储备材料种类分

1．综合性仓库

综合性仓库是规模较大、功能齐全的储存设施，能够适应多种类型货物的存储需求。综合性仓库配备有适应不同货物特性的存储区域和设备，如冷库、干货区等，确保货物质量和安全。综合性仓库在物流中起到枢纽作用，通过提高运输效率和服务质量，满足市场多样化需求。

2．专业性仓库

专业性仓库则专注于特定类型的货物储存，具备针对特定货物的专业设施和管理要求。例如，冷库、化学品或医药仓库等。专业性仓库在设计时会特别考虑货物的特殊需求，如温湿度控制和安全措施。专业性仓库通过提高储存效率和保障货物安全，满足特定行业需求，为物流提供专业支持。

（二）按仓库形式分

1．封闭式仓库——库房

封闭式仓库是一种具有完全封闭结构的库房，也称为密闭式仓库。它的主要特点是建筑结构封闭严密，外部空气和环境与内部货物相隔离。封闭式仓库通常采用固定的墙壁、屋顶和地板结构，确保仓库内部不受外界因素的影响，如温度、湿度、灰尘、虫害等。这种设计可以有效地防止外界污染物进入仓库，并提供更好的储存条件，以保证货物的质量和安全。

2．半封闭式仓库——货棚

半封闭式仓库是一种介于封闭式仓库和开放式仓库之间的储存结构，其中货棚是其典型形式。货棚是由柱子、梁和屋顶构成的简易建筑，主要用于暂时储存货物或临时覆盖场地。与封闭式仓库相比，货棚在结构上较为简单，通常没有固定的墙壁，只有屋顶来保护货物。这种设计使得货棚能够提供基本的遮阳、防雨功能，但无法提供完全封闭的环境。货棚通常用于临时存放货物，如建筑材料、农产品等，具有快速搭建、灵活调整和经济实惠的特点。

3．露天仓库——露天货场、料场

露天仓库是一种储存货物的开放式场地，没有固定的建筑结构来保护货物。它通常是在露天空地上划定出特定的区域，用于临时或长期存放货物。露天仓库的特点是没有墙壁和屋顶，货物直接暴露在外界环境中。这种设计使得货物容易受到天气、温度、湿度等自然因素的影响。露天仓库适用于某些不敏感于环境因素的货物，如建筑材料、机械设备等。

（三）按管理权限分

根据企业规模和管理制度的不同，仓库可以分为三类：一级仓库、二级仓库、三级仓库。

一级仓库通常是指位于供应链最上游的主要集中仓库，也被称为中央仓库或总仓。它具备较大的规模和储存容量，用于接收来自生产厂商的货物，并根据市场需求进行分拨和配送。一级仓库通常拥有较完善的设施和技术支持，能够实现高效的仓储管理和物流运作。

二级仓库是指位于供应链中间环节的分支仓库，也被称为区域仓库或支线仓库。它在一级仓库与终端销售点之间起到衔接的作用。二级仓库的规模通常较小，根据区域需求存放和分发货物，以满足不同地区的市场需求。

三级仓库是指位于供应链最下游的零售店或终端销售点，也被称为门店仓库。它主要用于展示和销售货物，并临时储存少量商品以供顾客选择购买。三级仓库的规模较小，但需要根据销售情况及时补充货物，并保持良好的库存管理。

这些不同级别的仓库在供应链中扮演着不同的角色和功能，共同协作以实现货物的流通和供应。

二、货道设置与货堆安排

（一）货道设置

货道包括走道和支道。货道的走道指的是主要的通行路径，用于运输货物的进出以及内部货物的移动。它是连接仓库入口、出口、储存区域和装卸区域的主要通道。货道的走道应宽敞且呈直线，以便于货物的顺利流通和操作人员的顺利工作。通常情况下，货道的走道应根据货物的流动方向进行划分，以提高货物的流通效率。支道是货道的次要通道，用于连接走道和储存区域之间的小型通道。支道通常用于存放较小的货物或者作为备用通道。它可以是独立的小巷道，也可以是沿着走道设置的侧边通道。支道的设计应尽量简洁，以节省空间并减少杂乱。

在仓库布局中，货道的走道和支道的设置需要考虑到货物的种类和特性、货物的流动量以及操作人员的工作需求。合理的走道和支道设计可以提高仓库的货物流通效率，减少拥堵和混乱，同时也便于操作人员的工作和货物的管理。库房的货道一般不少于 1 m，货场的货道一般不少于 1.5 m。这些数值是基础下限，在实际应用中，若货物体积大、流量高或设备升级，需适当拓宽通道。支道的部位根据库房的条件决定，一般应该对准门窗设置，以利于库房通风和采光。

（二）货堆安排

货堆安排遵守“五距”原则，即墙距、柱距、顶距、垛距、灯距。

（1）墙距。墙距是指货物堆放区域与仓库墙壁之间的距离。合理的墙距设计可以确保货物与墙壁之间有足够的空间，以便操作人员进行装卸和堆放货物，并提供适当的通道和安全空间。

（2）柱距。柱距是指货物堆放区域内部的支撑柱（或立柱）之间的距离。仓库通常会设置支撑柱来支持建筑结构，而柱距则影响着货物的堆放布局和存储密度。合理的柱距设计可以充分利用空间，同时确保货物稳定和堆放安全。

（3）顶距。顶距是指货物堆放区域内货堆顶部与天花板之间的距离。顶距的大小直接影响到堆放货物的最大高度。合理的顶距设计应考虑货物类型、堆垛设备和仓库结构，以确保货物堆放的稳定性和安全性。

（4）垛距。垛距是指相邻货堆之间的距离。合理的垛距设计可以确保货物之间有足够的空间，以便操作人员进行搬运和取放货物，并减少货物堆放过程中的相互干扰和损坏。

（5）灯距。灯距是指货物堆放区域内照明设备（如灯具）之间的距离。合理的灯距设计可以确保仓库内部有足够的照明，以提供良好的工作环境和可视性。

第三节　项目物资仓储管理的流程

一、物资入库作业管理

（一）物资入库作业准备

物资入库作业准备是指在进行物资入库操作之前，对相关工作进行规划和安排，以确保入库过程的顺利进行。以下是物资入库作业准备的一般步骤。

（1）进行物资验收准备。这包括查看物资采购合同或订单，确认所需入库物资的数量、品种、规格等信息是否与合同或订单一致。同时，准备好验收设备和工具，如测量工具、验货记录表等。

（2）进行物资检查准备。在物资入库前，需要对物资进行外观检查、尺寸检测、包装完整性检查等。准备相应的检测仪器和工具，如尺子、卷尺、电子秤等，以确保物资的质量和完好度。

（3）进行物资分类编码准备。为了方便管理和查找，对入库的物资进行分类编码是必要的。根据项目需要，可以使用统一的编码体系或自定义编码，将物资按照类别、规格、用途等进行编码。在入库前，需要准备好相应的分类编码手册和标签。

（4）进行入库区域准备。为了方便物资入库的组织和管理，需要事先确定入库区域，并进行清理和整理。确保入库区域的货架、垛位、标识等设施完好无损，有足够的空间和容量用于存放入库物资。

（5）进行入库记录准备。在物资入库过程中，需要详细记录每个物资的相关信息，如物资名称、数量、规格、生产日期等。准备好入库记录表或使用电子化的入库管理系统，以便及时、准确地记录入库信息。

（6）进行人员培训和安全准备。确保负责入库操作的人员具备相关的操作技能和安全意识。对入库操作流程、安全操作规程等进行培训和教育，使他们了解正确的入库方法和注意事项，避免因操作不当导致的事故发生。

（二）物资入库交接与验收

物资入库交接与验收是指在物资从供应商处到达仓库后，进行的一系列交接和记录工作。物资入库交接与验收的步骤如下。

（1）在物资到达仓库之前，需要做好验收准备工作。包括采购合同、验收表格和相应的验收工具。

（2）当物资送到仓库时，需要进行物资的实际验收工作。验收人员根据采购合同和验收标准，对物资进行逐项检查，核对物资的数量、质量和规格是否符合要求。同时，还要注意检查物资的包装是否完好无损。

（3）验收人员在验收表格上逐项记录物资的名称、型号、数量、质量等信息，并在物资包装上标注验收结果。对于不合格的物资，需要及时与供应商联系，协商处理方式。

（4）分类编码。根据仓库的分类编码体系，对物资进行分类，为后续的入库操作提供便利。然后，将物资放置到指定的入库区域。入库区域需要保持整洁干净，并严格按照分类编码进行摆放，以便于后续的出库操作和库存管理。

（5）记录。入库记录不仅包括物资名称、型号、数量、质量等信息，还要记录供应商信息、验收人员信息和入库时间等重要信息。这些记录可以用于日后的查询和统计分析。

（三）物资验收要求

物资验收是确保所采购物资符合合同要求的重要环节。以下是一些常见的验收要求。

（1）数量验收。验收人员应核对物资数量与采购合同或订单中的数量是否一致。如果数量有差异，应及时与供应商联系并协商解决。

（2）质量验收。验收人员应根据物资的质量标准和规范，对物资进行质量检查。例如，对于设备类物资，可以进行外观检查、性能测试等；对于原材料类物资，可以进行化学成分分析、物理性能测试等。

（3）规格验收。验收人员应核对物资的规格与采购合同或订单中的规格是否一致。特别是对于需要满足特定尺寸、容量、功率等要求的物资，应严格把关。

（4）包装验收。验收人员应检查物资的包装是否完好无损，防止在运输过程中出现破损、漏液等情况。对于易碎、易腐蚀等物资，更应注意包装的安全性和防护性。

（5）文件验收。验收人员应核对物资附带的文件，如产品说明书、合格证书、检验报告等。这些文件可以提供物资的详细信息和质量保证，对于后续使用和维护有重要意义。

（6）验收记录。验收人员应准确记录物资的验收结果，包括名称、型号、数量、质量等信息。这些记录可以作为日后查询、统计和追溯的依据。

（7）不合格物资的处理。对于不合格的物资，验收人员应及时与供应商联系，协商解决方式，如退货、更换或修复等。

物资验收要求严格遵循采购合同和相关标准，确保物资的数量、质量、规格等符合要求，以保证项目的顺利进行。同时，也需要注意安全防范和文档记录，为后续的物资管理提供支持。

（四）验收过程中可能发生的问题

（1）数量不符。物资的实际数量与采购合同或订单中的数量不一致。这可能是由供应商发货错误、运输损坏等原因导致的。在发现数量不符的情况下，需要及时与供应商联系并协商解决方式，如退货、补发等。

（2）质量不合格。物资的质量不符合要求，可能存在缺陷、损坏、性能不达标等问题。对于质量不合格的物资，应及时与供应商沟通，并按照合同条款进行处理，如退货、索赔等。

（3）规格不符。物资的规格与采购合同或订单中的规格不一致。这可能是由供应商误选、误装等原因造成的。对于规格不符的物资，需要与供应商联系，协商解决方式，如更换、调整等。

（4）包装破损。物资在运输过程中，包装可能会出现破损、漏液等情况。这可能导致物资受到污染、损坏或丢失。在发现包装破损的情况下，应立即与供应商联系，要求采取相应的补救措施。

（5）文件缺失。物资附带的重要文件，如产品说明书、合格证书、检验报告等可能存在缺失或不全的情况。这可能会给后续使用和维护带来困扰。在发现文件缺失的情况下，应及时与供应商联系，要求提供完整的文件。

（6）验收记录错误。验收人员在记录物资信息时可能出现错误，如物资的名称、型号、数量、质量等信息有误。这可能会对后续的物资管理造成困扰。因此，在验收过程中，需要仔细核对和确认每项记录的准确性。

为了避免以上问题的发生，可以在采购前与供应商明确验收标准和要求，加强沟通和协调，确保物资的质量、数量、规格等符合要求。同时，也需要做好验收记录和文件的管理，以备后续查询和追溯。

二、物资在库作业管理

（一）物资存放原则

物资存放原则是指根据物资的特性和需求，合理安排仓库内的存放位置和方式。物资存放原则主要包括分类分区、有序布局和合理堆垛。首先，通过分类分区将不同类型、规格或属性的物资进行划分，便于管理和查找。其次，在每个分区内采用有序布局，按照一定的顺序和标识将物资摆放整齐，提高取放效率和减少错误。最后，在堆垛时要注意合理使用货架、托盘等存储设备，确保稳定堆放，避免物资倒塌或损坏。

物资存放原则还涉及温湿度控制、防火防潮和防盗防损。首先，对于有特殊要求的物资，如易腐蚀品、易燃品等，需要控制仓库内的温湿度，以防止质量受损。其次，采取防火、防潮措施，确保仓库环境干燥、通风良好，并设置灭火器材和消防设备，预防火灾事故。最后，加强安全防范，如安装监控系统、设置警报器、加强门禁管理等，防止物资被盗或损坏。

通过遵循物资存放原则，可以提高仓库的物资管理效率和安全性，保证物资的完好性和可用性。同时，合理的存放方式还有助于提高工作效率，减少错误和事故的发生，为项目的顺利进行提供支持。

（二）物资储存秩序与建立方法

在现代企业管理与生产运营中，物资储存秩序的构建作为供应链关键环节，深刻影响着企业成本控制、运营效率及风险防范，是驱动企业稳定发展与效益提升的核心竞争力和“隐形引擎”。可以用以下方法建立物资储存秩序。

（1）分类编码。对不同类型的商品进行分类编码，根据商品属性、特征和用途进行划分，便于快速查找和管理。

（2）标识标记。为每个商品或货架进行明确的标识和标记，包括商品名称、编号、规格、批次等信息，方便识别和追踪。

（3）货架布局。根据商品的特点和使用频率，合理规划货架的布局。将常用商品放在易取得的位置，减少取货时间和劳动强度。

（4）“先进先出”原则。采用“先进先出”原则，确保库存中的商品按照入库时间顺序进行销售和使用，避免过期和滞销。

（5）整齐摆放。保持商品的整齐摆放，避免堆放杂乱，防止商品受损或混乱，提高储存效率和视觉效果。

（6）定期清理和整理。定期对商品进行清理和整理，清除过期、损坏或不再使用的商品，保持储存区域的整洁和有序。

（7）仓库布局优化。根据商品属性和存储需求，优化仓库的布局和设施，确保储存空间的最大利用和商品存放的便捷性。

（三）货物的保管保养

货物的保管保养是指对仓库中存放的货物进行有效管理和维护，确保货物的质量和数量不受损害。下面是一些常用的货物保管保养方法。

（1）温度和湿度控制。根据不同货物的特性，合理控制仓库内的温度和湿度，避免货物受潮、变质或变形。

（2）通风与防潮。保持仓库内的良好通风，避免湿气滞留。使用防潮设备，如湿度调节器、除湿机等，减少货物受潮的可能性。

（3）包装保护。对易碎、易腐烂、易受污染等的货物，采用适当的包装材料和方法，增加货物的保护层级。

（4）定期检查。定期对存放的货物进行检查，及时发现并处理有问题的货物，确保货物的完好无损。

（5）防火防爆。根据货物的性质，采取相应的防火防爆措施，如设置灭火器、安全出口标识、防火隔离区等，保障货物的安全。

（6）“先进先出”原则。采用“先进先出”的原则，确保存放的货物按照入库时间顺序进行取用，避免货物过期、损坏等情况。

（7）清洁整理。定期对仓库内部进行清洁和整理，保持环境干净整洁，防止杂物和灰尘对货物造成污染或损害。

（8）安全固定。对于容易滑动、倾斜或破碎的货物，采取安全固定措施，确保货物不会在运输或存储过程中发生意外。

（四）物资盘点

物资盘点是指对仓库或库房中存放的物资进行全面的清点、核对和记录的过程。它旨在确认实际库存数量与系统记录的库存数量是否一致，确保物资的准确性和完整性。物资盘点的流程如下。

（1）筹备工作。确定盘点时间、组织盘点人员、准备必要的工具和设备，如盘点表格、计算器、标签等。

（2）盘点操作。盘点人员按照规定的流程和方法，逐项清点库存物资，并记录在盘点表格中。

（3）核对差异。完成物资盘点后，对比实际数量与系统记录的数量，发现存在差异的物资需要进一步核查，找出差异的原因。

（4）调整库存。根据盘点结果，及时更新系统中的库存记录，确保系统数据与实际库存保持一致。如果有差异，需要进行调整，如修改库存数量、处理丢失或损坏的物资等。

（5）盘点报告。整理盘点结果，编制盘点报告，包括盘点情况、差异分析、问题和建议等，供管理层参考。

三、物资出库作业管理

在企业或组织的日常运营中，物资出库作业管理是一个至关重要的环节。物资出库作业管理涉及对存储在仓库中的物资进行有序、高效的出库操作，确保物资能够按时、准确地送达需要的地方。

（一）出库要求

（1）要求进行准确的出库登记。在物资出库前，应该进行详细的登记，包括物资名称、规格型号、数量、领用部门或个人等信息，确保每次出库都有明确的记录。

（2）要求严格执行审批制度。在物资出库前，需要经过相应的审批程序，如领用申请、审批流程等。只有经过合法授权的人员才能进行物资出库操作，避免出现不当领用或滥用物资的情况。

（3）要求进行实物核对。在物资出库时，应该进行实物核对，确保出库物资的准确性和完整性。可以通过盘点、扫描等方式进行核对，以防止误发或漏发物资。

（4）要求进行适当的包装和标识。对于易碎、易腐烂或有特殊要求的物资，应该进行适当的包装，以防损坏。同时，对于出库物资，应该进行明确的标识，方便管理和使用。

（5）要求及时更新库存信息。在物资出库后，应该及时更新仓库的库存信息，确保库存数据的准确性和实时性。这可以通过物资管理系统或手工记录等方式进行。

总之，物资出库要求准确登记、严格审批、实物核对、适当包装和标识，并及时更新库存信息，以确保出库过程的准确性和高效性。

（二）出库流程

1．审核出库凭证

审核出库凭证是指对物资出库操作的相关凭证进行审核和确认的过程。在物资仓储管理中，当有物资需要从仓库中移出时，通常需要填写相应的出库凭证，包括出库单、领料单、发货单等。审核出库凭证的目的是确保出库操作的合法性、准确性和规范性。审核出库凭证的主要内容包括核对凭证的基本信息（如凭证编号、日期、出库单号等）、物资信息（如物资编码、名称、规格型号、数量等），以及审查出库原因（如销售出库、生产领用等）、权限（确保只有经过授权的人员才能进行出库操作）、凭证填写规范性等。通过审核出库凭证，可以确保出库操作的合法性、准确性和规范性，避免出现不当出库或滥用物资的情况，同时也为仓库的库存管理提供了有效的依据和记录。

2．出库信息处理

出库信息处理是指对与物资出库操作相关的信息进行记录、整理和处理的过程。它涉及将出库操作的各项信息进行有效管理和利用，以确保准确性、及时性和可追溯性。根据出库信息，及时更新仓库的库存数据，确保库存信息的准确性。可以通过物资管理系统或手工记录的方式进行库存更新。通过对出库信息进行统计和分析，可以获得有关物资出库情况的各项指标，如出库量、出库频次、出库原因等，为管理决策提供参考依据。

3．备货

在仓储出库作业中，备货是指根据订单需求或销售预测，提前准备好需要出库的物资或商品，并将其储存在指定的区域或储位中，以便在收到出库指令后能够及时、顺利地进行出库操作。在实际操作中，备货的具体方法可以根据企业的实际情况和需求来确定，包括按照订单需求进行备货、根据销售预测进行备货、采用“先进先出”原则等。同时，在备货过程中，需要对备货物资进行合理的分类编码、标识标记，以便快速、准确地进行出库操作。

4．出库交接

出库交接是指在物资或商品从仓库进行出库操作时，将物资或商品交接给对应的收货方或其他部门的过程。它是出库作业中的重要环节，用于确保出库物资的准确性、完整性和合法性。

5．点交

无论是内部领料还是外部提料，发放人与领取人应当面点交清楚。对一次未领完的物资，应作出明显标记，并得到领取人的确认，防止差错。对点件的物资，应当场按件数点清交给提货人或承运部门，并随即开具出门凭证，请提货人在出门凭证上签名。

6. 清理

物资发放出库后，应及时清理拆散的堆垛、捆、箱、盒，部分材料应恢复原包装要求，做好善后工作。如清理垃圾、回收废弃物品等，以维护环境卫生和资源利用。这些工作的目的是提高仓库的效率和安全性，为下一次出库准备好条件。

（三）出库注意事项

（1）出库凭证审核。在进行出库操作之前，要仔细审核出库凭证，确认凭证的合法性和准确性。确保凭证上的信息与实际需出库物资或商品一致，并核实凭证的有效性。

（2）物资或商品核对。在进行出库操作时，要对物资或商品进行仔细核对。核对的内容包括品名、规格、数量等，确保与出库凭证上的信息一致，避免因核对不准确而导致出库错误。

（3）安全防护措施。在进行出库操作时，要遵守相关的安全防护规定。根据物资或商品的特性，采取相应的安全措施，如佩戴个人防护装备、使用搬运设备等，确保人员和物资安全。

（4）出库记录处理。在完成物资或商品核对后，要及时记录出库信息，包括出库时间、出库人员、出库数量等。记录的准确性和完整性是后续跟踪和管理的重要依据。

（5）出库交接和签收确认。将物资或商品交接给对应的收货方或其他部门时，要进行核对和签收确认。确保交接过程中物资或商品的数量、质量等不发生问题，并让收货方或其他部门进行签收确认。

（6）安全出库。在出库操作过程中，要注意防止盗窃、损坏或遗失。采取相应的安全措施，如监控设备、安保人员、封条等，确保出库操作的安全性。

第四节　项目物资仓储安全管理

一、仓库安全管理的概述

（一）仓库安全管理的意义

（1）保护物资安全。仓库安全管理能够有效防止物资的丢失、损坏或被盗窃，确保物资在存储过程中的完整性和可用性。这对项目的顺利进行至关重要，避免了因物资损失而导致的工期延误和成本增加。

（2）保障人员安全。仓库安全管理包括制定安全操作规程、提供个人防护装备以及培训仓库工作人员等措施，旨在保障人员在仓库操作过程中的安全。这有助于降低事故发生的风险，保障员工的身体健康和生命安全。

（3）防止事故发生。仓库安全管理涉及防潮、防尘、防火等措施，以及定期检查和维护物资设备的工作，从而降低事故发生的可能性。通过预防事故的发生，可以减少财产损失、保护环境和降低企业的法律风险。

（4）提高效率与节约成本。良好的仓库安全管理可以提高物资的管理效率和工作效率。员工在安全保障下能够更加专注于工作，减少了时间和资源的浪费。此外，通过避免物资损失和事故发生，可以降低项目成本，并减少因意外事件而导致的额外费用。

（5）建立良好信誉与形象。仓库安全管理是一个组织或企业重视物资保护和人员安全的表现。对外界来说，一个具备良好仓库安全管理能力的项目能够建立起信誉和形象，增强合作伙伴的信任感，有助于吸引更多的投资和合作机会。

（二）仓库安全管理的内容

项目物资仓库安全管理是确保物资在存储、保管和出入库过程中的安全性和完整性的重要措施。它涵盖了多个方面，包括物资的存放和保管、设备的维护和保养、人员安全、入库和出库管理等内容。

对于物资的存放和保管，仓库安全管理要求进行合理布局和规划。根据物资的种类、用途和规格，将仓库划分为不同的区域或货架，并进行分类和编码。这有助于提高物资的管理效率和可追溯性，避免混乱和丢失。同时，仓库内部应设立防潮、防尘、防火等设施，采取相应的防护措施，确保物资的安全性。

设备的维护和保养是仓库安全管理的重要内容之一。仓库设备包括货架、叉车、起重机等，需要定期检查、维修和保养，确保其正常运行和安全使用。此外，对于涉及电气设备的仓库，还需要注意安全用电，预防电气事故的发生。

人员安全是仓库安全管理的关键环节之一。仓库工作人员需要接受相关的安全培训，了解安全操作规程和紧急处理程序。同时，仓库应配备必要的个人防护装备，如安全帽、防护手套等，以确保工作人员在操作过程中的安全。此外，仓库内部应设置明确的安全警示标识和紧急出口指示，提供逃生通道和灭火器等消防设施。

入库和出库管理是仓库安全管理的重要环节之一。入库管理需要对入库物资进行验收、清点、检查质量和完整性，并进行登记和标识。而出库管理则包括审批出库申请、发放物资、核对数量等步骤，确保物资的正确出库。这些流程中需要严格遵守规定，确保物资的准确性和安全性。

此外，仓库安全管理还需要建立监督与评估机制。定期对仓库进行检查和评估，发现问题及时纠正和改进。同时，记录和汇总仓库安全管理的数据和信息，形成相应的报表，便于决策和监控。

项目物资仓库安全管理通过合理的规划和布局、设备维护、人员培训和防护措施，确保物资在仓库中的安全存储和运输，减少事故发生的风险，提高管理效率和工作质量。这对项目的顺利进行具有重要意义，同时也能够提升项目的形象和信誉。

（三）仓库安全管理的基本任务

（1）建立安全生产责任制和各项安全保障制度。

（2）保证仓库安全生产的投入，完善安全生产条件，加强仓库安全技术工作。

（3）加强对有关安全生产的法律法规和安全生产知识的宣传，提高职工安全生产意识。

（4）提高警惕，严防不法分子破坏，打击一切破坏活动。

二、库场治安

（一）工作内容

库场治安是指对项目物资仓库及其周边环境的安全管理和维护。它涉及预防和打击盗窃、损坏、纵火等不法行为，保障仓库内物资的安全，同时确保人员的安全。要提高库场治安水平，首先需要建立完善的安全管理制度，包括安全检查、巡逻和监控系统的设立，以及严格的出入库登记和审核制度。其次，还应加强对仓库工作人员的培训，提高他们的安全意识和应对突发事件的能力。然后，与当地警方和相关部门的密切合作也是重要的一环，通过联合行动来打击犯罪行为，并及时报告和追究任何破坏行为的责任。最后，加强对库场周边环境的管理，保持整洁有序，清除可能隐藏安全隐患的物品和垃圾，有效防止不法分子的活动。通过这些措施，可以有效提高库场治安水平，保护物资和人员的安全。

（二）治安保卫管理制度

治安保卫管理制度是为了保护项目物资仓库的安全而建立的一系列规章制度和管理措施。其主要目的是预防和打击盗窃、损坏、纵火等不法行为，确保物资的安全和人员的安全。

治安保卫管理制度有很多种：安全岗位责任制度、门卫巡逻守护制度、仓储设施管理制度、重要物品安全管理制度、要害部位安全保卫制度、防火安全管理制度、机动车辆安全管理制度、外来务工人员管理制度、治安防范奖惩制度等。这些制度的建立和实施，能够确保物资仓库的安全生产责任落实到位，有效防止盗窃、事故等安全问题的发生，提高工作效率，节约成本，维护人员和物资的安全。同时，加强对有关安全生产法律法规宣传和提高职工安全生产意识也是十分重要的。

三、仓库作业的安全管理

仓库的日常工作包括进出库、堆垛等作业，在这些作业过程中，会涉及人力或机械作业，通过制定作业标准、规章制度等措施来保证生产的安全进行，是仓库安全生产的重要任务。仓库作业安全管理是经济效益管理的组成部分。作业安全涉及物资安全、作业人员人身安全、作业设备和仓库设施的安全。仓库安全措施包括以下内容。

（一）安全作业管理制度化

安全作业管理制度化是指在项目物资仓储管理中，建立一套科学、规范、有效的安全作业管理制度。这种制度化的管理方式可以确保项目物资仓库的安全生产责任得到落实，有效防范和控制安全风险，提高工作效率，减少事故发生的可能性。此外，安全作业管理制度化还要求建立健全的监督和检查机制，定期进行安全检查和隐患排查，及时发现和解决存在的安全问题，确保安全措施的有效性。

（二）加强劳动安全保护

加强仓库劳动安全保护至关重要，确保员工在充满潜在危险的物资存储和管理环境中的生命安全和健康。通过建立安全管理制度、提供安全培训、配备个人防护装备、定期设备维护、现场巡查和隐患排查，以及制定应急预案，可以降低事故风险，提升工作效率，减少成本，并维护企业形象，符合法律法规要求，促进员工和企业的长期稳定发展。

（三）重视作业人员资源管理与安全教育

重视作业人员资源管理与安全教育是因为员工是仓库安全生产的核心。合理管理作业人员资源，可以确保拥有经验丰富、技能娴熟的员工从事物资仓储工作，提高工作效率和减少事故风险。同时，安全教育培训，可以使员工了解安全操作规程和应急处理措施，增强安全意识和技能，有效预防事故发生。重视作业人员资源管理与安全教育不仅有助于保护员工的生命安全和身体健康，也有助于维护仓库设施和物资的安全，提高企业形象和竞争力。

本章小结

本章全面介绍了项目物资仓储管理的各个关键环节，从仓库的分类、物资的入库、在库保养、盘点到出库流程，强调了有效管理在提高运作效率和保障物资安全中的重要性。同时，本章也着重讨论了仓库的安全管理，包括治安保卫、作业安全和人员安全教育，以确保仓库工作的安全性和合规性。通过这些综合措施，企业能够优化资源利用，降低成本，并提升整体的物流管理水平，从而在市场中获得竞争优势。

第十章　基于新发展理念的物资现场管理

物资现场管理是落实新发展理念的重要载体。本章以“创新、协调、绿色、开放、共享”为指引，明确现场管理在成本控制、进度保障中的核心地位，设定保证物资质量、降低管理成本等目标。围绕物资采购供应、验收仓储、余料处理等内容，贯彻经济性、科学化、标准化原则，引入 5S 管理与可视化管理工具，通过色彩标识、标牌管理等手段提升物资现场管理效率，结合案例展示新发展理念在物资精细化管理中的具体实践，推动现场管理向规范化、智能化升级。

第一节　物资现场管理的概念、地位与作用

一、物资现场管理的概念

（一）现场管理

现场管理是指用科学的标准和方法对生产现场中各生产要素进行管理，包括对人员、机器、材料、方法、环境等进行合理有效的计划、组织、协调、控制和检测，使其处于良好的结合状态，达到优质、高效、低耗、均衡、安全、文明生产的目的。

（二）现场管理要素——4M1E

（1）人员（man）。选人、用人、育人、留人，操作者的质量意识、技能、身体状况，数量、岗位、技能、资格等。

（2）机器（machine）。机器设备以及测量仪器等的检查、验收、保养、维护、校准。

（3）材料（material）。原材料、半成品、成品的标识、数量、性能、交货期、品质、成本管理。

（4）方法（method）。技术手段、工艺水平、形式原则、标准规范、制度流程。

（5）环境（environment）。良好的工作环境，整洁的作业现场，融洽的团队氛围。

（三）物资现场管理

物资现场管理是指对施工现场和现场储存的物资进行管理，也就是基层项目物资部门对工程需用的各种物资所进行的计划、采购、保管、储存、使用、核算等一系列管理活动的总称。

二、物资现场管理的地位

物资现场管理在项目管理中至关重要，其重要性主要体现在以下几个方面。

（一）成本控制的核心

物资成本通常占工程总成本的 50%～60%，有的甚至更高。因此，有效的物资现场管理能够显著降低项目成本，提高项目的经济效益。通过精细的物资计划、合理的采购策略、科学的储存和保管方法，可以避免物资的浪费和损失，确保每一份物资都能得到充分利用。

（二）确保工程质量和进度的关键

物资是工程施工的基础，物资的质量直接影响到工程的质量。良好的物资现场管理能够确保施工现场物资的质量可靠、供应及时，从而避免因物资问题导致的工程质量问题和施工延误。同时，合理的物资调配和使用计划也能提高施工效率，加快工程进度。

（三）提升项目管理水平的标志

物资现场管理是整个项目管理的重要组成部分，其管理水平直接反映了项目管理团队的能力和水平。一个优秀的物资管理团队能够制定科学合理的物资计划，执行严格的采购和验收程序，实施高效的储存和保管措施，确保物资管理的各个环节都处于受控状态。

（四）促进企业可持续发展的基础

随着市场竞争的日益激烈，企业越来越重视成本控制和效率提升。物资现场管理作为企业管理的重要组成部分，其优化和改进对于企业的可持续发展具有重要意义。通过不断改进物资现场管理流程，提高管理效率，降低管理成本，企业可以在激烈的市场竞争中保持领先地位，实现可持续发展。

三、物资现场管理的作用

（一）确保供需平衡，保障施工顺畅

在材料供应流程中，关键在于维系供需两端的紧密衔接，实现资源的平衡配置；设定合理的现场库存限额，既避免空间的无谓占用，又预防因物资短缺导致的施工停滞；定期对现场物资进行数量与质量的核查，防范积压与损耗，维护材料的有效利用价值；同时，建立应急物资储备机制，以应对突发状况，确保施工活动能够持续、稳定地进行。

（二）削减物资成本，增强经济效益

施工现场物资管理的首要任务是确保物资安全，这涵盖了抵御外部环境侵害及防范盗窃等措施，直接关乎工程成本的有效控制。保障物资的安全与质量，是实现成本管理的最直接途径。

（三）加速施工进程，提升作业效率

构建高效的物资供应链是施工顺畅的基石。物资管理人员需紧密跟踪工程进度与施工步骤，科学规划材料的存储布局，确保高频使用物资易于取用，优化物资流转路径，从而显著提升工程项目的执行效率。

（四）强化施工质量，保障产品品质

健全的物资供应体系是施工有序进行的关键，它能有效防止因物资管理混乱而引发的疏漏。加强施工现场物资管理，不仅有助于减少材料浪费、控制成本，还能提升现场管理水平，确保施工产品的质量与安全性达到高标准。

（五）塑造企业形象，提升品牌知名度

实施高效、规范的物资现场管理策略，有助于塑造企业专业、可靠的外部

形象，进而扩大企业在业界的知名度与影响力，为企业带来难以估量的无形资产与竞争优势。

第二节　物资现场管理的目标

一、保证物资的质量品质

在日常施工过程中，仔细清点验收物资数量及品质，力求现场物资零缺陷；定期检查现场物资质量问题，及时通风防潮，确保质量完好；收发和管理物资要做到品名、规格、型号、数量、质量等配套，以及单据号、统计报表等准确，防止出现物资质量与采购要求不一致的情况。

二、降低物资现场管理成本

科学合理的物资现场管理，能够有效地降低成本，节约开支。物资的分配应遵循优先保障关键需求、兼顾一般需求的原则，确保专用物资专用，遵循先进先出原则进行发放。在物资管理的过程中，应注重物资的保护措施，以保障物资质量，减少因维护和管理不善导致的费用支出。此外，应实现物资的合理堆放，以提高仓库的空间利用率，减少现场仓库的使用频率，进而降低仓库运营成本。同时，加强对仓库设备的维护与保养，以提高工作效率，减少不必要的设备费用支出。在物资的入库与出库过程中，应严格执行凭证审核制度，以便于后续的核对工作，从而降低人工成本。

三、提高现场管理效率

工作效率在一定程度上可以反映出一个团队执行力的运作情况。做好现场管理，在物资损耗的控制、人员技能的加强、线体平衡的优化、人力协调管理、物资跟进、异常的及时反馈等方面需要细心地处理；每位员工需坚持效率观念，严格要求各干部主动汇报生产效率，产能不达标时找到减产的原因，提出改善对策；对于部署的工作需要紧盯进度，管理人员要完善关键岗位管理机制，制定员工培训计划，提升员工技能水平，对新进员工和关键岗位要进行重点监控，完善岗位管理的合理性。

四、保证现场安全

（一）建立安全施工现场的有关规定

1．悬挂标识与安全警示

在施工现场入口处显著位置，应规范设立“一图五牌”体系，即展示工程总平面布置图，并辅以工程概况、管理人员信息及监督电话、安全生产规定、消防保卫措施及文明施工管理制度等五块标牌，以便于公众监督。针对高处作业、触电风险区及物体打击危险点，应明确悬挂安全警示标识牌。

2．施工场地围挡与硬化管理

施工现场四周应采用硬质材料进行封闭围挡，特别是在市区范围，围挡高度不得低于 1.8 m。场地内部地面需实施硬化处理，确保道路坚实平坦且畅通无阻。

3．脚手架与操作平台安全构建

施工现场的各类脚手架设计应遵循国家标准，采用合格的工具与器具，严格依照专项安全施工组织设计进行搭设，并采用绿色密目式安全网进行全面封闭，以保障作业人员的安全。

4．电气安全管理与规范用电

施工现场的电力线路布局、电气设备安装及使用均须符合临时用电安全规范与操作规程，其架设方案需严格依据施工组织设计执行，严禁擅自拉线接电，确保用电安全。

5．环保措施与生活设施完善

施工单位应积极采取污染防治措施，强化施工现场环境保护工作，确保施工活动符合环保要求。

（二）施工现场物资安全管理措施

物资到达现场要及时接运卸车，避免占用施工空间；物资及设备及时堆放归类，存放有序，及时搬运进现场仓库，便于收发和处理；物资进场后的存放要符合堆码要求，防止出现倒塌现象；定期维护保养设施设备，防止施工过程中出现故障，保证安全生产；做好防潮、防热、防冻、防雷、防洪、防火、防爆、防虫、防盗，防止物资出现安全事故；严格遵守操作规程和各项安全制度，做好电源、火源、水源管理，完善消防设施。

五、保证交期

对于物资现场管理工作，做好交期管理可以有效缩短工期。交期管理首先应该从生产准备工作入手，比如物资的准备、作业指导书的制定、确定施工程序、设备与仪器的安装调校等。在施工过程中，物资管理人员在做好物资安排与人员管理的同时，要联络施工部门，清楚物资的需求情况。

六、提高员工士气

企业氛围与文化的塑造深受士气影响，员工的归属感与团队凝聚力皆与士气紧密相连。有效管理士气的关键在于秉持以激励为核心的原则，深入剖析并巧妙利用员工的个性化需求与驱动力。实践中，应构建公正、透明的晋升体系，积极助力员工规划职业生涯并促进其能力跃升。此外，设立员工反馈与沟通平台，真诚倾听员工意见，公正处理员工关切，确立既实际又富有挑战性的工作目标，从而为员工在组织内的成长与发展铺设坚实道路，确保每位员工的才华与潜能得以充分展现。

第三节　物资现场管理的内容

施工现场物资管理是指在施工期间及其前后对全部原材料和工具的管理工作，包括物资采购管理、物资验收管理、物资供应管理、物资余料和废料管理、工器具管理、工程竣工物资清场管理等内容。施工现场物资管理，原则上需要实行统一计划、统一管理、统一调度、统一分配的体制。

一、物资采购管理

具体而言，施工物资采购管理包含以下几个方面。

1. 物资采购计划编制

物资采购计划，亦称物资需用计划，依据物资来源分为两类：一类为业主供料，需依据业主要求提交物资采购计划，由业主负责后续供应；另一类为自购物资，需自行编制物资采购计划，并经单位主管领导审批后，方可实施市场采购。

2．物资采购原则

在物资采购环节，应遵循以下原则。

（1）合规采购。严格执行物资采购管理程序及相关规定，确保采购活动在合格供应商范围内进行。

（2）招标采购。遵循公司物资采购招标管理办法的规定，确保采购过程的公开、公平、公正。

（3）合同管理。中标单位确定后，应及时签订购销合同，明确双方权利、义务及纠纷解决机制。

二、物资验收管理

（一）验收准备

项目部物资管理部门根据发货单位预报的到货信息或计划进行验收，熟练使用手持机、过磅影像系统进行收料，并做好以下准备工作。

（1）核对发货通知单与预报信息。仔细查阅发货通知单，并将其与先前预报的到货信息进行详尽对比，以确保两者在货物详情、数量、规格等方面完全一致，从而确认到货的准确性和合规性。

（2）规划物资存储方案。明确即将到达的物资应存放的具体位置，包括仓库区域、堆垛布局及保管策略，确保物资能够得到科学合理的安置，便于后续管理和取用。

（3）准备并校验验收工具。预先筹备好验收过程中所需的各类计量器具和辅助器材，包括但不限于测量尺、称重设备、检验仪器等，并提前进行严格的校验与检查，确保其精度与可靠性，为准确验收提供坚实保障。

（4）协调好装卸准备工作。及时通知装卸作业单位，明确告知预计的卸货时间、具体地点及所需装卸设备、工具、器材和人力配置要求，确保装卸团队能够提前做好准备，保证物资到达后的快速、高效装卸作业。

（5）检查库容并预备物资接收。通知并协同保管单位，对既有库容（涵盖筒仓、储罐、露天料场及其他各类仓库）进行全面检查，评估其是否能够满足即将到货物资的存储需求，包括空间容量、环境条件及安全标准等方面，同时做好相应的接收准备工作，以确保物资能够顺利入库并得到妥善保管。

（二）验收人员

项目部应清晰界定具备验收资格的人员名单及其相应的职权范围，并通过书面形式正式通知供货组织及各个供货商。对于所有进入施工现场的物资，必须至少由两名或更多具备资质的人员共同参与验收流程，并签字确认其合格性。

（三）验收依据

查找采购合同，获取合同约定的验收计量方式、验收时间、物资技术标准及允许偏差范围。国家或行业对物资验收有强制标准的还应满足相关标准要求。

（四）物资的验收验证

物资进场后，项目部物资管理部门组织开展进场物资的验收验证，物资验收验证的主要内容如下。

1．质量验收

质量验收聚焦于核对物资的外观质量、品名、型号、材质、规格等，检查包装完好性、表面状态、形态缺陷及几何尺寸匹配度，同时确认配套齐全，零配件无遗漏。

2．资料验证

资料验证环节需要确保质量证件、技术证件与实物、合同、供货通知及标准一致，并核验证件有效性与出具机构的资质，包括有效期及检测部门资质审查。

3．数量验收

数量验收是指依据送货单核对规格、数量，即运用地磅、皮尺等工具，遵循合同或标准方法，通过称重、检尺、清点或换算等方式精确计量。验收方式涵盖计件、计重、求体积等，确保数量准确无误。

（五）填写验收记录

验收记录包括物资名称、规格型号、具体数量及包装完整状况、物资到库与检验的具体日期、供方提供证件的全面性与准确性、实物详尽检验情况。遇短缺或残损时，精确记录具体件号、箱号、受损程度及其成因。同时，记录抽查物资的数量与标号，并明确标注抽查结果。

（六）物资管理

1．不合格物资管理

（1）联系处置。项目物资管理部门一旦发现物资在外观、质量、数量、单证、资料等方面未通过验收或检验试验，应立即将其隔离存放，并设置醒目标识。随后，迅速与供应商取得联系，安排不合格物资的后续处理措施。

（2）做好记录。为确保权益，项目物资管理部门需详尽记录不合格情况，包括书面描述与影像资料，依据合同条款，构建强有力的证据体系，以备不时之需。

（3）妥善处置。针对确认的不合格物资，采取有效措施如清场、退货、换货或降级使用等，确保问题物资得到妥善处理。同时，收货单位需及时编制不合格物资评审处理记录，详细记录相关情况及处置结果。

2．合格物资的唯一性标识管理

对工程质量具有显著影响的物资，必须实施严格的唯一性标识管理。项目部应依托信息化工具，建立全面、准确的物资信息档案，从生产源头直至最终使用环节，实现物资全程可追溯。这一举措不仅强化了物资管理的规范性，也极大地提升了工程质量控制的精细化水平。

三、物资供应管理

在物资供应流程中，根据物资需求计划制定发料单据，确保各类物资能够精确且及时地分配给各个施工班组或作业地点。此流程着重将物资供应与物资核算紧密结合，通过实施限额发料制度，旨在有效管控物资消耗，进而提升资源的利用效率。

四、物资余料和废料管理

（一）物资余料管理

物资余料作为施工生产活动完成后剩余的原材料及辅助材料，其管理至关重要。首先，应强调余料的即时利用原则，力求在施工中最大化其价值；对于未能即时利用的余料，则需集中堆放，便于后续的统一清理与处置。在此过程中，严禁将余料随意丢弃于边坡、路边等区域，以规避环境污染风险。

对于具备转场使用条件的余料，应优先进行转场再利用。而对于不具备转场使用条件的余料，则应积极与供货商沟通，探讨回收或折价处理的可能性，严禁将其直接视为废料处理，以维护企业资产价值。

（二）物资废料管理

针对废料的管理，首要任务是及时进行分类清理，并集中存放于指定区域，以确保现场整洁有序。尤为重要的是，对于危险品废料，必须交由具备专业资质的部门进行处理，严禁私自变卖或随意处置，以保障公共安全与环境保护。

五、工器具管理

（一）合用工具的管理

合用工具包括电工工具、起重设备、测量仪器等多部门或项目共用的工具，因其共享复用、流动性强、损耗频繁、型号多样、责任易模糊、成本分摊复杂且需严格安全管控的特性，管理时需构建全流程闭环体系：前期建立统一台账，明确工具信息与使用权限；日常严格执行领用归还登记，定期检测保养；对损坏工具及时维修报废并核算成本；同时依托信息化系统实时监控动态，定期盘点清查，以此提升工具使用效率与寿命，降低企业运营成本。

（二）专用工具的管理

专用工具作为班组或个人频繁使用的低值易耗品，其种类繁多、更新迅速。为此，推行工具费定额承包制度，由项目负责人依据不同工种的日工具费用标准，结合班组的工作日数，发放工具费用，鼓励班组自主租赁或采购，自负盈亏。此模式促进了工具的有效利用与成本控制。

（三）各种构配件的管理

构配件作为预制成品、半成品，其管理需细致入微。首要掌握生产计划及用量配套信息，精准对接加工需求，避免过剩或短缺。同时，合理规划进场构配件的存放位置，减少搬运成本。严格验收程序，确保构配件与加工单及配套表一致，并妥善保管，防止损坏。此外，加强使用监督，防止误用，对剩余构配件及时登记上报，建立台账，清晰记录进出场信息及库存状态，便于结算与考核。

（四）工程（油料）器材管理

工程（油料）器材作为施工生产的重要辅助资产，实行严格的租赁与管理制度。工程（油料）器材分类细致，严禁非工程用途挪用及擅自拆改。依据规定，足额计提折旧或租赁费用，确保财务透明。定期保养与维修器材，维持其良好技术状态。当器材残值低于 3% 需报废时，必须遵循既定程序报批，确保资产管理的规范性与严谨性。

六、工程竣工物资清场管理

工程项目完成后，需强化资产管理措施，积极回收物资的剩余价值，以确保施工现场的整洁度与材料堆放的有序性。此举旨在防止因施工废弃物未及时清理而导致的工序间交叉污染及潜在安全风险，从而树立安全、文明的施工形象，满足公司、区域及集团所设定的各项标准与要求。

（一）竣工清理的范围

（1）工程项目全面清理。针对所有已完成竣工验收的工程项目、单位工程，以及竣工后现场存留的所有资产进行彻底清理。

（2）技术资料移交。确保所有相关技术资料，包括施工图纸、设计文件等，均按规范进行整理并移交至指定部门或人员。

（3）临时设施拆除。对现场所有的临时设施，包括但不限于生活设施、生产设施及办公设施，进行逐一清理与拆除。

（二）竣工清理的内容

（1）物资清理。对现场剩余的建筑材料、机械设备、周转工具等进行全面清查，区分可再利用与废旧物资，分别处理。

（2）周转材料回收。重点清理模板、脚手板等可再次利用的周转材料，确保其得到妥善保存或再利用。

（3）技术资料与办公用具清点。完成技术资料的移交工作，并对办公用具进行清点回收，确保无遗漏。

（4）废旧物资处理。制定废旧物资处理方案，遵循环保原则进行合规处置。

（5）人员与设施管理。安排项目人员去向，并对生产、生活、办公等临时设施进行拆除、转移或妥善管理。

（三）竣工清理的责任

项目竣工后，应由项目经理牵头，组织项目材料员、机械员、资料员、办公室主任等相关人员，共同开展清理工作。具体职责分工：项目经理负责整体组织与协调工作，确保清理工作有序进行；项目材料员、机械员负责物资与设备的清理、登记与上报；资料员负责技术资料与施工图纸的整理与移交；办公室主任负责办公用具的清点回收及人员去向安排。

（四）竣工物资清场具体要求

（1）全面清查与详细记录。针对剩余物资开展逐项清查工作，并编制详尽的登记册，确保所有物资均被准确无遗漏地记录。

（2）分类处置与管理。依据物资的不同性质实施分类处理策略。对于可转移至其他场地的物资，需编制移交清单并完成交接手续；对于需上交的物资，则填写退料单据，并遵循退库流程妥善处置；同时，确保所有需拆除的临时设施得到全面拆除。

（3）现场清理与整洁维护。遵循“工完料清场地净”的原则，确保施工结束后现场保持整洁有序，无遗留杂物。

（4）财务对账与清算。对物资采购业务中的应收及应付款项余额进行全面清理，并与财务部门逐一核对，确保所有财务事项清晰明了，不留任何待解问题。

第四节　物资现场管理的原则

一、经济性原则

在严格保证工程进度符合预期目标且工程质量达到规定标准的前提下，致力于有效降低施工成本，通过精细化的成本控制措施，最大限度地提升项目的经济效益，从而彰显施工管理的核心价值与深远意义。

二、科学化管理原则

秉持科学发展的理念，紧密结合当前工程建设的实际需求，通过对施工工序与流程的持续优化与创新，实现施工效率的显著提升。这一原则旨在确保工程能够在规定的时间框架内高效完成，同时保证各环节的协调性与科学性，全面满足工程建设的时效性要求。

三、标准化与规范化原则

强调在施工作业、物资管理以及工程质量控制等各个环节中，实施统一、明确的标准与规范。通过不断完善施工现场的标准化管理体系，加强对作业流程的精细管理和质量控制。

第五节　物资现场管理的方法——5S 管理

一、5S 管理的起源

5S 管理是一种高效的物资现场管理方法，由五个核心词汇［整理（seiri）、整顿（seiton）、清扫（seiso）、清洁（seiketsu）、素养（shitsuke）］构成，这些词汇体现了企业对物资现场管理精细化的追求。5S 管理旨在为员工营造一个清洁、有序、高效且安全的工作环境，通过优化物品摆放、提升工作效率、增强员工士气及减少资源浪费，从而全面提升企业的运营效能与竞争力。

二、5S 管理的内容

（1）整理。作为 5S 管理的第一步，整理的核心在于区分必需品与非必需品，及时清理非必需品，确保生产现场仅保留必需品。此举旨在释放空间，减少误操作，优化库存结构，提升工作效率与安全性。

（2）整顿。在整理的基础上，整顿强调对必需品进行科学、合理的布局与标识，以实现快速取用与归位。通过定置管理，减少寻找时间，提高工作效率，营造整齐有序的工作环境。

（3）清扫。清扫不仅指物理层面的清洁，还涵盖了对设备、工具及环境的全面维护。干净的工作环境有助于保持设备精度，减少故障，提升产品质量，同时促进员工身心健康。

（4）清洁。清洁是对前三项活动的持续保持，旨在通过制度化、标准化的管理，确保生产现场始终处于最佳状态。这包括环境美化、设备维护、人员行为规范等多个方面，以巩固 5S 管理成果。

（5）素养。作为 5S 管理的最终目标，素养强调通过培养员工的良好作业习惯与行为规范，提升整体职业素养与团队精神。它要求员工自觉遵守规章制度，积极参与改善活动，共同营造积极向上的企业文化。

三、5S 管理的内在联系

整理为整顿奠定基础，整顿则巩固整理成果；清扫则直观展现整理与整顿的效果；清洁与素养则共同推动企业管理水平的持续提升。5S 管理的各环节紧密相连，相互促进，共同构建了一个高效、有序、安全的生产现场。

四、5S管理的目的

（1）提升效率。通过标准化管理，缩短作业周期，确保准时交货，提升整体作业效率。

（2）降低成本。减少浪费，优化资源配置，显著降低生产成本。

（3）改善库存周转率。提高物品取用效率，减少等待时间，加速库存周转。

（4）保障安全。创造安全、宽敞的工作环境，降低事故发生风险。

（5）提升品质。通过持续清扫与检查，维护设备精度，保障产品质量。

（6）激发员工活力。改善员工精神面貌，提升工作满意度与归属感。

（7）增强企业形象。营造整洁有序的工作环境，提升企业外部形象与市场竞争力。

五、5S管理的应用

5S管理广泛应用于企业生产现场，针对材料、设备、人员等生产要素进行优化管理。它不仅塑造了企业的良好形象，降低了运营成本，还提升了准时交货能力、安全生产水平及产品质量标准。同时，5S管理也是推动企业向全面质量管理迈进的重要工具，对于提升组织活力、激发员工潜能具有不可替代的作用。

第六节　物资现场管理的方法——可视化管理

一、可视化管理的方法

（1）色彩管理。色彩是最具有冲击力、最容易被感知的。因此，在施工现场最好的方法就是将管理的内容通过色彩来展现，不同颜色代表不同的意思，并且与各种设备、器材相匹配。

（2）标牌管理。标牌可以很清楚地表示出物资属于什么区域，有多少数量，应该放在什么位置，这样在周转过程中就可以找到它原来的位置，可以避免物资到处乱放、找不到位置的现象。

（3）设备管理。设备是如何运转的，关键部位、注油点、清扫频率等都是可以进行可视化管理的。对设备进行可视化管理，发现设备的不良及时给予维护，可以增强设备使用者的责任感。

（4）环境管理。在生产现场对容易发生安全事故的部位实施可视化管理，这样可以警醒操作者与管理者注意按照安全要求进行操作，并形成了一些使用色彩的规范，如红色代表危险，黄色代表需要注意安全等。

二、可视化管理的工具

油漆与胶带等色彩工具用于区分与标识；看板、颜色编码直观展示信息；文字、数字、线条、箭头等图形元素引导视线与流程；一览表、图表、照片、风车等图像化工具直观呈现数据或状态；感温纸、灯信号、有声信号等信号装置即时反馈异常或状态变化；特殊设施与智能设备确保操作无误。

三、可视化管理的三要素

1．目的

旨在清晰传达工作目标与期望行为，早期识别异常情况，提高检查效率；预防人为错误与遗漏，保持生产或服务流程的常态运行；通过直观展示，使潜在问题与浪费现象无所遁形，从而提前预防并消除隐患，优化资源配置。

2．原则

全面而细致地应用标识与标签，实施色彩管理，增强视觉识别度；确保所有关键区域与流程的无障碍观察，移除遮蔽物，实现透明化管理；明确界定管理范围与标准，区分正常与异常状态，设定量化界限，使状态判断一目了然。

3．要点

确保所有相关信息与指示均易于被察觉与理解；对关键管理区域进行显著标识，确保无遗漏；设计便于所有人使用的设施与工具，提升操作效率；强化规则意识，确保每位成员都能遵循规定，并在出现问题时迅速纠正；利用可视化工具提升现场整洁度与美观度；确保可视化方案的有效性与适用性；针对实施中发现的问题与不足，持续进行优化与改进，直至达到最佳效果；确保可视化管理的实施与公司整体标准和规范相一致，维护管理体系的一致性与完整性。

四、可视化管理的顺序

可视化管理其实是5S管理的延伸与升华。将5S管理的成果固化为日常管理活动，将其模式化、程序化，最好的方法是可视化。可视化也是一种责任，当操作的时候，这些管理要求每时每刻都在提示管理者、操作者必须按照标准进行生产管理活动，只有按照标准生产才能降低成本，提高效率。因此，进行可视化管理需要指定一定的管理顺序，应先调研生产流程与管理痛点，明确需可视化内容；再制定统一标准，规范标签样式、颜色含义等设计方案；接着制作并部署标识牌、看板等可视化工具；随后开展全员培训，确保员工理解执行标准；最后建立动态维护机制，定期检查更新可视化内容，并纳入日常考核，保障管理长效运行。

五、可视化管理的基本要求

（1）统一原则。在推行可视化管理时，必须实施严格的标准化管理策略。所有标准、色彩及符号的设计、制作与管理均需保持一致。

（2）简约设计。追求视觉信号的简洁明了是可视化管理的重要原则。各种显示信号应设计得既简明又易懂，确保现场人员能够迅速捕捉关键信息，一目了然地理解指示或状态。

（3）鲜明呈现。为了确保信息的有效传达，视觉显示信号必须清晰醒目，且位置设置合理。

（4）实用导向。可视化管理必须注重实效，确保所有措施都具有实际使用价值。通过优化资源配置，提高工作效率，最终实现管理效益的最大化。

（5）严格执行。在可视化管理中，必须严格要求所有人员遵守和执行相关规定。

第七节　物资现场管理的新发展理念

党的二十大报告明确指出，要加快构建新发展格局，着力推动高质量发展，高质量发展是我国全面建设社会主义现代化国家的首要任务。高质量发展不仅是一个目标，更是贯彻新发展理念（即创新、协调、绿色、开放、共享）的必然路径。新发展理念与高质量发展紧密相连，互为表里，高质量发展正是新发展理念在实践中的生动展现。在施工企业物资现场管理领域，引入并深入贯彻新发展理念，是推动物资现场管理高质量发展的关键所在。

创新是推动物资现场管理高质量发展的核心动力。企业应积极吸纳和培养具备创新思维的人才，加大研发投入，营造鼓励创新的氛围，以增强整体的创新能力。同时，要引导管理人员和一线员工打破传统思维束缚，勇于探索新方法、新技术，将市场需求作为创新的导向，确保管理创新能够精准对接市场需求，促进企业的持续健康发展。在推动物资现场管理高质量发展的过程中，组织结构和管理体制的创新同样不可或缺。企业应适时调整和优化组织结构，确保管理流程的顺畅高效；同时，深化管理体制改革，建立健全与现代企业制度相适应的管理体系，激发内部活力，提升管理效能。通过组织和管理上的双重创新，为施工企业物资现场管理的高质量发展奠定坚实基础。

协调是推动物资现场管理高质量发展的关键。在施工企业物资现场管理工作中，要协调好采购、验收、仓储、供应以及收尾和竣工等各阶段的工作，使得每个阶段都能够得到有效控制。

绿色是推动物资现场管理高质量发展的底色。各行各业在发展过程中都要注重与生态环境和谐发展。由于施工企业作业复杂，物资现场管理容易出现污染环境的现象，比如扬尘、机器设备工作所释放的二氧化碳等。因此在对物资现场管理时，要充分考虑绿色低碳的要求，做好环境保护措施。

开放是推动物资现场管理高质量发展的必由之路。施工企业物资现场管理必须有开放的态度，积极学习国内外其他企业先进的技术，借鉴有效的管理经验。

共享是推动物资现场管理高质量发展的最终目的。施工企业物资现场管理最重要的就是机器设备和信息等资源的共享。对机器设备的使用进行合理安排，可以减少多余设备的投入。加强物资现场管理的信息化建设，达到高效率管理的目的。

案例分析

以数据驱动物资管理精细化

1. 公司简介

A 公司汇聚了超过 1 500 名精英员工，其中包括一支由资深行业专家组成的管理团队，他们凭借深厚的行业洞察力和卓越的项目管理能力，引领企业不断攀登新高峰。此外，公司还汇聚了 400 余名高端专业人才，涵盖一、二级建造师、结构工程师、建筑师、造价工程师等关键岗位，为公司的技术实力与创新发展提供了坚实的支撑。

公司在巩固建筑工程施工总承包核心业务的同时，积极响应建筑工业化的发展趋势，相继成立了设计研究院、国家级装配式建筑产业基地及新型混凝土搅拌站，成功构建了集 BIM 设计、建筑工业化生产、智慧化施工、新型建材研发生产于一体的建筑全产业链闭环。此外，公司还不断拓展业务领域，将触角延伸至地产、商业、科技、大健康、投资等多个板块，实现了多元化、综合性的发展战略布局。

2. 问题分析

（1）传统物资管理方式难以满足成本控制需求。在传统物资管理模式下，公司对现场验收情况掌控力弱，依赖人工汇报的信息存在滞后性与不准确性，无法实时掌握真实验收数量，难以实现精准成本控制，亟需通过信息化手段提升管理水平。

（2）数据管理落后会阻碍管理效率提升。物资管理涉及品类繁多、工期漫长，传统数据处理方式难以保障及时性与准确性，过程资料留存和查证困难，无法有效积累物料数字资产，难以支撑管理决策，无法满足企业数字化转型要求。

（3）物资验收环节存在漏洞导致亏损风险。项目建设中物资成本约占施工成本的60%，但现场物资管理问题频发。混凝土车辆卸车不净、砂浆等材料数量亏损、混凝土结算方式变更后的亏损，以及内部供应商供货人情因素干扰等，皆源于物料验收环节的不规范，亟需规范流程、杜绝作弊以减少亏损。

3. 解决方案

（1）系统建设与优化。在系统建设进程中，A公司仅用两个多月便完成从项目启动到试点上线，目前已在9个项目成功推广，累计完成28 431次收料作业，日均处理15车次，主要对混凝土、碎石、钢筋等关键材料进行验收。同时，A公司与B公司达成标杆共建协议，旨在实现全公司项目覆盖，确保验收数据全程留痕、随时可追溯，彻底堵塞管理漏洞。面对项目现场条件受限、人员操作生疏、操作不规范及项目部抵触等难题，A公司携手B公司与物资部门，通过完善制度、开展专项培训等措施，为系统平稳运行筑牢根基。在管理深化与合作升级方面，A公司于2020年12月将物料管理系统与公司实际需求深度融合，制定涵盖过磅员、收料员、供应商的全方位管理制度，清晰界定操作规范；同步实施流程上墙，将车辆进出操作流程以图文形式张贴于磅房，显著降低司磅员操作失误率，提升过磅效率。2021年8月，A公司与B公司进一步达成深度合作，不仅共同制定物料协同交付方案，优化交付流程、提升培训效果与项目上线速率，还签订VIP服务方案与标杆共建协议，朝着物资管理的制度化、规范化、标准化、信息化目标稳步迈进。

（2）实现智能化、数字化、在线化管理。A公司借助数字化管理系统，实现物资管理全流程智能化升级：通过视频监控与过磅单联动，确保收、发料全程留痕、公开透明；运用智能数据分析材料占比、负差情况，为管理决策提供精准依据；以统一口径实现按年、月、周、日高效统计，保障数据及时准确；依托移动APP实时挖掘现场数据，支撑集约化、可视化决策，全方位提升物资管理精细化水平与管理效能。

4. 应用效果

（1）管理效益显著提升。系统实现作业层与管理层数字化业务替代，大幅提高作业层工作效率，增强管理效能，优化企业管理流程。

（2）经济效益成果突出。通过系统数据分析，自上线以来，公司在物资降本增效管控方面成效显著。

本章小结

本章主要介绍了施工企业项目物资现场管理的概念，阐述了物资现场管理的地位和作用，描述了物资现场管理的目标，重点介绍了物资现场管理的内容，阐述了物资现场管理的原则，介绍了 5S 管理和可视化管理，并通过案例阐述了精细化管理在物资现场管理中的应用。

第十一章　工程项目物资成本核算与控制

对于施工企业而言，项目物资成本构成了企业发展的核心影响因素，它不仅与工程项目的进度推进、质量保障及安全维护紧密相连，而且直接关联着项目的经济效益。因此，有效管理物资成本对于控制工程整体成本、提升企业经济效益具有举足轻重的意义。

第一节　物资成本管理的基本概念

一、物资成本管理的定义

成本是为达到生产目标所耗费资源的货币体现，其与费用的概念不同，成本是对象化的费用，成本能与支出对象之间建立联系，而费用与支出对象之间难以建立直接的对应关系，需要采用一定的方法进行分摊。

物资成本管理是施工企业在生产流程中，对各项成本进行核算、分析、决策及控制的综合性科学管理活动。在这一系列管理活动中，项目物资管理的关键环节在于物资采购成本的有效控制以及物资成本的精确核算。

二、物资成本管理的作用

物资成本管理在工程项目管理中占据核心地位，其作用广泛而深远。首先，作为项目成本的主要组成部分，物资成本的有效降低直接决定了整体项目成本的降低。通过精细管理，企业能够优化物资使用，确保每一笔物资投入都能带来最大的经济效益。其次，物资成本管理为企业管理层提供决策支持。准确的成本核算和分析帮助管理层洞察物资使用的实际情况，从而制定出更加科学合理的采购策略、生产计划及成本控制措施。这不仅有助于项目的顺利推进，还为企业战略调整提供了有力支撑。最后，物资成本管理还涉及对物资供应市场的深入监测和分析。通过密切跟踪市场价格波动、供应链稳定性等因素，企业能够提前制定应对策略，确保项目的稳定进行，降低因市场变化带来的不确定性风险。

三、物资成本管理的目的

物资成本管理的目的在于确保工程项目中种类繁多、数量庞大的物资成本得到有效控制，同时维护工程质量，以适应激烈的市场竞争环境，保障企业和项目的盈利目标。

第二节　物资成本管理的内容

影响物资成本的因素很多，其中最为关键的因素便是物资采购成本，因此本节重点介绍物资采购成本及管理，并对物资成本核算内容进行阐述。

一、物资成本分析

成本管理的质量是衡量建筑施工企业内部管理水平的重要指标，它涵盖了从计划、预测到核算、分析，再到考察与评价等一系列环节。物资成本控制是控制直接费用中的材料费总额，从采购单价和消耗数量两方面进行控制，并且对材料成本的控制应贯穿于物资管理活动的各个环节，是全方位、全过程的控制。

二、物资采购成本

物资采购成本是指物资的进价成本，具体包括购买价款、相关税费、运输费、装卸费、保险费以及其他采购成本。

购买价款指的是购买商品或材料时发票上所标明的金额，但并不包含可用于抵扣的增值税进项税额。

相关税费则涉及企业在采购、自制或委托加工过程中产生的消费税、资源税，以及不能从增值税销项税额中扣除的进项税额。

其他采购成本包括采购流程中产生的仓储费、包装费、运输途中的合理损失，以及入库前对物资的挑选与整理等费用。

（一）影响物资采购成本的因素

1．物资采购计划管理方面

物资部门对工程部提交的物资需求计划缺乏深入了解，未能充分核查项目的实际库存状况，导致准确性不足，易造成采购过多浪费或采购过少短缺的情况。此外，针对那些可以分批次或分阶段进行采购的物资，物资部门未能根据物资的具体特性和采购周期来制定相应的采购计划，导致物资过早到达而提高仓储成本或物资到达过晚而造成工期延误。

2．物资采购管理方面

部分应通过集中招标采购的物资未能得到有效执行，进而造成采购成本的上升。另外，对采购物资的质量把控不严，采购前未进行市场调研，导致因追求采购价格而忽略了物资质量，给物资进场验收增加了难度，或者不合格物资使用可能导致工程质量问题，引发返工返修，增加成本投入。

3．供应商管理方面

供应商决定采购价格，同品质物资因供应商不同，导致采购成本差异。物资供需关系影响价格，供应商选择需严格审核，避免供应商不稳定影响采购及工程质量。建立长期合作关系有助于获得优惠价格，降低成本。同时，良好合作确保供应商对施工变更及时响应，保障工程进度不受影响。

4．物资采购数量和方式

采购数量直接影响采购成本，可以利用规模采购降低物资采购成本。通常情况下，招标采购价格比独家采购价格更优惠。若引入供应商竞争机制，促进竞价，则更有助于采购方获得更低采购价格。

5．交货条件

交货条件涉及运输方式和交货时间。采购方负责承运时，供应商会给予价格优惠；否则会提高价格。不同的运输方式直接影响运费的高低，确保以最短路径、最低费用及最快速度送达货物，是降低采购成本的重要因素。

（二）区域集中采购控制采购成本的措施

1．供应商的选择

供应商选择在公平竞争的基础上应考虑以下两个方面。

一是类别，应优先选用生产商以减少中间环节，保障及时供应并降低采购成本；二是资质，应综合考虑技术、质量、服务、性价比与成本多方面因素，不应仅以低价为标准。

2．确定合理的采购价格

合理的采购价格是控制采购成本的关键，工程物资采购价格不能超过工程概预算的价格。对于有控制价格的物资，可结合实际情况确定合理价格；对于没有控制价格的物资，可比照历史价格和当前市场价格确定合理价格；对于未签约过的物资，可通过竞争方式确定合理价格。

3．选择合适的采购方式

随着市场竞争加剧，一些物资的价格波动较大，合理的采购方式成为降低采购成本的关键。针对施工物资多样性，可采取框架协议采购、集中采购、招标采购、询价采购等方式。

框架协议采购针对批量、技术标准统一的物资，锁定资源，增强溢价能力，优化采购渠道，实现价格优惠和质量统一，显著降低采购成本。

集中采购策略利用规模优势，通过区域或工区集中大规模地采购通用物资，从而压低价格，降低成本。

招标采购适用于重要且采购量大、价值高且市场竞争激烈的物资，采用招标采购，综合评估供应商资质、技术、生产、服务等，科学评标，有效压低采购成本。

询价采购适用于采购量少、供应渠道多、市场竞争充分的物资，通过网上询价，选择性价比最优的供应商，实现采购成本降低。

4．建立月度物资市场行情分析制度

面对多变的物资市场，需精准把握其规律以掌握物资供应的主动权。工区物资管理部门应月度分析主要物资供需情况，广泛调研供应商与参建单位，形成市场分析报告，通报各企业，以增强其市场洞察力、资源获取力及议价能力，并为物资采购提供价格参照。

5．推进进口物资国产化

施工过程中，鉴于进口物资成本高、周期长，为提速降本，可推进物资国产化。通过国内技术攻关，实现物资国产化，降低采购成本。

三、物资采购资金管理

（一）资金管理概述

1．资金集中管理概念

资金集中管理是指企业通过商业银行网上银行及信息技术手段，将下属企业的资金汇集至总部，实现统一调度、管理和运用，涵盖资金归集、内部结算、融资、外汇及支付管理等方面。

2．集团企业资金集中管理模式

（1）统收统支模式。该模式下企业的所有资金高度集中于集团总部的财务部门，分支机构或子企业无独立账户，所有现金收支均由总部财务部门审批并处理。

（2）拨付备用金模式。该模式下集团定期向分支机构或子企业拨付备用金，这些分支机构或子公司会根据支出凭证向集团总部申请报销，用于补充其备用金。

（3）结算中心模式。该模式下集团内设结算中心，该中心独立运作于财务部门之中，负责处理集团内部各分支机构或子公司之间的现金收付及结算事务。

（4）内部银行模式。该模式借鉴银行职能与管理方式，建立内部资金管理机构，负责企业内部的结算、资金调拨与运筹。

（5）财务公司模式。财务公司作为非银行金融机构，执行集团内部的资金集中结算任务，并提供包括资金结算、贷款服务、融资租赁以及担保业务在内的综合性金融服务。

（二）区域集中采购资金管理

1．区域集中采购资金结算特点

在业务操作上，采用采购与付款岗位分离，贷款支付与审批岗位分离，实现相互监督与制约，确保资金安全。

在支付策略上，根据供应商类型、物资属性及市场供求关系，优先保障战略供应商、主力供应商及关键物资的资金需求。

在支付方式上，结合付款期限与条件，灵活选择银行转账、票据支付、电子支付、信用证支付等结算方式，提升资金使用效率并降低成本。

2．区域集中采购资金结算业务流程与运作

区域集中采购资金支付流程分为资金预算、资金支付申请、资金支付审批、资金支付四个环节。

（1）采购资金预算。采购资金预算分为年度资金预算、半年资金预算、月度资金预算。物资管理部门根据物资计划，会同采购、财务部门编制采购资金计划，用于指导资金筹集和平衡。财务部门依据采购资金计划编制采购资金预算，逐级审批后，财务部门依据年度 / 半年采购资金预算和采购部门每月的付款计划，进行综合平衡，分解落实月度资金。编制采购资金预算时，每一项预算都要细化到合同、物资类别、采购数量、采购金额、对方单位等，提高预算的准确度。

（2）采购资金支付申请。采购部门依据已挂账的合同、发票、入库单在信息系统内提交付款申请。

（3）采购资金支付审批。根据付款业务的类别与金额，由采购、财务、法律部门及上级负责人按权限逐级审批。

（4）采购资金分类支付。财务部门依据审批后的单据办理付款，确保单据一致性，即发票出具人与发票专用章的名称一致，发票出具人与合同约定的供应商一致，收款人与发票出具人一致，发票内容与付款申请单所述内容一致。

①预付货款的支付。

a.长周期设备、材料预付款。

长周期设备（制造期六个月以上）、材料预付款按合同执行，最高不超过合同金额的50%，付款方式优先使用三个月以上的银行承兑汇票。

b.长周期设备采购进度款。

长周期设备（制造期六个月以上）采购进度款应依据审核后的制造进度证明材料，按照制造进度申请支付。

c.一般预付款。

一般预付款实行额度管理，采购部门提出预付款额度申请，按照规定审核各供应商的预付款额度，且同一供应商的预付款总和不得超过审定额度。

②应付账款的支付。

应付账款支付按资金计划、到期质保金、供应商挂账顺序及物资属性综合考虑，同时应优先保障关键供应商与紧急物资的资金支付。

3．区域集中采购资金结算的风险控制

采购资金风险控制是指对采购资金使用过程中存在的舞弊风险、失控风险、差错风险等采取相应措施进行防范，以保障资金安全。

（1）进行不相容岗位分离控制，防范资金支付舞弊风险。实施不相容岗位分离，采购、付款申请、审批、执行、会计核算及出纳等环节相互独立，确保监督制衡，预防资金支付舞弊。

（2）进行付款审批控制，防范资金支付失控风险。建立严格的付款审批制度，明确审批部门、流程及权限，确保所有采购资金的支付均经合规审批，防范资金失控风险。

（3）进行付款审核控制，防范资金支付差错风险。强化付款审核，财务部门全面审核付款申请，核实手续、单据、金额及收款单位等信息，确保准确无误，降低差错风险。

（4）进行往来账对账控制，防范资金支付差错风险。加强月度往来账对账，财务部门与供应商定期核对，及时发现并处理差异，确保资金支付准确无误。

（三）区域集中采购供应结算管理

施工集团公司（股份公司）所属单位、物资供应部门作为甲乙方签订内部结算协议，作为内部结算的基础。协议主要内容包括结算期限、结算品种、结算流程和付款方式等，用于明确供销双方及财务公司的责任、权利、义务。

1. 区域集中采购供应结算业务流程与运作

区域集中采购供应结算流程分为出库、转账结算、资金划转三个环节。

（1）出库。采购部门开具调拨单，参建企业物资保障部门验收确认后在调拨单上签字并加盖备案章办理出库。

（2）转账结算。财务部门凭签字盖章后的调拨单，向参建企业开具增值税发票，同时将发票信息录入公司资金管理信息系统，发票和调拨单由采购部门递交参建企业物资保障部门。

（3）资金划转。结算到期日当天公司将货款从各参建企业账户自动划拨到区域物资归口管理部门的账户。

2. 区域集中采购供应结算的风险控制

供应结算风险控制是指对物资供应过程中存在的无调拨单发料风险、应收款项不能收回风险进行防范。

（1）发料控制。

发料时，仓储部门依据采购部门在信息系统中开具的调拨单发料，无调拨单不得发料。

（2）应收款项控制。

①划分应收款项账龄。

结算期或合同付款期内的正常应收款；超过结算期，但账龄不超过 3 个月的应收款；账龄在 3～6 个月的应收款；账龄在 6 个月～1 年的应收款；账龄在 1～2 年的应收款；账龄在 2～3 年的应收款；账龄在 3 年以上的应收款。

②应收款项的清收。

采购部门为应收款项主要责任方，负责催收工作。财务部门每月月末编制应收款明细，分析并核对金额，定期与欠款方确认并催收。对逾期 3 个月未收回的，加紧专项催收。逾期超 1 年则指定专人催收，坏账造成的损失应依情况给予责任人处罚。

四、物资成本核算

（一）物资成本核算的概念、重要性及目的

1．物资成本核算的概念

物资成本核算是以货币或实物计量，遵循价值规律，记录并分析企业在采购、供应、储备、消耗等物资管理活动中的材料数量、费用，按性质和责任单位分类汇总，以评估材料消耗总量、费用总额及单项材料消耗情况，旨在总结经验、发现问题、提升管理水平。工程项目物资成本核算包括材料消耗数量的核算、材料消耗价值的核算和材料费节超的综合核算。

2．物资成本核算的重要性

物资成本核算是工程经济核算的关键，反映企业管理水平，物资成本直接影响企业效益与生存。在市场竞争中，施工企业需强化管理，降低成本以提升经济效益。在工程项目中，物资成本占工程成本的60%左右，物资的采购、供应、使用效率对经济指标尤其是经济效益影响重大。因此，施工单位应重视物资成本核算，有效控制物资成本，以降低工程成本，提升整体经济效益。

3．物资成本核算的目的

物资成本核算旨在通过构建全面的成本管理思维，优化成本控制框架，比较并改良核算方法，实时掌握并准确分析成本管控情况，从而快速响应问题，降低成本，提高项目效益，为企业管理和决策提供有力支持。

（二）物资成本核算的对象、分类及程序

物资核算反映在两个方面：一是建筑工程规定的物资定额消耗量与施工过程中物资实际消耗量之间的“量差”；二是物资核算价格与实际供应材料价格之间的“价差”。

1．物资成本核算的对象

在项目施工过程中，物资成本核算的对象是主体工程及临时工程所耗用的主要材料、辅助材料、周转材料等。

（1）主要材料。如钢材、水泥、砂石料、商品混凝土、防水材料、土工材料等，一般按数量核算。

（2）辅助材料。如五金机电产品等，一般根据工程定额费率核算。

（3）周转材料。如钢模板、木模板、钢管、扣件等，一般根据工程总费率及周转材料周转率进行核算。

2．物资成本核算的分类

（1）按工程材料分类。可分为主要材料（如钢材、水泥等）核算、周转材料（如钢模板、架管等）核算、其他材料核算等。

（2）按分部工程分类。可分为桩基核算、承台核算、墩柱核算、梁核算等。

（3）按分项工程分类。可分为桥梁核算、路基核算、隧道核算等。

（4）按施工时间分类。可分为期间核算和完工核算。

3．物资成本核算的程序

（1）设定成本周期及量价定额，技术部门提供物资需用定额作为核算标准。

（2）物资部门与财务部门根据原始单据确认实际消耗，计算物资量作为核算变量。

（3）按需分类核算，比较标准与变量值，评估管控情况、问题及风险。

（4）应用核算结果，奖惩结合，改进管理，提升管控水平。

（三）物资成本控制措施

1．掌握降低材料成本的三个基本途径

（1）在采购过程中降低材料成本价格。

（2）在生产过程中降低材料消耗数量。

（3）在管理过程中减少损失和浪费。

2．控制好两个市场

（1）外部市场：明确供应主渠道，了解周边地区市场。

（2）内部市场：提高管理意识，加速资金周转。

3．做好六个方面的工作

（1）强化物资计划，精准预测需求，优化采购与资金运用，降低成本，提升经济效益。

（2）严格采购流程，规范采购行为，持续挖掘市场潜力，防腐败，促廉洁采购。

（3）明确供应渠道，区分甲供、甲控、自购，规避垄断，合理授权。

（4）实施限额供料，以定额管控物资消耗，建立节超奖惩机制，挂钩效率与效益，强化成本闭环管理。

（5）加强周转材料管理，提高使用效率。

（6）建设高素质物资管理团队，融合经营、技术、市场、法律、财务等知识。

（四）物资成本核算制度及实施

1．物资成本核算制度

物资成本核算制度是企业为规范物资采购、入库、出库及损耗等环节的成本归集、分配与管控而制定的系统性规则，旨在准确反映物资在生产经营过程中的价值消耗。该制度通常明确核算范围（涵盖原材料、辅助材料、周转材料等）、计价方法（如先进先出法、加权平均法）、分摊标准（按工程量、产值比例等），并对采购合同审批、出入库单据填报、库存盘点流程、财务对账规则等作出具体规定，同时结合信息化工具实现数据跨部门协同，确保物资成本核算与项目预算、财务结算相衔接，为成本分析、预算控制及经营决策提供真实可靠的数据支撑。

2．物资成本核算工作的实施

（1）同步原则。

项目物资消耗遵循“三同步”原则，与工程进度、劳务计价、财务核算同步。实施逐日记录、月底盘点、核算用量、节超分析及考核流程，确保日清月结。物资核算包括数量、价值及费用节超，依据台账、报表、盘点表及合同，分析数量、价值、费用，核算消耗、差异及盈亏，为验工计价及成本核算提供精准数据，确保物资消耗与计价量匹配，真实反映工程成本。

（2）完善物资消耗管理。

①物资部门应按限额供料，分施工队或工程记账，明确区分各类用料，清晰划分成本项目。

②设定合理损耗系数，定期核销物资并摊销周转材料。掌握设计数量及损耗系数，建立限额台账，控制总量与发料，逐日登记并与应耗量对比。

③每月 25 日截止材料清算，25—28 日施工队负责人或授权人需签字确认。逾期未签，物资部门可直接转财务计成本，并更新台账核算消耗。

（3）工程项目物资核算方法。

①工程项目物资核算活动的责任和范围界定。

项目领导协同工程、计划、物资部门，按月核算施工队 / 单项工程的材料用量并汇总。月底对比成本与实际采购，确认价格、应耗量与消耗量。物资部门盘点库存，超耗需查明原因，不符设计则索赔，非正常超耗扣料款。每月 25 日，项目部组织全面库存盘点，涵盖各类物资，编制报表并交财务。

工程部门确保工程量与现场一致，核算消耗并与计划部门确认变更量。计划部门为验工计价确认已完工程量。物资部门掌握库存与消耗，支持成本核算与采购。施工队负责人参与确保盘点准确。

盘点的范围覆盖所有施工队 / 单位工程，内容包含项目部供应的原材料、半成品、周转材料、小型机具库存。按品种、规格、施工队细分后填写盘点表，签字确认并上报。每月 25 日结账，调整支出匹配盘点，月末对账。物资管理部门定期分析成本，核算节超，并在信息系统中自动生成报表。

②材料消耗数量的核算。

对比实际消耗量与应耗量，核算节超并考核损耗率，纠偏后期消耗。依据中标文件及计量标准，核定材料总量及明细，适时调整应耗量。正量差为节约，负量差为超耗，超耗按合同扣款，节约需查明原因以防偷工减料并处理。

材料消耗数量的核算公式如下。

应耗量=实物工程量×消耗定额=理论数量×（1＋合同损耗率）

=图纸设计数量＋合理损耗量

实耗量，即实际消耗的数量。

材料节（+）超（–）量（量差）=应耗量–实耗量

节（+）超（–）率=［材料节（+）超（–）量 / 应耗量］×100%

量差金额=量差×采购单价

③材料消耗价值的核算。

增值税作为价外税，需要对材料金额和税额分别进行独立核算，单价、金额均按不含税成本核算。

投标单价：工程投标书中确定的材料单价。

责任单价：公司在项目成本测算时确定的材料单价。

标准单价：各项目部依据不同工程，参考材料的市场价格水平（或预算价格），并由计划、物资管理及财务等部门共同制定出的一个综合单价，以此作为施工队伍的结算依据。

购入单价：实际采购的单价，可用某类物资实际购入总金额与该类物资采购总数量的商计算。

材料消耗价值的核算公式如下。

材料消耗价值降低（＋）提高（–）额（价差）=责任单价（投标单价）– 购入单价

价差金额=应耗量×价差

④材料费节超的综合核算。

材料费节超综合核算是衡量项目部乃至企业物资经济效益的重要指标。该核算以项目部为单位，依据工程项目、合同以及材料需求计划，根据投标单价或责任单价计算应支费用，然后与实际支出进行对比，从而评估节超情况。材料费节超的核算公式如下。

应耗材料成本=应耗量×责任单价（或投标单价）

实耗材料成本=实耗量×购入单价

材料消耗成本降低（+）提高（–）额=应耗材料成本–实耗材料成本

材料消耗成本降低（+）提高（–）率=材料消耗成本降低（+）提高（–）额 / 应耗材料成本×100%

⑤对专业分包方工程要实行核算监控制度，严禁材料费超支。分包方的物资应纳入统一核销及成本核算范围，以避免成本核算不实。

（4）主要物资的节超核算。

物资节超核算需确保对象合理，独立核算劳务合同单位，如搅拌站、钢筋班、施工队，严禁合并核算，整体项目汇总分析。

①混凝土拌合站的节超核算。

a.生产混凝土使用原材料的节超核算。项目部物资核算员汇总各拌合站的水泥、外加剂、粉煤灰、砂子、碎石累计供应量；各拌合站收料员统计并确认拌合混凝土累计方量，附施工队签字的发放单与过磅单；物资核算员依据施工配合比及混凝土累计方量，编制自拌混凝土原材料计算表，计算水泥、砂子、碎石、外加剂等累计应耗量；若拌合站配备混凝土管理系统，则以系统生成的混凝土生产量及原材料应耗量（含场内运输与操作损耗）为准；通过累计供应量减去库存量得出实际消耗量，与按施工配合比（含合理损耗）计算的应耗量对比，核算节超情况，并按规定奖罚。核算表需附物资盘点表、混凝土生产统计表、施工配合比及原材料计算表等资料。

b.混凝土消耗节超核算。拌合站每月核算时，按混凝土出库单汇总各施工队接收的混凝土数量，并将明细分发给物资和计划部门；物资部门根据明细及总量，确定混凝土实耗量，并与工程部门提供的应耗量对比，编制混凝土材料消耗节超统计分析表，以核算节超情况。

②钢材的节超核算。

a.钢材实耗数量统计。根据供应量、盘点表等准确统计本期钢材实耗数量，计算公式如下。

本期实耗=上期库存+本期收入–本期库存

b.钢材损耗系数确定。合同明确损耗系数的，按照施工合同约定；合同未明确损耗系数的，由项目计划、工程与物资部门协商确定，或参照施工定额；临时工程或技术措施材料消耗，由工程部门提供资料，项目总工程师审核；所有损耗约定均须符合行业规范与规定。

c.钢材消耗量的确认。钢材应耗量由工程和计划部门提供，经项目总工程师审核确定。钢材实耗量由物资部门提供，由其分管领导审核确定。

d.钢材节超核算。根据钢材应耗量（含合理损耗）与实耗量进行计算，得到节超量，对节超结果按规定给予奖罚。

e.钢材节超汇总与分析。根据钢材节超数据，填报各施工队及项目部材料消耗节超统计分析表。既要关注异常超耗，也要关注异常节余，深入分析，找出原因。

③油料的节超核算。

a.油料实行单机单车核算，确定每台设备的油料消耗定额。在项目启动后的前三个月内，完成对自有设备以及租赁设备的燃油消耗标准的实际测量工作。

b.项目调度员（或设备管理人员）需登记每台设备每日工作时间，并确保施工设备均装有计时装置以便准确记录。

c.油料管理员负责汇总每台设备每月实际领取的燃油数量。

d.项目部物资成本核算人员需依据每台设备的实际油耗与定额油耗，计算油料节超情况，并按规定给予奖惩。

④其他物资的节超核算。

a.物资部门核算人员统计累计物资供应量。

b.工程部门统计累计完成工程所需物资应耗量（含合理损耗），并移交物资部门。

c.物资部门计算实耗量（累计供应–库存），与应耗量对比得出节超量，分析原因，制定改进措施，并按规定给予奖罚。

（五）材料消耗统计分析

1．材料消耗统计分析表格

（1）材料消耗节超统计分析表。由施工队及项目部依据物资台账、盘点表和工程部门提供的应耗表编制材料消耗节超统计分析表，主要材料填数量和金额，辅助材料填实际金额。

（2）周转材料自有情况统计表与周转材料租赁统计表。周转材料分为自有、内租、外租三种。自有周转材料的费用根据摊销单和台账编制周转材料自有情况统计表；内租、外租周转材料的费用根据租赁结算单编制周转材料租赁情况统计表。可回收不用于工程的自有材料按自有周转材料统计。

（3）处理废旧物资统计表。根据废旧物资管理台账编制处理废旧物资统计表。

注意：确保材料消耗费用、自有周转材料摊销费用、租赁周转材料费用与财务账目一致。

2．材料消耗节超分析

（1）重点分析各施工队当月累计材料消耗节超，尤其关注异常超耗与节余。需结合工程应耗、物资采购、入库、保管、出库及施工使用等环节，详细核查原因。材料消耗节超分析必须形成书面报告，并在分析会上通报。分析报告包含以下内容。

①节超原因分析及整改措施（由单位分管领导组织相关部门及施工队人员进行），分析应从以下方面展开：物资收、发料环节的控制；应耗量与实际消耗量的对比控制；物资质量对配合比及成本的影响；小型机具、周转材料的质量与损耗；自然灾害造成的损失；物资需用量计划的及时性与紧急采购费用；物资供应的及时性与合同兑现率；物资到货的质量问题（如质次、规格不符、错发等）；物资到货不均衡性的影响；合同不兑现造成的损失；变更设计造成的物资积压和损失；采购及保管费与预算的对比；实际购入原价与预算和上年的对比；仓储损耗的价值；物资积压的原因与库存比重；限额领料、优化试验配合比、推行新工艺新材料的量差节超；修旧利废产值对量差节约的影响；有定额的材料消耗占总消耗的比重；钢材理论质量与实际质量的偏差对量差节超的影响；变更设计和预算漏项对物资消耗量差额考核的影响。

②施工队节约或超耗的材料由物资、计划及财务部门在本计价期内按合同约定进行处置的情况。

③依据项目制定的核算考核制度，兑现奖惩情况。

④评估并总结前期制定的改进措施的实施效果，持续推动优化与提升。

（2）物资部门对下列原因形成的成本增支负直接责任。

①因采购的材料、规格、型号、质量与设计不符而造成的成本增加或经济损失。

②未按招标采购程序采购以及所采购的材料价格高于市场价格或同期同地其他单位的采购价格，所形成的成本增支或经济损失。

③因内部因素导致材料供应延误，进而产生的停工损失。

④材料采购未遵循计划，导致库存过剩及资源浪费。

（3）物资成本核算盈亏对比分析。

①量差盈亏分析：（设计量×损耗系数–实际消耗数量）×购入单价。

②价差盈亏分析：（责任单价–购入单价）×实际消耗数量。

第三节　物资成本管控的关键策略与环节控制

一、供应商选择层面

供应商选择是物资成本管控的起点与根基。摒弃单纯的竞价采购，致力于构建基于长期信任、信息透明的战略协同伙伴关系。通过建立科学的供应商评估与准入机制，优选具备稳定供应能力、技术创新潜力、良好质量信誉及成本优化意愿的核心供应商。深化合作，探索联合研发、供应商管理库存等模式，共同降低供应链总成本，有效管控供应风险，并为后续环节奠定稳定、经济的物质基础。

二、采购管理层面

采购管理是物资成本管控的核心枢纽。其关键在于依托供应链信息平台，实现项目需求计划、实时库存数据、供应商产能信息及市场动态的高度整合与共享。推行跨部门协同编制精准的物资需求与采购计划，确保计划紧密匹配工程进度、技术要求和成本预算。在采购执行中，运用科学的采购策略，并强化采购过程监督与成本效益分析。通过精准的计划驱动采购决策与高效执行，有效避免缺料停工、减少库存积压、杜绝超预算采购，实现成本的最优控制。

三、仓储管理层面

仓储管理是物资成本管控的关键缓冲与成本中心。运用供应链精益思想优化库存策略与仓储作业流程。严格执行物资入库检验标准，确保材料质量与数量准确无误。采用科学的仓储管理方法，合理规划库区布局，提升空间利用率。基于实时需求信息和供应节奏，动态优化库存水平，实施经济订货量模型，显著降低库存资金占用、仓储租金、管理维护等持有成本。同时，优化内部物流配送路径，减少二次搬运和无效流转，有效控制物资在仓储环节的时空成本。

四、现场消耗管理层面

现场消耗是物资成本管控的终端执行与效果检验点。其核心在于建立消耗数据的实时采集、监控与反馈机制，形成闭环管理。利用物联网、移动终端等技术手段，对材料领用、使用、损耗及余料退库进行全过程、精细化跟踪记录。推行严格的限额领料制度，加强劳务队伍的材料使用过程监督与责任考核。对关键材料进行消耗量差异分析，及时识别超耗原因并采取纠偏措施。强化余料、废料回收管理，提高材料利用率。现场消耗的实时、准确数据不仅是成本核算的依据，更是反哺上游计划采购、仓储管理的重要信息流，驱动采购策略调整、库存策略优化，实现物资成本的全过程、动态化精益管控。

案例分析

某桥梁建设项目物资成本管控案例

在某跨江大桥建设项目中，全长 3.2 公里的主桥工程因工期紧、技术难度大，对物资管理提出极高要求。项目初期，由于管理层将重心过度倾斜于施工进度，物资管理体系存在诸多漏洞。

物资采购环节，采购团队仅凭过往合作印象选择供应商，未建立系统的市场调研机制。以直径 28 毫米的螺纹钢为例，实际采购单价为 5 800 元 / 吨，而同期市场优质供应商报价仅 5 200 元 / 吨，每吨价差达 600 元。进场验收时，质检人员未严格执行抽样检测标准，导致 200 吨屈服强度不达标的钢材混入，后因无法满足施工要求被迫退换，产生额外运输、仓储成本约 8 万元。

施工过程中，物资领用管理混乱。没有规范的领料台账，工人随意取用物资，导致钢筋边角料浪费严重，累计浪费钢筋达 50 吨；混凝土浇筑缺乏精准规划，因配比失误、过量搅拌等问题，使得混凝土损耗率高达 15%。项目进行到中期，经成本核算发现，仅钢筋和混凝土两项物资成本就超支 1 200 万元，占物资总成本超支额的 70%。

为扭转局面，项目部成立由项目经理牵头，采购、技术、财务等部门组成的物资管理专项小组。在采购方面，搭建供应商比价库，涵盖 300 余家合格供应商信息，运用电子招标系统公开透明招标，最终使螺纹钢采购单价降至 5 300 元 / 吨。引入智能称重设备和 AI 图像识别技术，对进场物资进行全方位检测，钢材不合格率从初期的 5%下降至 0.8%。

物资使用环节，推行限额领料制度，根据施工图纸和 BIM 模型精确计算各工段物资用量，并将责任落实到班组。同时，对工人开展物资节约培训，设置奖惩机制。通过 BIM 技术模拟混凝土浇筑过程，优化配比方案，最终将混凝土损耗率降至 7%，节约混凝土 1 200 立方米。

经过一系列成本控制措施，项目物资成本从超支 20%逐步扭转为较调整后预算节约 12%，节省成本约 800 万元，既保障了项目经济效益，也为后续同类工程积累了宝贵的物资管理经验。

本 章 小 结

本章深入探讨了项目物资成本管理的核心内容，对“物资成本”这一概念进行了清晰的界定，明确了其在项目管理中的独特地位和作用。通过有效的物资成本管理，项目团队可以降低不必要的成本支出，提高资金利用效率，从而增强项目的整体竞争力。为了实现这一目标，本章探讨了影响物资成本的各种因素，包括市场价格波动、采购策略选择、库存管理以及物流费用等。

第十二章　工程项目物资风险评价与防范

物资风险管控是项目稳健实施的重要保障。本章从风险定义与建筑工程风险成因入手，将物资风险划分为供应商信用、采购流程、运输存储等类别，运用头脑风暴法、德尔菲法等工具进行风险识别，通过敏感性分析、决策树法等量化风险影响程度。针对不同风险等级，制定风险回避、预防、转移等控制对策，建立风险监控与预警机制，结合案例阐释合规管理与应急响应在风险处置中的关键作用，形成覆盖风险识别、评估、应对的全流程管理体系，为项目物资安全运营提供决策支撑。

第一节　总 体 概 述

一、物资风险管理概述

（一）风险及风险管理的概念

风险是指在特定情境与时间段内，实际结果与预期目标之间可能存在的偏差。构成风险的两大要素为不确定性因素和可能引发的负面后果。

风险管理是一项系统性的管理活动，它涵盖了风险的识别、量化评估以及制定和实施应对策略的全过程。

与风险有关的概念如下。

（1）风险因素。风险因素是指那些能够引发或加剧损失的条件或要素，它们可以分为自然因素、道德因素和心理因素。

（2）风险事件。风险事件是指那些偶发且导致损失的事件，它们是造成损失的外在或直接触发因素。

（3）损失。损失是指经济价值的减少，包括直接损失和间接损失。

风险因素、风险事件、损失与风险之间的关系为风险因素→风险事件→损失→风险。

风险管理的目的是最小化可避免的风险、成本及损失。在理想状况下，优先处理会造成最大损失且发生概率较高的事件。但在实际情况中，风险程度与发生概率往往不完全匹配，因此需综合考虑确定处理顺序。风险管理还需考虑如何有效运用资源，因投入风险管理可能减少其他潜在报酬活动的资源；风险管理的目标是以最少资源化解最大危机。

（二）建筑工程项目风险产生的原因

建筑工程项目风险产生的原因包括外部环境难以预料、项目本身复杂、人们认识和预测能力有限。具体原因如下。

（1）对项目各因素认识不足，难以清晰描述项目目的、内容等及其与环境的关系。

（2）因缺少信息、尺度或准则，项目变数数值具有不确定性，难以获取准确数据或确定计量尺度。

（3）项目预测、分析与评价具有不确定性，无法确定事件预期结果及发生概率。

（4）项目建设过程中可能出现无法预测的突发事件。

（三）物资风险管理的作用

使决策科学化，减少项目风险，确保目标实现；深化项目风险意识，评估方案的优势与不足，以减少或分散风险；提升项目计划可信度，提高项目执行中的内外沟通效率；使应急反应计划更具针对性，即使风险无法避免，也能减少损失；组织处理风险的各种方式，提高项目管理的主动性；为制定项目应急计划提供依据，便于抓住与利用机遇。

（四）物资风险管理的特征

（1）客观性和普遍性。风险客观存在且贯穿于项目整个寿命周期，人们虽然无法彻底消除风险，但可以通过改变其存在和发生的条件，来降低其发生的频率和减少可能造成的损失。

（2）偶然性与必然性。具体风险的发生是偶然的，但大量风险事故呈现明显的规律。

（3）可变性。建筑工程项目中，风险在质和量上会发生变化，随着项目进展，风险可能得到控制或产生新风险。

（4）多样性和多层次性。建筑工程项目面临的风险多种多样，且风险因素之间的关系错综复杂，显示出多层次性。

二、物资风险分类

（一）供应商风险

供应商风险是工程项目物资管理面临的重要风险。供应商可能面临生产能力不足、产品质量不稳、交付周期难保等问题，进而影响工程顺利进行。为降低此风险，企业应强化供应商选择与评估，确保供应商信誉良好、供应稳定。采购过程中，应定期审查供应商，及时发现并解决潜在问题。

1．市场风险

（1）供应价格风险。供应价格风险影响企业成本及利润计划，若超出可接受范围，将引发销售风险，破坏营销战略平衡，成为营销风险管理的关键。

（2）洽谈风险。洽谈风险是指企业在采购业务中因供应商设下陷阱而面临的风险，如提供虚假信息、骗取公正报告、贬低竞争企业、限制信息获取、谈判中误导以解除责任、给予虚假优惠和承诺等。

（3）误导计划风险。误导计划风险是指因市场变化误导采购决策，导致采购错误，带来经济损失。主观判断与实际情况的差异需适度控制，否则将严重阻碍企业营销活动。

2．信用风险

（1）合同风险。合同风险涵盖欺诈、空头、陷阱、条款变更及违约等，可能让企业面临意外损失，特别是供应商违约时，企业易受损。

（2）结算风险。结算风险是指企业与供应商在货款结算时的各种潜在风险，如货款划拨后货物不能按时购回、物品不符合要求、上当受骗等。

（二）采购过程风险

采购过程风险主要体现在舞弊行为、价格波动、合同违约等方面。为防范此风险，企业应规范采购流程，强化采购文件管理，确保采购信息的透明度和公正性，并建立有效的合同管理体系，明确合同条款和双方责任。针对价格波动风险，企业可采取多元化采购策略、建立物资价格信息库等措施规避。

（1）物资采购的外因风险主要由外部环境导致，难以完全避免，包括价格波动、质量不符、材料贬值以及合同欺诈等风险。

（2）物资采购的内因风险主要源于管理不善与制度缺陷，包括采购方案不合理导致的偏差、合同订立与管理的混乱、验收不严格未发现物资问题，以及采购人员的责任心不足、违规操作等。

（三）物资管理风险

（1）不良品质风险。物资质量不达标会导致工程延误、安全隐患和额外成本。因此，选择合适供应商并进行质量控制和监督至关重要。

（2）物资供应风险。工程项目需大量物资，供应商问题会严重影响项目进度，如交货延期、货物短缺等。需选择可靠供应商，进行评估、监督，并制定备选方案。

（3）物资存储风险。物资存储也存在天气、盗窃等风险。保证存储安全非常重要，需选择合适存储方式和场地，并设立安保措施。

（四）物资运输风险

物资运输风险包括物资延误、损坏、丢失等问题。为降低风险，企业应选可靠的物流服务商，并签订合同明确服务标准与赔偿条款。运输过程中，需加强与物流服务商的沟通与协作，实时监控运输状态，确保物资安全到达。

1．与托运人之间的风险

（1）货物灭损赔偿风险可能源于运输、仓储、装卸、配送等多个环节，由不可抗力、火灾等客观原因或野蛮装卸、偷盗等人为因素引发。

（2）延时配送责任风险，在 JIT（准时制）原则下，延时配送可能导致客户索赔，企业需按物流服务协议承担违约赔偿责任。

（3）错发错运风险通常因分拨路径错误产生，如制单字迹不清、信息系统故障、操作疏忽等，造成客户损失构成侵权责任。同时，物流服务协议中的“准确配送”条款也可能让客户提出索赔，产生侵权责任与违约责任的重叠。

2．与分包商之间的风险

（1）传递性风险，指第三方物流企业能否通过分包协议将全部风险有效传递给分包商。如企业与客户的协议规定赔偿责任限额高于与分包商的协议限额，差额部分需由企业承担。选择赔偿责任限额低的公共服务类企业分包时，企业面临不能有效传递的风险。

（2）诈骗风险，涉及不良分包商，特别是无诚信的运输者，在承运货物后可能实施诈骗行为，致使货物丢失。

3．与社会公众之间的风险

（1）环境污染风险包括交通拥堵、尾气排放及噪声等，污染者需按法律法规向公众担责。

（2）交通肇事风险指司机履职时发生事故，民事责任由所属物流公司承担。

（3）危险品物流存在泄漏风险，威胁公众安全，相关企业需高度警惕。

（五）人员操作风险

人员操作风险主要涉及人员素质、操作规范等问题。为降低此风险，企业应定期培训与考核物资管理人员，提升其专业素质和技能，并建立健全的操作规范和流程，确保物资管理工作标准化、规范化。

（六）合法与合规风险

1．物资管理中的合法与合规风险

合法与合规风险主要指企业在物资管理中违反法律法规或内部规章的风险。

（1）合同风险。如合同不履行、合同纠纷等，需明确合同签订与履行要求，建立合同管理机制。

（2）知识产权风险。物资管理中涉及技术、专利等知识产权，企业需建立知识产权保护制度，遵守相关法律。

（3）质量安全风险。物资的质量安全直接影响企业产品的质量和消费者的权益，企业需明确质量控制要求，建立质量安全管理和监控机制。

（4）税务风险。物资管理涉及进货、存货、销售等涉税环节，企业需建立税务管理制度，合法申报纳税。

2．物资管理制度的合规性

（1）内控合规。物资管理制度需与内控体系及公司治理结构相符，保障内控有效。

（2）安全合规。制度需保障物资存储、运输安全，防范风险。

（3）诚信合规。企业需建立诚信制度，遵守商业道德，维护信誉。

3．物资管理制度合规管理策略

（1）制度完善与执行。企业需建立并执行全面物资管理制度，明确流程、责任，加强宣传培训。

（2）风险预测与防范。企业应预测并防范物资管理法律风险，建立风险管理机制，进行风险评估与尽职调查。

（3）法律合规意识培养。强化法律意识，通过培训提升员工对物资管理法律风险的认知。

（4）合规监控与纠正。建立合规监控机制，及时纠正违规行为，设立投诉举报渠道。

（七）自然环境风险

自然环境风险含地质灾害、气象灾害等，都可能会影响工程项目。企业可购买工程保险转嫁损失，实施前需详勘地质、预测气象，并制定预案。尽管自然风险难控，但通过采取识别风险、调整施工计划等措施可以减轻影响、降低损失。

（八）信息系统风险

信息系统风险主要包括系统故障、数据泄露等问题。为降低信息系统风险，企业应选择稳定可靠的信息系统，确保信息系统的安全性和稳定性。同时，企业应建立健全的信息安全管理制度，严格控制数据信息的访问和传输，防范信息泄露的风险。

第二节　风 险 识 别

建筑工程项目复杂，风险因素多样且影响错综复杂。风险识别旨在识别这些因素，鉴别其性质，并抓住主要因素，为风险分析与评价奠定基础。风险识别是风险管理的首要环节，需贯穿全程，以制定有效应对策略。常用的风险识别方法如下。

（一）头脑风暴法

1. 定义

通过组织专家群体召开专题会议，让参与者自由发表意见，借助集体智慧产生创造性思维，从而识别项目潜在风险的方法。其核心是鼓励“自由联想”和“不加批判”的观点碰撞。

2. 特点

（1）优势。集思广益，能在短时间内收集大量风险信息，覆盖多维度（技术、管理、环境等）。激发创造性思维，参与者可通过他人观点启发新思路。操作灵活，适合团队协作，成本较低。

（2）局限。受主持人引导能力影响大，若引导不当易偏离主题。可能因“从众心理”导致少数人观点被忽视。缺乏系统性，风险信息需后期整理分类。

3．实施步骤

（1）组建团队。邀请设计、施工、监理、成本等领域专家及项目管理人员。

（2）设定主题。明确聚焦“建筑工程风险识别”，如基坑开挖、工期延误等具体场景。

（3）自由发言。鼓励参与者无约束地提出风险点，如混凝土浇筑质量不合格、极端天气影响施工等。

（4）整理归纳。将所有观点分类，筛选出高频或关键风险，如安全事故、材料涨价等。

二、德尔菲法

1．定义

通过匿名方式反复征求多位专家的意见，经多轮反馈与修正，最终达成共识的风险识别方法。该方法避免专家面对面讨论的干扰，强调独立判断与意见收敛。

2．特点

（1）优势。匿名性：避免专家因权威或从众心理而影响判断，意见更客观。反馈性：通过多轮沟通让专家逐步调整观点，结果更具科学性。统计性：最终结果以量化方式（如概率、评分）呈现，便于分析。

（2）局限。周期长：需多轮反馈，耗时较长，不适合紧急项目。依赖专家质量：若专家对建筑工程领域认知不足，结果偏差大。缺乏灵活性：难以捕捉突发或新兴风险。

3．实施步骤

（1）选定专家。选取 10～15 位建筑工程领域资深专家，如设计院总工、施工企业高管等。

（2）第一轮调研。向专家发放问卷，列举潜在风险，如政策变更、地质勘察误差等，请其独立评分。

（3）统计反馈。整理专家意见，将中位数及关键观点匿名反馈给所有专家。

（4）多轮迭代。专家参考反馈后调整判断，重复 2～3 轮直至意见收敛。

（5）确定风险。筛选出评分高、共识度高的风险，如工程款拖欠、设计变更频繁等。

（三）财务状况分析法

1．定义

通过分析建筑工程项目相关财务数据（如预算、成本、现金流、报表等），识别潜在经济风险的方法。其核心是从财务指标异常中发现资金链、成本控制等问题。

2．特点

（1）优势。数据驱动：以客观财务数据为依据，结果可量化、可追溯。聚焦经济风险：精准识别成本超支、资金短缺、债务违约等直接影响项目收益的风险。适合全过程监控：可贯穿项目投标、施工、竣工各阶段。

（2）局限。仅反映经济层面：无法覆盖技术、安全、法律等非财务风险。依赖数据准确性：若财务数据失真（如成本核算错误），易导致误判。滞后性：风险可能已发生才在财务数据中体现，难以及时预警。

3．实施步骤

（1）预算对比。对比实际成本与预算（如人工、材料、机械费用偏差），识别材料价格暴涨、窝工导致人工成本超支等风险。

（2）现金流分析。通过现金流量表判断业主付款延迟是否导致项目资金链断裂。

（3）财务比率。计算流动比率（流动资产／流动负债），若小于1则可能面临短期偿债风险。

（4）盈亏平衡分析。确定项目保本点，评估工程量减少是否导致亏损。

第三节　风险分析与评价

一、风险分析与评价内容

（一）风险分析

建筑工程项目风险预测解决了项目有无风险因素的问题。建筑工程项目风险预测后，需进行风险分析，量化风险影响，为科学决策提供依据。风险分析聚焦于单个风险，深化预测结果，是风险评价的前提。作为风险管理中的一环，风险分析旨在探索所有可行方案，评估各方案的决策结果，预测项目偏离计划的情境。风险分析涉及风险发生概率与后果评估，强调理解客观条件变化规律并进行科学分析。风险分析目标分为损失发生前的目标与损失发生后的目标两类。

（1）损失发生前的目标：节约经营成本，降低损失发生概率，节约风险管控成本，减少风险焦虑，符合合规要求。

（2）损失发生后的目标：维持组织生存，使组织收益稳定且继续发展。

风险分析应遵循以下原则。

（1）风险回避是风险应对中的基础性原则之一。

（2）风险权衡原则建立在承认并接受某些不可避免的风险的基础上。

（3）风险处理成本最小化原则建立在接受某些风险的前提下，力求成本最低。

（4）风险成本与效益比例原则强调风险成本应与预期收益保持合理比例。

（5）社会费用最小化原则体现了企业对社会责任的担当。

（二）风险评价

风险评价基于风险预测与分析，综合考量风险间互动及其对项目的总体影响，与基准对比，量化风险对项目投资、工期等的具体影响。风险评价工作涵盖利用历史资料分析风险发生概率，评估损失量（工期、费用、质量等），确定风险等级。风险评价应实事求是，基于充分调研，旨在找到规避与转移风险的策略。

二、风险分析与评价方法

（一）风险损失量及风险等级

1．风险损失量

风险损失量指的是不确定的损失程度和损失发生的概率。若某风险事件的潜在损失大且发生概率高，则其风险损失量会显著增加。风险损失量的示意图如图 12-1 所示。

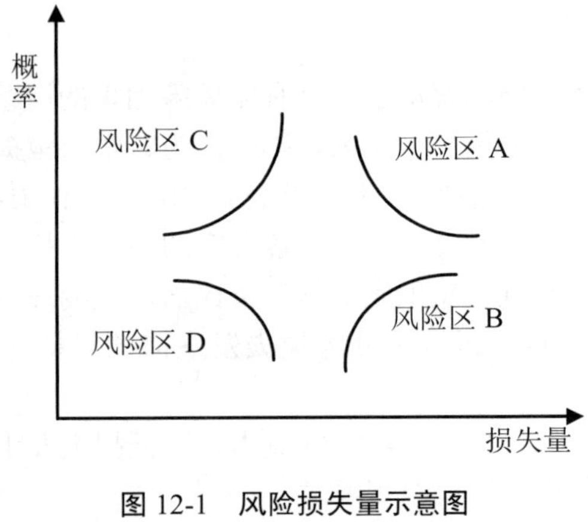

图 12-1　风险损失量示意图

经风险评估，若风险事件位于 A 区，则需采取措施降低其概率至 B 区或减小损失量至 C 区。对于 B 区和 C 区的风险事件，则需进一步采取措施，将其移至 D 区以降低风险。

2．风险等级

各风险区的风险等级：A 区为Ⅴ级风险，B 区和 C 区为Ⅲ级风险，D 区为Ⅰ级风险。风险等级见表 12-1 所列。

表 12-1　风险等级

可能性	风险等级		
	轻度损失	中度损失	重大损失
很大	Ⅲ	Ⅳ	Ⅴ
中等	Ⅱ	Ⅲ	Ⅳ
极小	Ⅰ	Ⅱ	Ⅲ

（二）敏感性分析法

敏感性分析法用于评估建筑工程项目主要变量如经营成本、投资、建设期等的变化对经济效益指标如内部收益率、净现值、投资回收期等的敏感程度。某建筑工程项目的敏感性分析如图 12-2 所示。

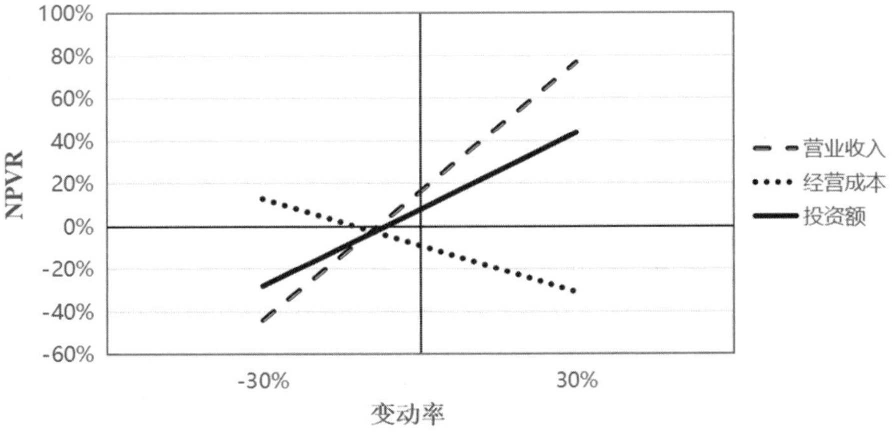

图 12-2　某建筑工程项目的敏感性分析

净现值（net present value，NPV）是指项目未来现金流的现值减去初始投资额。它是评估项目投资效益的一种方法，通过折现未来现金流量来确定项目的价值。NPV 反映了项目盈利的绝对值，值越大表示项目的盈利能力越强。在敏感性分析图中常用净现值率（net present value rate，NPVR）来衡量不同投资方案的获利能力大小，说明某项目单位投资现值所能实现的净现值大小。净现值率小，单位投资的收益就低；净现值率大，单位投资的收益就高。

通过敏感性分析，可以识别敏感因素，量化其影响，揭示潜在风险，助力风险控制与管理。同时，筛选最敏感因素，便于集中资源研究，降低不确定性，减少项目风险。

（三）决策树分析法

决策树分析法用树形图描述方案未来收益，以期望值为决策标准。未来情况不确定时，可根据历史资料估算各自然状态出现的概率。此方法计算的方案经济效果为概率期望值，与实际收益或有偏差。

1．决策树的绘制方法

决策树的绘制方法是先画起始方框表示决策点，然后延伸出代表不同方案的直线（方案树枝），在方案树枝末端画圆圈表示自然状态点，再从此点分出表示可能自然状态的直线（概率树枝），并标注概率，最后在概率树枝末端用三角形记录每种状态下的收益值或损失值，形成树枝状图形以辅助决策。根据上述步骤所画的图形即为决策树，它以方框、圆圈为节点，直线相连成树枝状，直观展现决策方案、自然状态、概率及损益期望，辅助决策者做出选择。

2．决策树分析法的解题步骤

第一步：列出方案。通过对资料的整理和分析，提出要解决的决策问题，针对具体问题列出方案，并绘制成表格。

第二步：绘制决策树，即制定决策方案，并预测未来事件。此过程需周密思考，逐步深入探索决策问题。从左至右绘制决策树。

第三步：计算各方案期望值。基于事件概率的潜在损益预测值不是确定收益，故称为期望值。从决策树右端节点开始计算，公式如下。

期望值=（各种自然状态的概率×收益值或损失值）

第四步：方案选择。在各决策点上比较各方案的期望值，以其中最大者为最佳方案。在被舍弃的方案树枝上画两杠表示剪枝。

（四）层次分析法

层次分析法是一种将与决策总是有关的元素分解成目标、准则、方案等层次，在此基础之上进行定性和定量分析的决策方法。在工程项目物资风险评价中，层次分析法通过建立层次结构模型、构造判断矩阵、计算权重向量、一致性检验以及综合评价、结果分析与决策等步骤，对风险进行系统、全面的评估。以下是具体步骤。

1．建立层次结构模型

（1）目标层。明确评价目标，即工程项目物资风险的综合评价。

（2）准则层。确定影响物资风险的主要因素，如供应商风险（供应能力、信誉、财务状况等）、市场风险（价格波动、供需关系等）、物流风险（运输延误、损坏等）、质量风险（产品缺陷、不符合标准等）等。

（3）方案层。列出具体的风险指标或风险事件，如供应商交货延迟、原材料价格上涨、运输途中货物损坏等。

2．构造判断矩阵

（1）两两比较。针对每一层次中各因素的相对重要性，采用1～9标度法（或其他标度法）进行两两比较，构造判断矩阵。例如，在准则层中，比较供应商风险与市场风险的相对重要性，若认为供应商风险比市场风险稍微重要，则赋值为3。

（2）构建矩阵。根据两两比较的结果，构建判断矩阵 $\boldsymbol{A}$，其中元素 a_{ij} 表示第 i 个因素相对于第 j 个因素的重要性程度。

3．计算权重向量

（1）特征向量法。计算判断矩阵 $\boldsymbol{A}$ 的最大特征值 $\lambda_{\max}$ 及其对应的特征向量 $\boldsymbol{W}$，将特征向量 $\boldsymbol{W}$ 归一化后得到各因素的权重向量。

（2）其他方法。也可采用和法、根法等近似计算方法求解权重向量。

4．一致性检验

（1）计算一致性指标CI。$CI=(\lambda_{\max}-n)/(n-1)$，其中 n 为判断矩阵的阶数。

（2）查找平均随机一致性指标RI。根据判断矩阵的阶数 n，查找对应的平均随机一致性指标RI值。

（3）计算一致性比率CR。$CR=CI/RI$。若 $CR<0.1$，则认为判断矩阵具有满意的一致性，权重向量合理；否则，需对判断矩阵进行调整，直至满足一致性要求。

5．综合评价

（1）单层次排序。对每一层次的元素进行排序，得到各元素相对于上一层次某元素的相对重要性权重。

（2）总层次排序。计算各方案层元素相对于目标层的综合权重，即各风险指标或风险事件对工程项目物资风险的综合影响程度。

（3）风险评估。根据综合权重的大小，对风险进行排序和分类，确定主要风险和次要风险，为风险管理提供决策依据。

6．结果分析与决策

（1）风险排序。根据综合权重，对风险进行排序，识别出对工程项目物资风险影响最大的因素。

（2）制定策略。针对主要风险，制定相应的风险管理策略和措施，如加强供应商管理、建立风险预警机制、优化物流方案等。

（3）持续监控。在项目实施过程中，持续监控风险状况，及时调整风险管理策略，确保项目顺利进行。

（五）模糊综合评价法

综合评价无法量化时，先构建因素集与评价集，再确定各因素权重，接着构造模糊关系矩阵，通过矩阵合成得到综合评价向量，最后对结果进行分析处理以确定评价对象的隶属等级。根据模糊数学理论，模糊综合评价的相关描述如下。

（1）为了便于评价因素的分配和核算，评价因素可以分为若干个类别，每个类别都可以设置第二级评价因素，以此类推，第二级评价因素中的每一个都可以设置第三级评价因素。

（2）评价因素值 F_v 是指评价因素的定量值。

（3）评价值 E 反映被评价因素的积极程度和消极程度。评价因素的最佳评价值为 1（100%）；不良评价因素的评价值取决于不良程度，其范围为 $0<E<1$。

（4）平均评价值 E_p 是指评价委员会成员评价的所有评价因素的平均值。

（5）权重 W 是指评价因素的水平。

（6）加权后的平均评价值 $E_{pw}=E_p\times W$。

（7）综合评价值 E_z 是同一层级评价因素加权平均评价值 E_{pw} 的总和，并且该综合评价值 E_z 用于对应上一级评价，为上一级评价提供综合性的量化依据。

第四节　风险监视方法

一、审核检查法

在工程项目物资管理过程中，审核检查法贯穿项目物资管理全周期，从物资采购建议书编制阶段开始，直至物资交付使用及项目结束。该方法涵盖物资技术规格审核、招标文件审核、物资采购与供应实施计划审核等多个关键环节。在物资技术规格审核方面，要仔细检查规格参数是否准确、完整，是否与项目实际需求相匹配，避免因规格参数错误导致采购的物资无法满足项目要求。招标文件审核时，重点审查物资采购条款、供应商资质要求、评标标准等内容，确保文件内容合法合规、公平公正，不存在模糊不清、相互矛盾或不利于项目物资管理的条款。物资采购与供应实施计划审核则关注计划的时间安排是否合理、资源分配是否恰当，以及与项目整体进度计划的协调性。审核检查工作需实时开展，一旦发现错误、矛盾或不一致之处，立即向相关责任人反馈，并督促其迅速采取措施解决问题，确保项目物资管理团队能够及时响应，保障物资供应的顺利进行。

二、费用偏差分析法

费用偏差分析法是评估工程项目物资采购预算与进度执行状况的重要工具，它通过对比当前实际完成的物资采购与供应工作与项目初期规划的工作内容，来校验项目在物资成本管理与时间控制层面是否符合原定计划要求。该方法主要涉及以下三项关键指标。

（1）计划工作量的预算成本（planned value，PV）。PV 是指在特定时间点，按照项目物资采购与供应计划，计划完成的工作量所对应的预算成本。它反映了项目在物资管理方面预期的成本投入进度。

（2）已完成工作量的实际成本（actual cost of work performed，ACWP）。ACWP 是指到某一时间点为止，实际已经完成的物资采购与供应工作所实际花费的成本。这一指标体现了项目物资管理的实际成本支出情况。

（3）已完成工作的预算成本（earned value，EV）。EV 是指根据项目物资采购与供应计划，到某一时间点实际已完成的工作量所对应的预算成本。它综合了项目进度和成本两个方面的信息，是衡量项目物资管理绩效的重要依据。

基于上述指标，可进行以下分析。

1．成本差异分析（cost variance，CV）

通过计算 EV 与 ACWP 之间的差额来衡量，即 CV= EV–ACWP。当 CV 值大于 0 时，表明项目物资采购与供应的成本控制得当，实际成本低于预算成本，项目在物资成本管理方面表现良好；当 CV 值等于 0 时，说明实际成本与预算成本相符；当 CV 值小于 0 时，则意味着项目物资采购与供应成本超支，需要采取措施进行成本控制。

2．进度差异分析（schedule variance，SV）

基于 EV 与 PV 之间的差值来判定，即 SV= EV–PV。SV 值大于 0 时，意味着项目物资采购与供应进展快于预期计划，显示出进度的正面提前；SV 值等于 0 时，表示项目物资采购与供应进度与计划相符；SV 值小于 0 时，则说明项目物资采购与供应进度滞后于计划，需要采取措施加快进度。

三、风险图表示法

基于工程项目物资风险评估的结果，精选出对项目影响最大的前十大关键风险进行密切监控。每月对这些关键风险进行复审，深入分析风险的变化情况，并制定针对性的风险规避计划。风险规避计划应包括具体的规避策略与详细措施。例如，对于供应商交货延迟风险，可采取增加备用供应商、提前与供应商沟通并签订严格的交货协议等措施；对于物资质量不合格风险，可加强质量检验环节、要求供应商提供质量保证承诺等。

同时，利用动态图表直观展示当月前十大风险及其状态、已采取的缓解措施及实施效果。动态图表可采用柱状图、折线图、雷达图等多种形式，通过不同颜色、线条或图形来区分风险等级、状态变化以及措施效果，使项目团队成员能够一目了然地了解物资风险的整体情况。通过持续的检查与评估，确保项目物资风险得到有效管理，项目团队能够灵活应对各种风险变化，保障项目物资供应的顺利进行。

第五节　建筑工程项目风险控制与管理

一、建筑工程项目风险控制的概念

在建筑项目的整个周期内，需持续收集并分析风险信息，进行风险预测与监控，并及时预警。风险控制涵盖识别、评估、评价及应对等全过程的监控，确保风险管理目标的实现。其目的在于验证风险管理效果，优化风险规避计划，收集反馈以指导未来决策。监控过程中需及时发现新风险并重新评估、规划、识别、评价和应对。

二、建筑工程项目风险控制对策

（一）实施风险控制对策应遵循的原则

1．主动性原则

对风险的发生要有预见性与先见性，项目的成败结果不是在结束时出现的，而是在开始时产生的，因此，要在风险发生之前采取主动措施来防范风险。

2．终身服务原则

在建筑工程项目的整个生命周期内，从启动至完成，均需持续进行风险研究预测、过程管控及风险评估。

3．理智性原则

回避大的风险，选择相对小的或者适当的风险。对于可能明显导致亏损的拟建项目就应该放弃，而对于某些风险超过承受能力，并且成功把握不大的拟建项目应该尽量回避。

（二）常用的风险控制对策

1．加强项目的竞争力分析

竞争力分析是研究建筑工程项目在国内外市场竞争中获胜的可能性和获利能力。评价人员应站在战略的高度，首先分析建筑工程项目的外部环境，寻求建筑工程项目的生存机会以及存在的威胁。然后客观认识建筑工程项目的内部条件，了解自身的优势和劣势，提高项目的竞争能力，从而降低项目的风险。

2．科学筛选关键风险因素

建筑工程项目中的风险具有特定范围和规律，需在项目各方参与者（如投资者、业主、管理者、承包商、供应商等）间进行合理分配与筛选，以充分调动各方风控积极性，提升项目整体效益。

3．确保资金运行顺畅

资金成本、结构、利息率及经营成本等筹资风险影响项目进程，导致资金链断裂、资源浪费、产品滞销、项目停滞。投资者需结合社会经济与自身状况，合理投资以规避风险，保障资金顺畅运行。

4．充分了解行业信息

借鉴不同案例中的基础数据和信息，为承担风险的各方提供可供借鉴的决策经验，提高风险分析与评价的可靠性。

5．采用先进的技术方案

为减少风险产生的可能性，应该选择有弹性、抗风险能力强的技术方案。

6．组建有效的风险管理团队

风险具有两面性，机遇与挑战并存。风险管理人员需加强监控，持续提升风险管理应变能力，采取有效策略降低风险。个人与企业应准备风险对策，善用技术、管理优势，建立风险应对制度，主动控制潜在风险，确保项目安全并实现目标。

三、建筑工程项目实施中的风险控制

（一）风险监控和预警

风险监控和预警是项目控制的重要任务，持续收集并分析信息，捕捉风险信号，如天气预警、市场变动及投资者状况。通过工期进度追踪、成本分析、合同监督、质量监控及现场报告等手段掌握工程风险。

（二）及时采取措施控制风险的影响

在风险因素出现之前，采取措施消除或减轻可能导致损失的因素，即降低风险发生的可能性，这就是风险预防的核心。

（三）在风险状态，保证工程顺利实施

并非所有风险都可控，如地震、洪灾等自然灾害。风险控制只是在特定范围内及特定的角度上才有效。措施包括控制施工保目标，防止中断超支，争取风险赔偿。

四、建筑工程项目风险管理的措施

（一）建筑工程项目前期阶段的风险管理

在项目设计筹划阶段，需考虑行业、市场、政策及法律法规的变更风险，必须论证项目的技术可行性，确定项目目标，选择合适的建设场地。

（二）建筑工程项目招投标阶段的风险管理

此阶段可采取的风险管理措施包括：聘请可靠的项目咨询公司制定合理工期和工程量清单，明确项目目标和内容，选用恰当的合同计价方式，清晰界定招标范围，并规范招标流程，以选择优质承包商。

（三）建筑工程项目施工阶段的风险管理

严格把控施工图纸会审流程，减少施工阶段的工程变动。加大承包商的资质审核与监督力度，实行工程质量与进度双控。同时，加强合同管理力度，对施工现场异常状况实施精准记录，保障现场情况的实时、有效管理。

（四）建筑工程项目竣工阶段的风险管理

竣工阶段需验收鉴定项目，确保资料真实准确，规范验收流程，核对投资成本。合理稳定的管理组织是风险管理的关键，依项目风险分布特点设立。建筑工程风险管理应贯穿项目全周期，包括前期、招标、施工及竣工阶段，实施全过程管理。

五、建筑工程项目风险的防范

（一）风险回避

风险回避常用于签约前谈判及项目实施决策，针对现实或致命风险。风险预防很重要，对未开工项目尤需采取预防措施，如工程技术手段法、规章制度约束法和相关问题分析法。工程技术手段法提前识别风险，设计阶段确定风险因素。规章制度约束法分析规章制度，总结细则，转化为施工方案规避风险。相关问题分析法提升参与方安全意识，明确风险管理目标，减少损失。

（二）风险降低

风险降低可以通过提升意识、实施保护措施以及系统的一致化管理来实现。尽管复杂的操作和合理的设计能在一定程度上减少风险，但往往难以完全消除风险，因此必须采取额外的措施来减轻潜在的损害。

风险降低策略主要包括分类和分散两个方面。分类是将大的风险划分为更小的子类别，这样做可以防止一个小的失误引发连锁反应，即所谓的“蝴蝶效应”。而分散则是将风险广泛地分配给不同的分包商或参与者，以降低单一实体承担的风险水平。

（三）风险转移

风险转移并非简单地将风险转嫁给他人，而是建立一种风险分担的机制。在此过程中，需要仔细评估分包商的能力和条件，帮助他们规避潜在的发展瓶颈。同时，根据自身抵御风险的能力，企业可以有选择性地承担一部分风险，以确保风险分配更加合理和有效。

（四）风险自留

对于损失较小且重复性较高的风险，企业通常会选择自留的方式处理。风险自留分为主动自留和被动自留两种类型。

主动自留是指企业在对风险进行充分评估和量化后，认为其影响较小且可以接受，因此决定自行承担该风险。这种方式通常建立在企业对风险有清晰认识，并且有能力在事后进行弥补的基础上。

被动自留则是指企业未能识别或未能充分评估某些风险，而不得不预留资金以应对这些潜在的风险。这种方式通常是在风险已经发生或即将发生，但企业无法再采取其他有效的风险规避或转移措施时的无奈选择。

本章小结

本章深入探讨了工程项目物资风险评价与防范的各个方面。首先，明确了风险及风险管理的概念，阐述了物资风险管理的作用与特征。其次，详细分类了物资风险，包括供应商风险、采购过程风险、物资管理风险等，并针对各类风险提出了相应的防范措施。再次，介绍了风险识别的方法，如头脑风暴法、德尔菲法等，为风险评价与防范提供了基础。在风险分析与评价部分，通过多种方法量化风险影响，为决策提供依据。最后，提出了风险监视方法，包括审核检查法、费用偏差分析法、风险图表示法等，确保项目团队能够及时发现并应对风险。本章内容全面、系统，为工程项目物资风险管理提供了实用的指导和建议。

第十三章　工程项目物资绩效考核与提升

绩效管理对组织和项目的成功至关重要，它不仅可以提高工作效率和质量，激励和奖励员工，还可以促进人才管理与发展，为组织决策提供支持，从而促进组织长期战略目标的实现。在项目物资管理方面，项目物资的绩效管理也十分重要，本章首先介绍了项目物资绩效管理的定义，以及实施项目物资绩效管理的意义；然后介绍了项目物资绩效管理的评价体系，包括考核目标、考核原则、评价指标的选择与确定、评价的方法以及提升绩效的途径。

第一节　项目物资绩效管理的定义和作用

物资管理在施工企业的生产经营活动中占据着极为关键的地位，它对工程成本的控制、工程质量的保障以及经济效益的获取有着直接影响。由于其与企业的存活及发展紧密相连，所以物资管理还是强化反腐倡廉工作、促进企业廉政建设进程的关键构成要素。加强施工企业物资管理绩效考评是规范物资采购行为、发现制度缺陷和管理漏洞的重要举措，这一措施不仅有助于降低工程成本、促进节约和提高经济效益，还有助于提升企业整体管理水平，增强企业的廉政意识和规范经营行为。

一、项目物资绩效管理的定义

绩效管理属于推动企业战略落地的管理手段。企业各级管理者与员工为达成预设的组织目标，会一同参与绩效计划拟定、绩效监控指导、绩效考核评定以及绩效结果运用等一系列持续循环的环节之中。如此一来，能让企业管理者与员工在工作目标上达成统一，不断提高个人、部门以及整个组织的绩效水平，助力组织战略目标的达成，实现企业利益的最大化。

物资绩效管理是指通过有效管理和优化物资的采购、库存、使用和分配等环节，以达到最大化物资利用和降低成本的管理方法。它涉及对供应链、库存、采购和物流等方面的管理和优化。

二、项目物资绩效管理的意义

项目物资绩效管理是项目建设过程中的常规活动，贯穿于项目的始终。其核心目标在于建立一套系统化、标准化的管理框架，以便组织能够评估和衡量员工在特定时间段内的工作表现，并为员工的成长提供支持。项目物资绩效管理在项目管理中具有重要的意义，涉及对项目物资采购、使用和管理的有效监控和评估。以下是项目物资绩效管理的意义。

（一）加强成本控制，降低整体成本

项目物资绩效管理可以帮助项目团队准确了解物资的采购成本、库存成本和使用成本，从而有效控制项目的成本。通过监控和评估物资使用情况和成本，项目团队可以及时调整物资采购计划，避免过度采购和资源浪费，从而有效降低项目的整体成本。

（二）提高物资利用率，减少资源浪费

通过项目物资绩效管理的监控和评估，项目团队可以更好地了解物资的使用情况和需求，从而合理安排物资的供应和分配，提高物资利用率和工作效率。有效的物资管理可以确保项目团队有足够的物资支持项目的顺利进行，避免因物资短缺或过剩而导致的项目延误或浪费。

（三）优化供应链关系，确保供应链完整

项目物资绩效管理可以帮助项目团队更好地管理供应链，包括与供应商的合作关系、物资的采购和供应、库存管理等方面。通过对供应链的绩效进行评估和监控，项目团队可以及时发现和解决供应链中的问题，确保物资的及时供应和库存的合理管理，从而提高项目的整体绩效。

（四）加强项目管理的自行监督和完善

一直以来，因责任体系不明晰、监督手段缺失，项目管理出现诸多弊病，如项目投资失准、运行效率不高，使得项目难以完全释放效益。项目绩效考评涵盖事前、事中和事后三个环节，各环节都需对项目运行予以全方位监管。

借助绩效考评，能够精准定位项目运行及管理期间存在的具体问题及其根源所在，进而明确相关责任人应负的职责。这对构建强有力的项目追踪、问责与监督体系大有益处，可有效提升公共资源的利用效率与成效。不仅如此，绩效考评还可对项目的可持续性与宏观影响力予以评估，强化项目的优化与监督效能。

通过项目绩效考评，能够全面梳理研究项目各阶段的变化，并揭示其内在联系和因果关系。这有助于真实反映公共资源分配、资金使用等方面的绩效和存在的问题。评价结果可与未来的发展规划相结合，利用评估结论和获得的经验教训指导新项目的建设，以实现不断提高项目管理水平的目标。

三、项目物资绩效管理的作用

随着全球经济一体化进程的不断提速以及我国市场经济体系的持续优化，我国建筑施工企业正面临着与日俱增的全新挑战。在建筑企业的物资管理工作中，物资绩效管理的重要性不言而喻。对于施工企业而言，强化建筑项目物资绩效管理具有多方面重要意义，包括削减采购成本、保障物资质量以及强化采购纪律等。置身新时代背景之下，以习近平新时代中国特色社会主义思想为指引，秉持以人为本的管理理念，加大企业员工思想政治教育力度，切实提升企业绩效管理成效，进而增强企业的市场竞争实力与可持续发展能力，为构建和谐社会贡献力量。

项目物资绩效管理的作用主要表现在以下几个方面。

（1）通过物资绩效评估，可以全面评估物资采购和管理的情况，及时发现问题，优化资源配置，并采取相应的改进措施。

（2）通过合理的采购计划、供应商的选择和谈判等方式，可以降低物资采购成本，提高采购效率，最终优化运营成本。

（3）物资绩效评估管理制度的实施可以提高供应链管理的效能，通过对供应商的评估和监控，及时发现合作中存在的问题，促进供应链的优化。

（4）优秀的物资管理绩效有助于提高供应链的透明度，使项目管理团队能够清晰了解物资的流动和库存情况。避免因物资短缺或过剩而导致项目进度延误或成本增加。

（5）物资管理绩效的提升有助于确保项目所采用的物资的质量符合要求。通过建立合适的质量管理措施，减少因物资质量问题导致的工程质量问题，提高项目的可靠性和可维护性。

因此，物资绩效管理对项目的顺利进行和企业的长期发展具有重要的作用。

第二节 项目物资绩效考核的目标

物资管理制度是企业或组织内部的一项重要管理制度，它对保障物资的合理利用、提高工作效率、减少资源浪费等方面都起到了重要作用。为了确保物资管理制度的有效实施和持续改进，对其绩效进行评估与考核至关重要。

绩效评估是对物资管理制度的工作成效和有效性进行评估，通过定量和定性的指标对制度进行全面评估，发现问题、优化制度，从而提升管理水平和效率。绩效评估旨在发现问题和改进制度，使物资管理工作更加科学、合理、高效，并推动企业或组织的可持续发展。项目物资绩效考核的目标如下。

（1）优化资源利用。通过考核项目物资绩效，可以更好地了解物资的使用情况和效率，优化物资资源的利用，避免浪费和过度采购，提高资源利用效率。

（2）成本控制。考核项目物资绩效可以帮助项目团队监控物资采购成本、库存成本和使用成本，有效控制项目的成本，降低物资管理的费用，确保项目在预算范围内运作。

（3）提高供应链效率。通过考核项目物资绩效，评估供应链的运作情况，发现并解决供应链中的问题，提高供应链的效率和稳定性，确保物资的及时供应和库存的合理管理。

（4）降低风险。通过对项目物资绩效的考核，及时发现和解决物资管理中的问题，降低物资管理的风险，确保项目的顺利进行和成功完成。

（5）提高整体绩效。通过考核项目物资绩效，提高项目的整体绩效和效益，确保项目能够按时按质完成，并在预算范围内控制成本。

（6）在项目物资管理中，遵守法律法规和合同规定是至关重要的。维护良好的物资管理绩效能够帮助项目团队合规地进行采购和交付，并最小化法律风险。

综上所述，确定项目物资绩效考核的目标对于项目的成本控制、效率提高、供应链管理和风险管理具有重要的意义，可以帮助项目团队更好地管理和利用物资资源，提高项目的整体绩效和效益。

第三节 项目物资绩效考核的原则

在项目实施过程中，需要按照物资绩效考核的原则进行规范和指导，以确保项目物资管理的高效、规范和有序。以下是项目物资绩效考核的几个原则。

（1）全面性原则。项目物资绩效考核应全面反映项目物资管理的各个方面，包括采购、库存、运输、质量、回收等环节。考核内容应覆盖项目物资管理的全过程，确保不留盲区，使考核结果更准确、完整。

（2）客观性和公正性原则。绩效考核应客观、公正地评估项目物资的使用情况，避免主观臆断和人为干预。考核标准应明确、公开，对所有项目物资平等对待，确保考核结果具有公信力。

（3）激励导向原则。绩效考核应发挥激励和导向作用，鼓励项目物资管理者积极创新、提高物资利用效率。通过设立奖励机制，激发员工的工作热情和积极性，推动项目物资管理水平的提升。

（4）公开透明原则。绩效考核应公开透明，让相关人员了解考核内容、流程和结果，增加考核的公信力。同时公开考核结果有利于各方监督，减少暗箱操作，促进考核的公平公正。

（5）公平性原则。绩效考核应公平公正，确保每个项目物资管理者的切身利益不受侵害。考核过程应公平对待各方，严格按照考核标准进行评估，确保考核结果的公平性。

遵循以上原则，我们可以对项目物资绩效进行全面、公正、及时、客观的评估，确保项目的顺利进行和目标的实现。同时，通过不断改进和提高绩效，我们可以为项目的长期稳定发展打下坚实基础。

第四节　物资管理绩效评价指标的选择与确定

一、绩效评价指标的选择

1．物资利用率和节约效益

物资管理制度的核心理念在于实现对物资资源的高效利用和高效优化。在这一体系中，物资利用率和节约效益成为评估绩效的关键指标。物资利用率反映了项目或组织对可用资源的充分利用程度，而节约效益则直接关系到成本的降低和资源的合理配置。计算物资利用率和节约效益的增长率成为一种有力的手段，从而客观地了解在物资管理方面取得的实质性进展。这比单纯的数字比较更为深入，展示了改进措施在长期和短期内的影响。

2．计划执行率

计划执行率指的是实际执行的物资计划金额与事先批准的物资计划金额之

间的比值。其主要用途在于评估物资计划的执行情况和效果，从而判断物资计划是否得以有效实施。在物资管理中，物资计划的制定是确保项目或组织顺利运转的关键一环，物资计划的执行情况则直接影响到资源的合理利用和项目目标的达成。

通过对计划执行率的监测和分析，管理者可以及时发现问题并采取必要的措施，以保证物资计划的有效执行，从而最大限度地实现物资计划的目标和项目的顺利推进。

3. 主要供应商数量

主要供应商数量表示项目重点物资采购所涉及的供应商数量。根据某钻探公司的供应商管理成功经验，该公司的主要设备和物资供应商数量不超过 20 家，这种管理方式保证了物资的质量、价格和供应时间。

通过限制供应商的数量，该公司能够更有效地管理与供应商的关系，确保能够专注于与核心供应商建立更深入、更紧密的合作关系。这样的合作关系有助于提高供应链的稳定性和可靠性，减少了潜在的风险，并提供了更多的谈判筹码，以获取更有利的价格和更灵活的交货条件。

此外，减少供应商数量有助于降低管理成本和资源投入。与少数核心供应商建立长期合作关系，企业能够更深入地了解供应商的业务模式和运营方式，从而更好地满足项目需求，并实现供应链中更高效的流程和交付。

总之，对供应商数量的合理控制是一项关键的供应链管理策略，可以为企业带来更好的物资采购结果和更可靠的供应链支持。

4. 供应链管理效果

供应链管理作为物资管理的重要组成部分，在保障物资供应和运输顺畅方面扮演着关键角色。因此，评估供应链管理效果成为评估工作绩效的一个关键。通过细致调查供应链的各个方面，如成本、时效性等指标，可以全面评估供应链管理的效果。

对供应链成本的调查能够揭示采购、运输、仓储等环节的实际费用情况。通过对比预算和实际支出，可以评估成本管控的有效性，并找出节约成本的潜在机会。这种评估有助于确保资源的合理配置，最大限度地降低采购和运输过程中的不必要支出，从而提高整体效益。

时效性是另一个关键的评估指标。通过调查供应链中物资从采购到交付的时间，可以评估供应链的响应速度和交付效率。及时的物资交付有助于保证项目进度的顺利推进，避免因物资短缺而导致的延误和额外成本的发生。

通过对供应链成本、时效性等指标的调查和评估，可以全面了解供应链管理的效果，为进一步改进和优化供应链管理提供有力支持，从而提高物资管理的整体绩效和项目的成功率。

5．库存周转率和满足率

库存周转率和满足率是评估物资管理工作效果的两个关键指标，它们直接反映了物资管理的灵活性和及时性。库存周转率指的是在单位时间内库存物资的周转次数，它是衡量物资利用效率和管理效果的重要指标之一。较高的库存周转率通常意味着物资得到了充分利用，减少了资金占用和库存积压，反映了物资管理的灵活性和资金回流的速度。

满足率是评估物资管理及相关工作的及时性和准确性的重要指标之一。它涵盖了物资采购、供应、交付等环节，反映了企业是否能够及时满足内部部门或客户的需求。高满足率意味着物资管理工作的高效执行，能够保证项目或生产流程的顺利进行，提高了客户满意度和市场竞争力。

通过对库存周转率和满足率的评估，可以客观判断企业的物资管理工作是否高效。较高的库存周转率和满足率通常意味着物资管理流程的优化和执行的良好，有助于降低库存成本、提高资金利用效率，以及增强企业的市场反应能力。因此，定期对这两个指标进行监测和分析，对于持续改进和优化物资管理工作至关重要。

二、绩效评价指标的确定

1．依据物资管理制度和相关规章制度

绩效考核标准的制定应当与企业或组织内部的物资管理制度和相关规章制度相一致。这意味着绩效考核标准应当反映出物资管理制度和相关规章制度中所确定的要求和标准，并据此确定评估指标和权重，以全面评估工作绩效。

绩效考核标准应当明确反映出物资管理制度和相关规章制度中所规定的各项要求，这样可以确保绩效考核与企业的管理体系相衔接，保证绩效评估的准确性和公正性。

根据物资管理制度和相关规章制度的要求，确定评估指标和权重。在制定绩效考核标准时，应根据各项要求的重要性和紧迫程度，合理确定评估指标的权重，并确保权重分配符合实际情况和管理需求。

绩效考核标准的制定应当经过充分的讨论和协商，确保各方的利益得到充分考虑，并达成共识。

2．与目标和任务相匹配

绩效考核标准的设计必须与物资管理工作的目标和任务相匹配。在制定绩效考核标准时，需要充分考虑并明确反映物资管理的各项任务和目标，如提高物资利用率、降低成本、提高工作效率等方面的要求，以确保考核的准确性和有效性。

首先，明确定义物资管理工作的具体目标，如确保库存的高效利用、降低采购成本、提高供应链的稳定性等。这些目标将成为制定绩效考核标准的基础，评估指标应当能够直接关联到这些目标，使得评估结果能够准确地反映物资管理工作在实现目标方面的表现。

其次，绩效考核标准应该与具体的任务相匹配。例如，如果物资管理的任务是确保及时交付，那么考核标准应该包括及时交付率、交付准确性等指标。

最后，绩效考核标准的设计需要经过与相关利益方的充分沟通和协商，以确保各方的期望和要求得到充分考虑。只有在各方共识的基础上，才能够制定出符合实际情况和管理需求的绩效考核标准，推动物资管理工作朝着整体目标迈进，取得更为显著的成果。

3．参考行业和国家标准

在确定绩效考核标准时，可以借鉴和参考相关行业和国家的标准。不同行业对物资管理的要求可能存在差异，因此参考行业标准有助于确保绩效考核的针对性和实效性。企业或组织可以结合自身的特殊情况，对行业标准进行调整和完善，以更好地适应其业务模式、规模和特殊需求。同时，参考国家标准也是制定绩效考核标准的重要依据之一。国家标准通常反映了在整个行业或领域内被广泛认可的最佳实践和基本要求。将企业或组织的物资管理绩效考核标准与国家标准进行对比评估，有助于确定是否达到了国家要求，并为持续改进提供了方向。在参考行业和国家标准时，需要特别注意识别关键性能指标和评估标准。这些指标和标准可以涵盖从采购到库存管理、供应链协调等方面的各个环节，确保全面而有效地评估物资管理工作的质量和效率。

综上所述，物资管理制度的绩效评价与考核标准是保障物资管理工作有效实施和持续改进的重要手段。评价指标的选择应考虑物资利用率、节约效益、计划执行率、主要供应商数量、供应链管理效果、库存周转率、满足率等指标，绩效考核标准应与物资管理制度和相关规章制度相匹配、与目标和任务相匹配，并参考行业和国家标准。通过绩效评估和考核，可以不断发现问题、优化工作，进一步提高物资管理的质量和效率，推动企业或组织的可持续发展。

第五节　物资管理绩效评价的方法

在项目物资管理中，绩效评价是一种关键的管理手段，用于评估每位员工的工作成果以及对企业的贡献程度。通过绩效评价，可以对每名员工的表现进行合理评估，从而激励和表扬表现优异的员工，同时鞭策需要进一步提升的员工。这种评价机制不仅能够提高员工的工作动力和积极性，还有助于优化整体团队的协同效率，推动项目物资管理过程更加顺畅和高效。

根据施工企业物资管理的特点，员工绩效评价的主要方法有以下几种。

1. 民意调查法

在此评价体系中，被评估者将接受其同事、领导以及工作相关人员从多个维度的评估，最终汇总成一个对其工作表现的评价。这种方法在建筑行业中被广泛采用，因其民主性和广泛参与性而受到认可。不过，这种方法以自下而上为主，可能会受到参与者整体素质的影响。

2. 实绩统计法

实绩统计法是一种直接的绩效评价方法。它通过收集和分析员工的原始生产记录以及其他相关资料，直接反映员工在工作中取得的具体成果。这种方法特别适用于那些成果明显且容易量化的工作岗位，因为它能够通过客观的数据和事实来评估员工的表现。通过实绩统计法，管理者能够更准确地了解员工的工作绩效，为个体和团队提供有力的改进方向。

3. 相对评价法

相对评价法是把个体和确定的基准作对照，以此明确个体在团体里的相对排序。该评价法运用标准化分数呈现被评价对象在整体群体中的相对状况。在运用相对评价法的过程中，会在团体里挑出一个或者多个对象当作基准，再把其余评价对象跟此基准相互比对。

4. 要素评价法

要素评价法作为一种现代定量方法，在岗位价值衡量方面应用广泛且成效显著，已被众多企业和组织所采用。与传统岗位评价方法相比，它的独特之处在于并非仅聚焦于单个岗位的职责、工作内容、环境以及任职要求等方面的评估，而是着眼于对整个组织或企业内的所有岗位展开评价。该方法把各个岗位的特性提炼为一系列付酬要素，然后对照这些付酬要素的标准来衡量具体的工作内容，从而确定岗位价值。

5. 评级量表法

评级量表法是一种目的清晰、条理分明的绩效评估手段。它把员工绩效划分成诸多项目，且给每个项目都制定了相应的评级量表，以此实现系统化考核。在需要全方位、系统性评估员工绩效的情况下，该方法较为适用。借助明确定义的量表项目，能够更精准地考量员工在各个层面的表现。这个方法的优势在于它提供了一个有序和结构化的框架，使管理者能够在不同方面对员工的表现进行具体而有针对性的评估。每个项目的设定都为员工提供了清晰的绩效标准，有助于确保评估的客观性和公正性。

6. 顾德伟法

此方法会先给每位员工设定一定的基础分数，而后借助一系列的加分项与减分项来得出总分。一般而言，主管人员会详尽记录下属员工在工作进程中呈现出的各类具体行为，在特定时间段内，依据所记录的特殊事例来评价下属员工的工作绩效。该方法的长处在于能够剔除主观因素的干扰，让绩效考核结果以确切的事实为依据。这一方法的实施过程包括主管人员对员工行为的记录和定期的评估。通过明确定义的加分和减分项目，能够更客观地评估员工在工作中的表现。由于依赖于记录的特殊事件，这种方法有助于确保评估结果更加客观、具体，并能够更好地反映员工的实际工作表现。

第六节　提升项目物资管理绩效的主要途径

一、加强物资管理人员能力提升

（1）强化对物资管理人员的业务知识培训。物资管理人员需要具备生产方面的专业知识，尤其是专业物资管理人员，需要熟悉主要生产设备情况，掌握生产进度，并不断培养专业素质和对生产的敏锐性。在实践中，物资管理人员需要从专业和项目整体角度评估物资计划的合理性，确保入库物资的质量符合生产要求，并能准确判断物资是否符合实际项目，以提高管理效益。

（2）加强对物资管理人员的职业道德培养。作为物资保障部门的管理人员，物资管理人员不仅需具备专业知识，更应在职业操守上有所建树。在物资计划提报时，应以生产为优先，减少其他因素的干扰；在选择供应商时，应以公司利益为首要目标，优先考虑质量有保证、提供性价比高产品的供应商；在与基层团队协作时，避免显得高高在上，过度关注个人权力和小职权，而应全心全意致力于项目的物资保障工作，满足生产需求，履行职责，并严格遵守职业操守。

二、制定物资管理制度

依照国家法律法规、建设方要求、企业内部控制制度并结合项目施工实际状况，项目有必要构建物资综合管理体系，以此来确保项目物资管理工作的规范化开展。基于实际管理需要，如钢筋集中加工、混凝土集中预拌、周转材料、民爆物品以及砂石料等方面，都应建立专门的物资管理制度，实现物资的精细化、精准化管控。借助这些规范与制度，能够有效提升物资管理的效率与质量层级。

三、做好物资管理策划

在项目前期，由项目上级公司与项目部携手开展物资管理策划事宜，并会依据实际施工状况的变化，灵活且及时地对策划内容予以动态调整。该策划并非凭空而定，它充分考量了与物资管理相关的各级制度、项目施工组织规划、施工合同条款、组织架构模式以及市场调研成果等多维度因素。其重中之重在于精心拟定一套综合性的项目物资管理规划蓝图，全方位涵盖物资采购流程、供应调配机制、使用规范细则以及整体管理策略，精准锚定物资的质量基准、供应时效要求、消耗数量限度、管理效能目标以及成本控制红线，以此为项目物资管理工作的顺畅推进筑牢根基，有力保障物资管理全流程的高效性与科学性，实现物资效益的最大化与资源配置的最优化。项目物资管理策划的内容包括项目概述、物资管理的特点、组织结构、制度构建、资源配置、采购与供应策略、储存计划，以及关键的技术和经济管理指标等方面。

四、提升物资流与信息流协同度

物资管理信息化已成为企业提升效率，降低管理成本的关键手段。通过依托信息技术，加速推进物资管理信息化建设，建立物资信息化管理平台，重点致力于进一步完善 ERP 管理系统，以提高业务处理速度和效率。特别关注物资计划的信息化管理，通过持续优化计划提报模块，记录物资计划审核跟踪信息，并及时反馈到基层作业单位。确保物资编码在信息系统中的有效性和完整性，充分发挥信息技术的优势，以提高计划提报的效率。

五、优化体系，健全考核实施流程

在绩效管理体系中，绩效考核处于核心地位。为推动绩效管理有效施行，可把绩效考核当作构建与完善该体系的起始点与根本依托。结合施工单位的现实状况，应着重对考核实施的详细流程加以优化，保障考核流程的公平性、公开性与公正性。如此一来，全体员工便能深刻领悟绩效管理工作的重大意义，进而积极踊跃地投身其中。通过这种途径，能为项目物资管理工作的全方位推进筑牢根基、创造有利条件，有力促进绩效管理与项目物资管理工作协同发展，提升整体管理效能与工作成效。

在完善绩效管理考核体系的过程中，强调进行调研工作，并根据实际调研结果对各个细节进行完善。同时，项目管理单位应根据实际情况对考核周期进行分类处理。针对复杂且特殊的岗位，可将考核周期设定得稍长一些，如一年一次或者半年一次；而对于管理这类工作内容相对单一的岗位，则可适度缩短考核周期，以季度考核作为主要形式，如此便能使考核工作更贴合岗位实际，彰显人性化关怀。

六、规范物资档案管理

物资业务档案作为物资管理的根基性资料，其完整、系统与精确至关重要。依据物资管理流程，物资档案能够细分为文件、计划、采购、合同、验收与发放、核算、统计及其他共八大类别。物资部门需定期对物资档案予以归集整理，并依据规定的保管时长妥善存放。此做法有利于保障档案的完整性与可追溯性，也为监督审计工作以及内部管理事务提供了有力依据，使得物资管理在规范有序的档案体系支撑下，得以高效、透明地开展运作，避免管理漏洞与资料缺失风险。

物资档案管理的重要性不仅体现在对管理流程的细化支撑，更在于其为物资全生命周期管理筑牢风险防线。八大类档案以文件为开端，串联起计划制定、采购执行、合同履约、验收发放等环节，如同精密运转的齿轮，任何一环的档案缺失都可能引发管理链条的卡顿。定期归集整理与规范保管，确保了档案在时间长河中的连续性，不仅能在监督审计中快速回溯业务轨迹，更能通过历史数据的纵向对比，识别物资积压、采购异常等潜在风险。在数字化转型加速的当下，规范的物资档案管理还为数据分析与智能决策提供了可靠数据源，使企业能够从海量档案中提炼物资流动规律，推动物资管理从被动响应向主动优化进阶，真正实现降本增效与合规运营的双重目标。

案例分析

1. 案例背景

某大型工程建设公司拥有多个工程一级资质，在施项目几十个，年产值最高可达40亿元，多次获评“全国优秀施工企业”“全国建筑业先进企业”“中国建筑业双百强企业”等等。该公司业务丰富，项目遍布全国，并参与多个交通基建工程的建设，在当地建筑市场上颇有名气。随着不断发展，该公司已与多家海外企业达成合作。

近几年，该公司领导想要将公司努力打造成一个可持续发展的、成熟规范的建设企业，但在发展的过程中，遇到了一些管理难题。该公司在之前的发展过程中，没有太关注管理，这是因为公司中老员工的数量占比很大，很多员工对工作非常熟悉，并且领导对员工比较放心，管理要求不高。随着公司业务的不断扩展，逐渐形成“总公司-异地项目组”结构的管理模式，经过一段时间的异地管理，之前在管理上薄弱的问题逐渐暴露出来。比如，总公司职能部门对异地项目组的工作不了解，开展的考核不合理；项目组在考核上缺少明确的目标；考核结果缺少应用。针对这些问题，该公司领导想要通过有丰富经验的咨询公司的帮助，解决公司目前面临的绩效管理方面的问题，从而帮助公司提升管理能力。

2. 案例分析

针对公司目前绩效管理的相关内容，与公司关键人员进行多次访谈交流，了解到公司现存的问题主要有以下几个方面。

（1）原有绩效考核体系不适应异地管理的方式，缺少量化数据支撑。通过访谈了解得知，原先的绩效考核就是上级定性评价打分、部门领导互相横向打分。而总公司职能部门和异地项目组在考核方式上，也要对彼此进行打分，由于二者距离较远，对彼此部门的人员、工作开展等情况了解有限，互相打分的方式流于形式，缺少具有针对性的考核方案，从而会产生一些问题。比如，异地项目组领导不重视考核，没有制度进行约束，工作完成情况全靠自觉。异地项目组工作进展缓慢时，总部没有约束项目组的依据。

（2）缺少具体的考核目标。考核目标是企业的指挥棒，能够帮助企业指明发展的方向，帮助员工提高责任意识，围绕目标梳理工作计划，从而得知自己应该“干什么、怎么干”。但是通过前期的调研发现，公司目前缺少具体的考核目标，特别是异地项目组，他们认为项目工作需要随机应变，计划往往不准确，所以没法设置具体的目标。在实际工作中，这会暴露出一些问题。比如，没有目标，对项目组的考核就没有参照的依据，导致无法对项目组的工作表现进行奖优罚劣。一些管理上的问题也无法寻找答案，例如，总公司想要得知异地项目组的工作完成情况，没有目标，如何确定当前进度是否达到标准？如何确定项目能够在预期时间内顺利完成？

（3）考核结果缺少应用。由于公司没有制定好绩效考核目标，因此绩效考核结果没有得到应用。绩效考核结果与薪酬、职位晋升等工作存在脱节，无法调动员工积极性，大部分员工对绩效考核结果持漠不关心、无所谓的态度，导致绩效考核没有发挥出应有的效果。例如，对于工作能力突出的员工，没有奖励措施；对于在公司多年有丰富经验的老员工，也没有合理的涨薪和晋升渠道等。

3. 解决方案

（1）建立分层分类的考核方法，优化考核体系。该公司对职能部门和异地项目组都采取一样的考核方式，即互相打分，但是这两类部门的员工在工作性质、工作内容、工作要求上都存在很大差异。因此，针对职能部门和异地项目组的考核应该有不同的侧重点。专家老师建议，对职能部门和异地项目组建立分层分类的考核方法。结合职能部门和异地项目组的特点，在大量分析岗位工作的基础上，选取重点的内容进行考核。比如，对职能部门重点考察沟通协调能力、工作时间、工作量，对异地项目组重点考察工程进度、安全情况、工程质量、现场管理情况等。通过建立分层分类的考核方法，帮助该公司提高对人员的考核水平，增强绩效考核的针对性和科学性。

（2）引入三级目标制，细化考核目标。针对无法确定项目组考核目标的问题，建议引入三级目标制，对所确定的各项考核指标，约定不同等级的要求，给绩效考核提供依据。例如，对项目进度这个指标设置三级考核标准：最高目标是项目组能在两个月以内完成项目，中级目标是项目组在三个月以内完成项目，最低目标是项目组需要三个月以上完成项目。

对于管理方面，也可以考虑引入三级目标制，作为评价的依据。例如，对现场管理这个指标设置三级考核标准：最高目标是人员能够在事发2小时内处理现场的问题，并且能够及时精准上传报告；中级目标是人员能够处理问题，并提出解决方案；最低目标是人员能够在遇到问题时及时上报。通过建立三级目标，将最高目标对接奖励，中级目标对接绩效工资，最低目标对接任职资格。设定可依据的考核指标，避免了考核过程中不知道如何考的问题，并根据员工达到不同目标的情况，给予奖励、调薪、培训或淘汰处理。

（3）将绩效考核结果与薪酬分配进行对接，明确应用标准。针对该公司目前缺少绩效考核结果应用的问题，并结合公司异地项目组时间跨度比较长的实际情况，建议将绩效考核结果与薪酬分配进行对接，并分出阶段性绩效、年度绩效、项目奖金。其中，阶段性绩效考核应用于项目节点，通过考察员工的工作表现进行奖金激励；对职能部门的员工进行月度、季度的考核，同样根据人员表现进行奖金激励。年度绩效是根据项目组和职能部门员工全年的工作表现进行薪酬调整。项目奖金主要针对项目组成员，将项目整体评价与奖金进行挂钩。通过将考核结果与薪酬进行对接，能够保证考核体系的落地实施，促进公司管理水平的提升。

4. 案例总结

在本案例中，随着建设公司的不断发展，目前公司的绩效管理已经跟不上发展趋势，在开展工作中出现了一些问题。比如，公司为考而考，互相打分的考核形式流于表面，缺少针对性；绩效考核的基础薄弱，缺少具有针对性的考核目标；考核结果没有与薪酬进行挂钩。针对这些问题，提出建立分层分类的考核方法、引入三级目标制、将考核结果与薪酬对接的解决方案，促使员工发挥主观能动性，进而不断提升组织绩效。

本章小结

本章围绕工程项目物资绩效考核与提升展开系统论述，深入剖析了物资绩效管理的定义、意义及作用，明确其通过优化资源配置、控制成本、强化供应链管理等途径，为项目顺利推进与企业长远发展提供有力支撑。在考核体系构建方面，详细阐述了考核目标、原则、评价指标的选择确定方法以及绩效评价的多种实用手段，为科学评估物资管理成效提供了全面框架。同时，针对提升物资管理绩效提出切实可行的路径，涵盖人员能力培养、制度建设、管理策划、信息化协同、考核流程优化及档案规范管理等关键环节。这些内容层层递进、相互关联，共同构建起一套完整的工程项目物资绩效考核与提升体系，为施工企业规范物资管理、提高项目效益、增强市场竞争力提供了理论指导与实践指引。

第十四章　数智化发展背景下的工程项目物资信息管理

随着社会经济的快速发展，项目物资信息管理对企业经营至关重要。项目物资信息管理的核心内容包括计划、供应商、采购、运输、仓储、现场、成本及风险等管理的信息化。信息化的关键在于构建以电子数据为基础的信息化平台，利用大数据分析处理项目物资信息，实现快速传递、准确记录与及时查询分析。该平台助力管理人员实时掌握物资供应、库存及销售状况，促进合理决策。因此，建立高效、科学、规范的项目物资信息化管理系统势在必行。

第一节　物资信息管理的概念

一、信息管理

信息管理是高效发掘利用信息资源，通过现代信息技术规划、组织、控制信息资源的活动。它整合管理各种信息资源，包括收集、存储、处理、利用及输入输出等环节，同时注重信息安全与保障。

二、物资信息管理

物资信息管理是指企业或组织内部采用系统化方法管理物资信息，覆盖采购、入库、库存、销售、出库等环节。通过库存管理、采购与供应链管理、分类编码、需求规划、使用跟踪、数据分析及决策支持，实现物资高效利用、成本控制、质量保证及供应链优化。

三、物资信息管理系统

物资信息管理系统是一个集计划、采购、配送、仓储等关键环节于一体的平台，实现物资管理的全面整合。它还能高效对接企业外部资源与系统，提供全面的物资管理一站式解决方案。作为企业各类信息的核心调度者，物资信息管理系统展现出了显著的标准化、智能化和集成化特点，有效提升了企业物资管理的效率和质量。

第二节　物资信息管理的原则

一、准确性和完整性原则

项目所需的物资信息不应仅仅是项目执行过程中简略记录的生成数据，而应是由负责信息处理的专业人员进行比对和分析，通过对相关数据的收集、整理及研究，准确无误地记录下真实的物资信息。物资信息不准确或不完整可能导致物资采购、库存和供应链等方面出现一系列问题，所以确保物资信息的准确性和完整性是管理的首要任务。

二、时效性原则

考虑到项目物资计价与控制过程的时效性，项目物资信息也应具有相应的时效性，以确保系统中的数据反映当前的库存、采购和销售情况，并且能够及时服务于决策。

三、标准化原则

在项目执行阶段，需要对相关信息进行统一分类，并对信息处理流程进行标准化和规范化，以确保信息生成过程在组织结构上的高效性。

四、适应性原则

物资信息管理应该具备一定的灵活性和适应性，以应对业务环境的变化，支持企业的持续发展。

五、安全性原则

物资信息包含企业的重要数据，需要采取措施确保信息的安全性，防止信息泄露或被未授权的人员访问。其中的关键手段为设置用户权限管理机制，不同的用户对物资信息有不同的操作权限，例如，财务人员可能需要访问成本信息，而仓库管理员可能需要管理库存信息。

第三节　物资信息管理的内容

物资信息管理对于物资管理的数字化进程产生了深远的影响。其核心目的是对企业的物资入库、领用和库存等环节进行细致明确的数字化管理，并对各个部门的物资使用状况给出真实且详尽的反馈。此外，通过相关查询功能，管理层能够非常准确和及时地获取相关物资的信息，进而协助企业管理层做出明智的决策，确保企业的长远发展。常规的物资信息管理主要涵盖以下几个内容。

一、物资计划管理的数字化

企业物资计划管理主要分为需求计划和采购计划两大部分。需求计划包含独立需求和相关需求，通过准确预测为后续采购提供依据，以确保采购活动顺畅进行。通过数字化手段整合需求计划和采购计划，可以显著提升物资管理效率，并为管理决策提供有力支持。采购计划是基于物资需求计划的结果，结合当前库存状况进行对比分析，最终确定需要采购的物资品种、数量和时间。物资管理数字化系统实现了需求计划与采购计划的统一管理，使相关流程更加高效和准确。同时，为确保系统安全和运行效率，必须明确界定不同操作人员的权限。

二、物资供应商管理的数字化

传统的供应商管理依赖纸笔记录，流程烦琐，导致采购与供应商间存在信息壁垒，沟通、协作成本高，项目进展受阻。多供应商协调时，更易因综合因素导致项目停滞，损害双方利益。现阶段的物资供应商管理多借助计算机和大数据技术，实现智能化与数字化，其核心在于选好与管好供应商。企业主要运用 SRM（供应商关系管理）信息系统进行管理，旨在建立和维护企业与供应商的长期稳定关系，提升服务质量与供货速度，降低成本，增强供应链的透明度和稳定性。SRM 信息系统中的核心功能——物资供应商的全生命周期管理，主要包括以下七个阶段。

（1）在供应商识别与筛选阶段，企业通过询价与报价分析，初步识别并筛选出符合基本要求的潜在供应商，随后进行深入的资质与报价合规性复查，为采购决策提供坚实依据。

（2）在供应商细分阶段，企业深入评估已选供应商的多维度能力，包括产品类型、地区、财务状况、业务能力、质量、性价比、维护成本、可依赖性和合规性等。通过细致评估，企业可在系统内精准分类供应商，具体可分为外部供应商、潜在供应商、合格供应商、合作供应商以及淘汰供应商，为后续采购策略与管理提供支撑。虽然不同行业对供应商分类存在差异，但其核心目的相同，即筛选出最佳合作供应商，备选潜在供应商，剔除不合格供应商。

（3）在供应商评估与选择阶段，企业需考虑合作要求、行为准则遵守、质量与创新意识、风险意识与管理能力四大维度。在信息系统内设置评价指标，如质量、交货期、数量、价格、费用及信用，信息系统即可自动进行综合评估打分，企业可根据最终得分选定供应商。

（4）在供应商准入阶段，企业系统全面收集并整理供应商提交的文件与数据，作为资格预审与正式审批的依据。资料集中存储于信息系统中的数据库，便于企业随时访问与管理。

（5）在供应商绩效考核阶段，信息系统记录协作行为，含供应商的资质、交易、价格、质检、履约、售后等。企业依据经营与业务重点设定评分标准与权重，构建个性化考核模型，信息系统自动采集数据完成周期考核，并设置可视化看板，辅助采购决策，实现供应商的优胜劣汰。

（6）在供应商关系管理阶段，企业识别并培育战略供应商，建立长期稳定合作关系，这既是采购最佳实践，也是供应链协同优化的关键。

（7）在供应商淘汰与退出阶段，绩效评估不佳者被列入黑名单，并根据情况设置短期或长期拉黑机制。退出机制在确保合同义务履行后，供应商从系统中正式移除，保护双方权益。消极淘汰针对长期表现不佳且无改进的供应商，逐步减少合作；积极淘汰则针对高风险供应商，直接终止合作以规避风险。

物资供应商数字化管理的意义如下。

（1）降低成本。企业通过与供应商紧密沟通，有效降低了产品开发、质量监控、交易流程及售后服务的成本。实施 SRM 信息系统可帮助企业节省高达20%的采购成本。

（2）减少风险。确保关键原材料的稳定供应，降低供应链中的不确定性和潜在风险。深化合作不仅可以降低技术探索风险，还可以通过供应商的投资来减少企业自身的投资风险。通过 SRM 信息系统评估供应商财务的稳定性，进一步降低供应链中断的风险。

（3）提高效率。SRM 信息系统数字化管理供应商信息，如状态、等级、账号等，支持自定义表单与多种数据类型录入，包括图片、视频等，且支持 Excel 导入，极大地提升了信息管理和办公效率。

（4）提升客户满意度。通过有效的供应商关系管理，企业能够提升产品质量、缩短交货时间并确保供货准时，从而直接提高客户满意度和忠诚度，增强客户对企业的信任。

三、物资采购管理的数字化

物资采购涉及需求识别、供应商选择、合同签订、价格确定、运输安排及供应保障。在物资管理系统内，采购文件指导订单执行、费用核算及退换货处理。因此，建设物资采购数字化系统对企业发展至关重要。数字化采购可融合物资与财务管理，高效监控财务状况，优化采购流程。

数字化采购管理同样可以使用 SRM 信息系统。该系统覆盖了采购业务的全过程管理，包括采购需求管理、询报价管理、招投标管理、合同管理、订单协同管理、收发货管理、质量协同管理以及财务管理。因此，物资采购管理数字化包括以下几个方面。

（1）采购需求管理包括识别采购需求、评估需求、制定采购计划、确定采购方式等。在数字平台上，企业可通过创建"采购需求申请单"实现采购需求管理。职员填写采购申请表，同时审批人员可直接审核和批准采购申请。

（2）询价和报价是采购流程的关键环节，直接影响采购成本和质量。企业可利用数字平台的"询报价管理"模块管理询价和报价，选择最经济的供应商方案。采购员可在系统中批量启动询价，供应商通过社交工作平台即时接收通知并提交报价，数据自动同步至系统并生成比价单供分析决策。

（3）招投标是采购流程中常用的方式。招投标过程线上化能实现全过程可控可查，有效保证采购过程的透明度。供应商需要充分了解企业的具体需求和采购要求，提供最优的技术方案和具有竞争力的价格，以争取中标。

（4）在合同管理方面，选定供应商后，采购部门在线起草合同，明确合同条款。企业可通过数字平台预设模板，一键生成合同并自动审批流转。审批通过即通知供应商下载，全程线上操作，实现合同管理的数字化、高效透明及规范化。

（5）在订单协同管理方面，企业需与供应商紧密合作，确保交货与质量达标。企业可通过系统启动订单流程，选择供应商并生成订单信息。供应商确认后，可复制或导入订单数据至其系统，实现双方订单同步更新与高效管理。

（6）在收发货管理方面，供应商交货并验收合格后，采购部门会进行收发货管理。此过程包括仔细检查物品的数量和质量，以确保它们与合同规定一致。此外，还应核对发票内容是否与合同一致，以确保采购过程的合规性。

（7）质量协同管理是企业采购后确保物品或服务质量的过程。平台融合多项功能，优化流程：扫码质检，数据准确便捷；便捷退货，不合格品快速处理；引入 8D 质量改善环节，督促供应商提升质量，稳定供应链质量。

（8）财务管理是采购流程的关键，需与供应商协作对账、开票、付款。平台自动生成对账数据，核对后提交，线上完成，数据透明。开票管理中平台自动识别开票信息，审核后同步结果。付款管理中供应商可查看进度，在线申请，采购、财务线上审批，结果实时同步。

物资采购数字化管理的意义如下。

（1）数字化采购可以通过数字化工具使一些烦琐的工作流程自动化，便于开展采购工作，同时提高员工满意度。

（2）与传统采购相比，数字化采购处理订单的速度更快、更准确。数字化采购可实现系统集成，简单的界面简化了企业和供应商之间的沟通，从而缩短了沟通时间。

（3）通过数字化采购系统，及时处理订单，提高企业对物资的管理能力，确保产品质量，避免供应链中断等风险。

（4）从长远来看，数字化采购具有成本效益，采购系统的功能保证了初始成本与预期结果相抵消。

四、物资运输管理的数字化

物资运输数字化管理结合北斗与物联网技术，智能定位终端并将采集到的信息上传至平台与 APP。物流企业、管理人员及供应商可实时追踪物资、回放轨迹、设置电子围栏、接收拆箱提醒并查看统计报表，实现全程监控与管理。

（1）实时定位追踪货物功能帮助用户掌握货物的位置、状态，实现即时监控与精准决策。

（2）轨迹回放功能帮助用户回溯历史轨迹，监督车辆与驾驶员，了解运输情况，用户可查询物资配送历史轨迹，动态或静态展示路线。

（3）电子围栏功能主要面向管理员、运输企业。在信息系统中对运输过程中的重要物流节点设置电子围栏，及时了解物资中转情况，并且结合电子围栏，对物资进行出入库管理，物资出入电子围栏时系统将自动上传警告信息。

（4）拆箱提醒功能主要面向物流企业和供应商。物资拆箱后，物流企业和供应商将会第一时间收到系统发送的拆箱提醒信息及位置信息，有效确保货物安全到达指定位置，防止中途丢货、串货、货物去向不明。

（5）统计报表功能服务于企业与政府，涵盖库存、分布、告警等功能，帮助企业高效调度物资，监督管理人员；政府则通过报表了解物资分布，实现可视化监督与统筹规划。

五、物资库存管理的数字化

物资库存管理通过计划、组织、控制和协调活动，优化利用仓储资源。物资库存管理的数字化转型融入了人工智能、射频识别及移动应用等技术，实现物资仓储作业流程的全方位、闭环式智能监控。此举确保了信息流、物流、车流和资金流的同步协调，极大地提升了物料出入库及库存管理效率，推动仓储作业智能化。物资库存管理数字化包括以下几个方面。

（1）入库管理。仓库管理人员指定仓库号、货位码及接收量并操作入库，支持分批入库。信息系统自动获取物资到货与验收管理业务单据，物资进度为“物资验收已审批”并且入库操作为“未入库”的记录，自动进入物资入库管理待办列表。叉车行至自动码垛机处，通过车载读写器，从码垛机垛盘上的电子标签上读取入库量，通过车载终端将信息上传至系统。

（2）出库管理。通过车载读写器，从垛盘上的电子标签上读取 ID 号确认出库，将重量等信息通过车载终端上传至系统，根据垛盘上的电子标签自动提取库位、品种、规格等信息。运输到指定装车位置后，叉车司机按照系统给车载终端分配的品种、规格、计划量、库位、客户等作业信息进行装车。

（3）库存管理。智慧仓储系统运用射频识别技术为货架配备电子标签，实现站号、位置识别及商品数量、种类精准记录。通过物资共享功能，灵活管理库存开放状态，促进仓库间物资高效共享与调拨。该信息系统的核心在于数字化和自动化，涵盖信息自动捕获、智能识别、预警与管理，确保仓储流程智能化与高效运作。

（4）质量检验。录入客户端将检验计划、质量标准、检验结果等信息送入系统，系统将质量信息与货位信息自动匹配。特殊指标的客户将单独录入，系统自动判断质量信息，将信息记入系统。系统能够生成质检报告单，可以通过客户端浏览及打印。系统将产品质量检验结果信息回送生产管理网。

（5）车辆管理。对出入厂区的各类车辆进行管控，保证厂区车辆规范、有序、安全地进出，运输车辆只需高效运输。厂内的车辆将严格执行一车一卡，无卡车辆禁行。

（6）收费管理。小袋、大袋装车完毕后，系统自动判断是否需要收费，如需收费，客户通过刷卡、扫码等方式缴费。收费系统直接对接银行。小袋收取装车费，大袋收取装车费与吊装费。

（7）移动应用。系统自动关联物资管理系统等相关系统的有关信息，支持通过手持终端进行实时登记。通过手持终端等移动终端设备扫描物料码与仓库码，完成物资的入库、出库。支持移动 APP 应用扫描二维码的方式对仓储物资进行数据采集及信息录入，并将盘点数据实时汇总到系统进行自动分析。

（8）统计分析。利用货位查询、入库综合查询、库存数量和位置查询以及出库综合查询等功能，系统支持为各种角色人员提供不同主题的数据分析，如库存成本分析、采购价格趋势分析、合同执行跟踪分析、库存结构分析等。

物资库存数字化管理的意义如下。

（1）流程管理数字化。通过“一物一码”，完成数据的采集和追溯，每个步骤的作业流程都有迹可循，满足货品质量管控要求。

（2）货物管理精细化。通过对业务流程和作业场景中的各个环节进行管控，使信息流、实物流保持一致，实现货物精细化管理。

（3）作业管理智能化。通过智能化的管理，对物资仓储作业全流程进行实时管控，排除因错误指令造成的堵塞，保障施工生产进度及效率。

六、物资成本管理的数字化

物资成本管理数字化的关键在于成本管理系统（CST）的应用，该系统专为计划成本核算设计，动态调整物料计划单价。用户可轻松查询、修改、审核调价单，追溯历史价格，助力成本分析。成本管理系统主要有以下几项功能。

（1）成本基础数据管理功能确保关键数据（如成本定额、内部结算价）准确完整，为产品成本管理系统奠定基础。该功能依赖详尽准确的物料文件、物料清单等基础数据，保障成本计算的精确性。系统还提供非金融数据，全面支持企业的成本分析与管理。

（2）成本核算功能涉及将生产过程中发生的费用计入产品成本，包括直接计入和通过归集分配程序逐步汇总。核算时需区分完工与未完工产品成本，并计算销售利润。费用归集含材料、工资等成本支出。

（3）成本统计分析功能旨在评价企业成本定额执行情况，揭示成本变动原因，寻找降本途径。内容包括成本报表、成本定额执行情况分析、成本指标分析。报表反映资金消耗与成本变动；定额执行情况分析比较实际成本与定额成本；指标分析对比实际成本与计划成本，助力成本控制。

物资成本数字化管理的意义如下。

（1）提升管理水平。数字化技术的应用使得企业能够全面分析各类成本数据，洞察成本支出的规律和特点，识别施工项目中的成本不足，实现针对性优化，从而增强企业竞争力，提升整体管理效能及经济效益。

（2）强化决策支持。深入剖析成本数据资料，管理人员可制定更精准的施工管理决策，优化资源分配比例，强化基础管理工作，推动施工项目高效进行。

（3）提升管理效率。数字化技术在施工项目中的应用，可提升成本管理的效率和准确性。通过科学控制施工项目成本，实现数据信息共享，减轻施工人员的工作负担，降低施工错误率，促进合作部门之间的有效沟通，提高满意度。

（4）优化资源配置。在施工项目启动前，企业应结合施工方案和进度计划，利用数字化技术对所需资源进行集中、统一的安排。这种科学的资源配置方式，可确保与施工方案相匹配，减少浪费，推动成本精细化管理。

（5）顺畅进行竣工结算工作。数字化技术的应用使施工项目的成本资料收集和汇总工作更高效，实现与工程竣工的同步结算，减少延迟，提高结算效率。

第四节　物资信息管理系统的开发设计

利用物资信息管理系统监控、管理、组织物资资源，以促进资源高效利用和成本控制。物资信息管理系统的实现涵盖架构搭建、数据库创建、界面开发、模块集成及安全维护。数据库创建是基础，需确保数据规范、一致、安全、高效，能够处理海量物资信息，支持录入、查询、更新和报告生成。数据库设计应优化数据模型，准确反映实体关系，保证操作响应迅速并支持升级与扩展。

一、物资信息管理系统的功能性需求分析

需求分析是信息系统开发的关键环节，其主要工作是确定系统需求，通过调研、访谈等形式与企业用户沟通，全面理解其要求。本系统的需求分析阶段需明确物资信息管理系统的目标、功能、性能与环境需求。利用物资信息管理系统可完善物资管理制度、优化业务流程、规范采购，实现信息共享、全程监控、库存优化及需求驱动采购，从而降低成本，提升管理效率。

（一）物资计划管理

物资计划管理是物资管理的重要环节，需多部门协作，编制出企业的物资

需求和采购计划。物资计划管理的功能包括计划制定、采购执行与物资盘点。

（1）计划制定。在工程项目开工之前，物资管理部门需要对整个工程项目中需要用到的物资种类及数量进行一个全面的估计，然后根据工程的时间、物资消耗定额等计算出一个全期物资用量的计划，最后将编制的计划上报到相关的领导进行审批，待审批通过后进行备案。

（2）采购执行。根据物资需求计划制定相应的采购计划，若在工程项目进行中遇到变故需要更改产品的规格或者产品供应不足，应及时上报更改计划，经审批后执行。物资采购过程中材料的价格要根据公司内部材料的限价执行，大批材料集中采购，采购价格应低于限价；若出现市场价格变动导致市场价格高出限价的情况，需要上报相关部门审批，待审批通过后才可以进行物资的采购。

（3）物资盘点。仓库保管员需要每隔一段时间就对物资的情况进行审查和盘点，需要对物资的账目和实际的库存进行一一检查，核查材料的明细账与实物是否对应，盘点后及时更新物资的情况。待工程项目结束时，也需要及时清查剩余的物资。

（二）招投标管理

招投标管理的主要任务是对物资包件进行招标、投标的管理活动。招投标的流程是：企业物资部门的主管依据企业物资需求计划中的包件计划进行招标活动，向各个供应商或者外界发出招标信息，各个供应商根据招标信息进行投标。招投标结束后，企业负责人评定结果并讨论合作意向。

（1）招标管理。企业物资管理部门的主管参照物资招标计划，进行招标信息的编制及录入；然后将该信息上报至物资管理经理进行审批，审批通过后即可进行招标信息的发布，若未通过，则需要重新进行编制。

（2）投标管理。供应商依据招标信息将投标的相关文件和资料交予交易中心进行投标。企业物资管理部门的主管或者专家对投标方案进行开标、评标及判标。待评价结果出来后，相关人员将评价结果录入系统。

（三）物资供应商管理

供应商管理包括登记、评审、合格查询、黑名单申请、申请认定、撤销黑名单申请和黑名单查询。企业在系统中登记供应商的基本信息，并进行评审，通过者为合格供应商，未通过者为不合格供应商。企业可申请合格供应商加入黑名单，申请则将其列入，不申请则保持合格状态。已加入黑名单的供应商可申请撤销，撤销后恢复合格状态，不撤销则可在黑名单中查到。

供应商管理的具体业务分析如下。

（1）供应商登记。录入供应商的基本信息，包括名称、统一社会信用代码、经营范围、联系信息等。

（2）供应商评审。对已登记的供应商进行评审，审批通过则为合格供应商，审批未通过则为不合格供应商。

（3）合格供应商查询。查询合格的供应商，从中选择合适的供应商进行供货。

（4）供应商黑名单申请。将不符合要求的供应商列入黑名单中，避免使用有问题的供应商供货。

（5）供应商申请认定。通过审核的供应商加入黑名单后，被划分为不合格供应商。

（6）供应商撤销黑名单申请。供应商申请从黑名单移除，申请获得批准，该供应商将被重新认定为合格供应商，并恢复其正常的业务往来资格。

（7）供应商黑名单查询。查询所有被加入黑名单的供应商。

（四）物资合同管理

合同安全性对企业至关重要，是企业运转、生产和盈利的重要保障。所以，必须严格设定合同操作权限，保证每个成员仅能处理自己的合同，无权访问或编辑他人合同。部门领导享有部门内最高权限，但不可进行跨部门操作。合同指派事件发生的原因包括业务需求变更需更换管理者或人员调动和离职。

（1）合同添加。公司各部门主管及系统的管理员无须授权就可增加合同，而公司的其他员工必须通过一定的授权才能新增合同，并录入合同信息。

（2）合同查询。用户依据合同查询界面的指引，选定查询条件并输入关键字，即可查询合同信息，支持单一或组合条件查询。

（3）合同修改。具有相关权限的用户可以根据合同的执行情况修改合同信息，用户查询到需要修改的合同后，即可编辑修改相应的合同信息。

（4）合同审批。对于已存在的合同，系统需内置严格的合同审批流程，系统自动将待审批合同推送至相关审批人员，确保所有合同在生效前均经过审核与批准。

（五）物资仓库管理

仓库管理主要是对仓库的物资进行有效的管理，记录物资的进出情况，根据物资的存储情况制定需求采购计划。仓库管理功能模块包括仓库管理、物资管理以及仓库存储规则维护三个子功能。

（1）仓库管理。管理所有仓库的基本信息，包括仓库的编号、仓库的容量、仓库的面积、仓库的名称等信息。

（2）物资管理。管理所有的物资信息，包括添加新的物资信息、修改和删除现有的物资信息。物资信息包括物资的编号、价格、名称及供应商的名称等。

（3）仓库存储规则维护。负责维护仓库存储规则，如增加新规则、修改或删除现有规则。这些规则涵盖仓库的最大存储量、存储物资种类以及存放方式。

二、物资信息管理系统的非功能性需求分析

非功能性需求是一个系统能否在实际环境中运行的需求，是一个系统在设计时必须满足的重要的需求，只有满足非功能性需求才可以使得系统得以实现。

（一）实用性

物资信息管理系统是一个应用型系统，它可以自动完成物资的出库、入库管理。系统设计过程中需密切联系工作实际，设计出符合现实需要的信息系统。

（二）可扩展性

设计系统时不能只局限于当前工程物资管理的实际需求，随着企业规模的不断扩大，业务类型的不断增加，未来肯定会对系统进行改进和完善。因此在设计系统时，必须增加系统的可扩展性，方便今后更新系统。

（三）安全性

系统在投入使用期间可能会出现一些问题，为了避免这些问题的发生需要采用各种方法来保证系统的安全。

三、物资信息管理系统的功能模块设计

（一）物资计划管理模块

物资计划管理的功能主要包括物资需求计划数字化管理、物资采购计划数字化管理以及物资库存盘点数字化管理三个子功能。

（1）物资需求计划数字化管理。这一过程涵盖了需求计划的制定、汇总、修改与撤销等核心环节，确保物资需求得到精准把控。利用大数据分析技术以及历史信息，实现物资计划管理的数字化，自动预测未来的物资需求。根据预测结果，系统可以自动生成物资需求计划，以确保物资供应的及时性和准确性。

（2）物资采购计划数字化管理。采购计划基于物资需求预测和企业库存现

状进行编制。系统支持在线创建、审批和跟踪采购订单，自动记录采购订单的状态和进度。用户可根据实际需求自定义采购订单，或依据仓库管理数据自动生成采购计划。调控流程包括采购计划的新增、调整、查询和撤销等步骤。

（3）物资库存盘点数字化管理。此环节旨在核对库存中实际物资数量与物资明细账的一致性，并通过盘点结果更新系统内的物资信息。系统支持在线发起盘点任务，自动分配盘点任务给相关人员。盘点结果自动上传至系统，系统自动比对盘点结果与物资明细账，生成盘点差异报告。

（二）招投标以及供应商管理模块

招投标管理模块分为招标数字化管理与投标数字化管理两大子模块。

（1）招标数字化管理模块。此模块主要包括招标信息的管理和供应商信息的管理。招标信息的管理包括对招标记录的查询及对招标信息的增加、修改、删除和查询。供应商信息的管理包括对供应商信息的增加、查询、修改和删除。供应商的基本信息包括供应商的交易记录、信用额度、名称等信息。

（2）投标数字化管理模块。此模块主要包括对投标信息的修改、查询、删除等操作。供应商通过电子化平台提交投标文件，避免纸质文件的烦琐和延误。系统可根据预设的评标标准，自动对投标文件进行初步审核和评分，减少人为因素对评标结果的影响，提高评标的公正性和客观性。

（三）合同管理模块

合同管理模块的功能包括合同查询、合同新增、合同修改以及合同审批四个子功能。

（1）合同查询。用户可以选择查询页面的一个或者多个查询条件进行合同信息的查询。

（2）合同新增。录入的合同信息需要进行审核，检查合同信息是否合法合规，只有录入的合同信息合法合规后，合同才能保存生效。在此过程中，用户可通过数字平台在线起草合同，利用系统提供的模板或自定义模板快速生成合同文档。

（3）合同修改。先根据查询功能查询到需要修改的合同信息，再对指定的合同信息进行编辑修改和更新。

（4）合同审批。在信息系统中设置审批规则和流程，自动将合同流转至相应审批人。通过系统内置的审批跟踪功能，随时查看审批进度和结果，确保审批过程的透明化和可追溯性。系统支持移动设备访问，审批人可以随时随地进行合同审批，提高审批效率。

（四）仓库管理模块

仓库管理模块涵盖了员工信息数字化管理、仓储设施数字化管理与物资库存数字化管理三个子模块。

（1）员工信息数字化管理。此模块用于维护仓库管理人员的信息，涵盖管理人员信息的录入、检索、修改及移除等功能。通过数字化手段，可以实现员工档案的电子化备份，对员工进行在线培训，跟踪记录员工工作绩效等。

（2）仓储设施数字化管理。本模块主要负责管理仓库的整体信息，包括仓库数据的创建、编辑、查询与删除等操作。通过射频识别以及编码技术的应用建立数字化仓储管理系统，实现仓库的自动化管理。

（3）物资库存数字化管理。这一模块专注于管理仓库内的物资，涉及货物数据的添加、查询、更新与删除等操作，确保物资信息的准确与完整。通过物联网技术，如射频识别标签和传感器，自动记录物资的入库、存储、领用和出库等。数字化系统支持设置库存阈值，当库存水平低于预设阈值时，系统自动触发预警机制，自动生成补货建议或采购订单，确保物资供应的连续性。

（五）物资信息管理系统使用流程

为清晰阐释物资信息管理系统的使用流程，图 14-1 展示了从供应商评估、合同录入、多级审核、到货验收、签认发起与审批，直至结算发起与财务办理的完整闭环。通过此图，可直观了解各环节操作步骤、关键审核节点及涉及部门的协作关系。

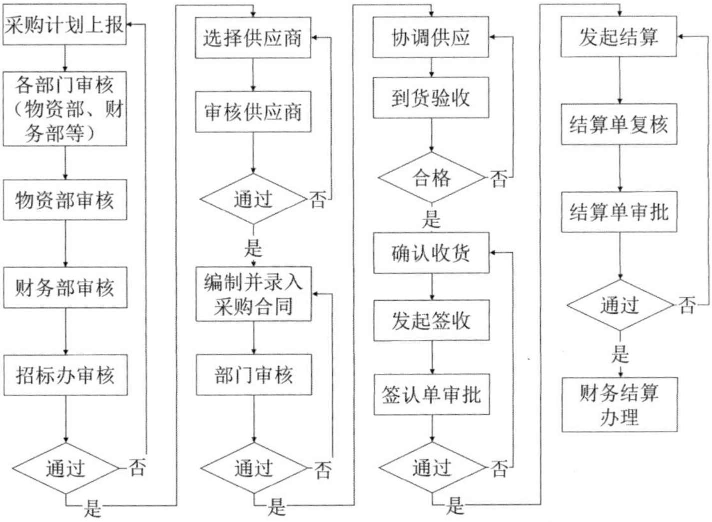

图 14-1　物资信息管理系统使用流程示意图

本 章 小 结

本章深入探讨了项目物资信息管理系统的核心要素与实践应用，强调了系统在设计与实施过程中需充分考虑用户需求，确保功能全面且实用。通过构建包含合同审批、物资采购、库存管理等关键模块的信息系统，项目能够实现对物资全生命周期的高效管理。通过这一章的学习，读者可以了解到项目物资信息管理系统如何整合信息技术与管理理念，实现物资信息的数字化、网络化与智能化管理。物联网、射频识别、数据库管理等技术共同支撑起系统的稳定运行与高效管理。同时，关注系统的安全性与稳定性，通过合理的权限分配与审批流程设计，确保物资信息的保密性、完整性和可用性。此外，本章还强调了用户界面的友好性与易用性，以及如何通过持续的系统维护与优化，提升物资管理的效率与质量。

参考文献

[1] 王丽君. 新型建筑材料的节能保温及环保的分析[J]. 产业创新研究，2022（08）：44-46.

[2] 安津津. 新型防水材料及其在建筑工程中的应用[J]. 城市住宅，2021，28（S1）：146-147.

[3] 倪红军，黄明宇，张福豹，等. 工程材料[M]. 南京：东南大学出版社，2016：275.

[4] 王亚丹. 绿色建筑材料在建筑工程施工中的应用[J]. 居舍，2024（20）：56-58.

[5] 陕彬. 装配式建筑复合材料在装修装饰工程中的应用探析[J]. 居舍，2024（20）：72-74.

[6] 刘安营. 节能绿色环保建筑材料在工程中的应用[J]. 石材，2024（07）：132-134.

[7] 韩斌. 新型建筑材料在建设工程中的应用以及发展趋势[J]. 城市建设理论研究（电子版），2024（19）：152-154.

[8] KAUSHIK K，DIVYA Z. Engineering Materials Characterization[M]. Berlin：De Gruyter，2023.

[9] 姚坤华. 提升人力资源素质推动公司持续有效发展[J]. 合作经济与科技，2011（09）：34-35.

[10] 康磊晶，唐琼，黄育秋，等. 重大基础研究项目组织管理体系创建与实践[J]. 航天工业管理，2022（05）：67-69.

[11] 王运宏，胡森昶，唐文哲，等. 工程项目组织间激励作用机理研究[J]. 清华大学学报（自然科学版），2022，62（12）：1972-1979.

[12] 陈永鸿，韦仕芳，丁陈永骏. 数字建造模式下建设项目组织能力要素特征分析[J]. 项目管理技术，2024，22（04）：22-27.

[13] 谢玉. 能力素质模型在企业人力资源管理中的应用研究[J]. 中国市场，2023（27）：130-133.

[14] 李高海，周健，于岩. 提升全员素质促发展[J]. 中国电力企业管理，2014（17）：76-77.

[15] 阎韬. 谈优秀物资管理队伍建设[J]. 铁路采购与物流，2018，13（10）：63-64.
[16] 宋义云. 企业员工素质能力提升研究——以艾华集团为例[J]. 现代职业教育，2018（19）：14-15.
[17] 仲秋芹. 基于项目管理的人力资源管理有效性提升策略探讨[J]. 企业改革与管理，2019（10）：66，103.
[18] 张仲啸. 教育培训是提升人力资源素质的有效形式[J]. 经济论坛，2003（15）：40-41.
[19] 林芃征，张学忠，汪伟，等. 基于ABC分类法与正态分布模型的配电网定额储备物资管理方法[J]. 自动化应用，2023，64（22）：218-220.
[20] 冯宇，韩强飞，段恒亮，等. 物资仓储管理储备定额研究与应用[J]. 信息系统工程，2023（10）：79-82.
[21] 张晓立. 物资储备定额编制方法探讨[J]. 中国石油和化工标准与质量，2020，40（14）：47-48，50.
[22] 单迪. 矿山企业定额物资管理体系的构建[J]. 冶金财会，2018，37（11）：49-52.
[23] 陈应豪. "定额储备、动态补仓"模式在业扩项目物资供应中的探索和实践[J]. 企业改革与管理，2018（11）：210-211.
[24] 初文贵. 加强物资储备定额管理降低库存资金占用[J]. 铁路采购与物流，2016，11（11）：37-39.
[25] 梁沛，林冬阳，虞淑婷，等. 输变电工程物资计划管理优化对策研究[J]. 现代商贸工业，2023，44（09）：255-257.
[26] 柴慧琴. 关于铁路运输企业强化物资计划管理的思考[J]. 铁路采购与物流，2023，18（03）：45.
[27] 孟红伟. 关于加强铁路运输站段物资需求计划管理的几点思考[J]. 铁路采购与物流，2023，18（03）：50-52.
[28] 张冠一，荆永鑫，陈旭，等. 电力企业物资需求计划准确率提高措施分析[J]. 中国物流与采购，2022（21）：99-100.
[29] 吴昌泰. 探究企业物资计划管理在集中采购中的重要作用[J]. 今日财富，2021（13）：65-66.
[30] 赵庆凯. 供电企业物资计划管控及预警平台研究与应用[D]. 中国矿业大学，2021.
[31] 盛小虎. 铁路施工项目物资供应风险管理研究[D]. 山东大学，2018.
[32] 骆中华，王永灵. 建筑企业工程项目物资管理[M]. 成都：西南交通大学出

版社，2017：34-101.
[33] 段英文，刘敬严. 施工企业物资管理[M]. 北京：中国财富出版社，2017：235-246.
[34] 刘依林. 改进熵权-TOPSIS 的工程项目物资供应商评价研究[J]. 花炮科技与市场，2018（03）：53-54.
[35] 马玉国，舒欢. 工程项目物资供应商选择研究[J]. 工程管理学报，2014，28（01）：93-97.
[36] 张林，张子如. 供应链风险管理中供应商风险防范策略研究[J]. 中国航务周刊，2024（28）：82-84.
[37] 罗丽萍. 建筑施工企业纳税筹划研究[J]. 中国总会计师，2023（11）：113-115.
[38] 杨颖. 谈施工企业物资设备的集中采购管理[J]. 交通企业管理，2022，37（01）：71-73.
[39] 余萃. 施工企业加强资金管理的对策研究[J]. 会计师，2021（23）：36-38.
[40] 陶立春. 基于强化合作伙伴关系的供应商选择与评价策略研究[J]. 企业改革与管理，2021（03）：34-35.
[41] 谢文辉. 施工企业物资采购中的供应商管理现状及对策[J]. 城市建设理论研究（电子版），2020（16）：24.
[42] 彭立军. 大型施工企业物资集中采购管理创新与实践[J]. 铁路采购与物流，2019，14（06）：29-31.
[43] 殷然，王帅，阮磊，等. 集中采购模式下多品种小批量品类物资订单交付管理的探索与实践[J]. 物流技术与应用，2024，29（05）：156-159.
[44] 张涌岩. 企业物资招标采购管理策略分析[J]. 中国招标，2023（11）：98-101.
[45] 李得彪. 公路工程项目物资采购管理分析[J]. 中国物流与采购，2023（11）：89-90.
[46] 马静. 中铁 E 局玉铁铁路项目物资采购风险管理研究[D]. 河北经贸大学，2023.
[47] 林宏蔚. 企业项目物资采购供应管理与实践探究[J]. 商展经济，2021（23）：128-130.
[48] 朱昌锋. 工程项目物资管理和成本控制工作的思考[J]. 现代企业，2021（08）：57-58.
[49] 龚亚玲. 关于公路工程项目物资采购管理的研究与分析[J]. 中国物流与采购，2021（14）：56.
[50] 封其迪. 大宗物资集中采购的风险管理措施分析[J]. 中国市场，2021（36）：

164-165.
[51] 崔晓庆. 大型铁路供应链物资招标采购的供应商选择研究[J]. 铁路采购与物流，2020，15（09）：35-39.
[52] 田俭宇. 论工程现场物资运输方式的选择[J]. 铁路采购与物流，2015，10（05）：55-56.
[53] 张洪涛. 大宗物资综合交通运输规划及实施方案研究——以新疆准东地区为例[J]. 甘肃科技纵横，2023，52（11）：70-73，86.
[54] 赵劲志，李敏，马馨兰，等. 基于物联网的电力物资供应链智能调配算法[J]. 自动化与仪器仪表，2023（11）：312-315.
[55] 宫寅林，王民涛. 基于深度卷积神经网络的电力物资运输车辆调度优化算法研究[J]. 机械设计与制造工程，2023，52（11）：106-110.
[56] 李博. 浅谈工程物资国际运输管理[J]. 石油化工建设，2021，43（S1）：197-198.
[57] 陈华飞. 国际工程物资管理标准化及物资运输进度管控的探讨[J]. 工程建设与设计，2019（07）：297-299，303.
[58] 赵曼. 国外工程项目物资管理存在问题及建议探析[J]. 中国设备工程，2021（11）：264-265.
[59] 王献峰. 国际工程项目物资保障工作探讨[J]. 现代商业，2019（31）：150-151.
[60] 董博. 国际轨道工程建设项目物资的运输和库存联合优化问题研究[D]. 北京交通大学，2018.
[61] 康保刚. 国际工程项目物资供应运输的研究和应用[J]. 居舍，2018（03）：7.
[62] 李新龙，蒲春涛，周德超. 国际工程物资运输包装管理浅析[J]. 纳税，2017（31）：80.
[63] 杨占波. 沈四高速公路康平北段项目物资管控优化研究[D]. 吉林大学，2017.
[64] 乔星. 疏运资源约束下工程项目物资均衡发运问题研究[D]. 大连海事大学，2017.
[65] 祁俊山，姜家驹. 浅谈海外工程项目物资的出口运输工作——以中东某项目为例[J]. 化工管理，2015（08）：81.
[66] 程驰. 企业物流仓储管理信息化建设措施分析[J]. 中国航务周刊，2024（06）：74-76.
[67] 赵传冰，李艳伟. 智能物流技术对交通运输经济的创新驱动[J]. 中国航务

周刊，2024（05）：58-60.
[68] 吕云鹏. RFID 射频技术在物流教学中的运用[J]. 物流科技，2024，47（02）：162-165.
[69] 葛岩. 一流专业背景下《采购与仓储管理》课程设计及发展建议[J]. 物流工程与管理，2024，46（01）：191-193，200.
[70] 汤海涵，单义飞，赵辉. 以高质量党建引领“数智仓储”高质量发展[J]. 国有资产管理，2024（01）：69-70.
[71] 章锋. 物流仓储课程重塑教学实施方案浅谈[J]. 中国物流与采购，2023（21）：93-94.
[72] 褚郁诚. 面向仓储物流通信的数字孪生虚拟调试系统设计与实现[D]. 南京邮电大学，2023.
[73] 高伟，曹威，朱峙成，等. 仓储物流网络规划问题建模与研究[J]. 中国物流与采购，2023（19）：45-47.
[74] 袁喆. 推进大宗商品仓储物流信息化发展的途径探索[J]. 中国储运，2023（10）：116-117.
[75] 任艳娟，张雅，邓燕如，等. 基于“岗课赛证”模式的《仓储管理实务》课程开发研究[J]. 中国物流与采购，2023（14）：38-39.
[76] 郭莉. 五年制高职物流管理专业课程思政的构建与实施——以《仓储管理实务》为例[J]. 物流工程与管理，2023，45（06）：169-171.
[77] 李阳. 智慧课堂背景下中职《现代物流基础》课程短视频教学设计与实践[D]. 贵州师范大学，2023.
[78] 崔媛. 互联网背景下的精品在线开放课程建设与改革实践——以《仓储作业与管理》为例[J]. 中国储运，2022（11）：63-64.
[79] 赵军成. 供应链视角下 T 公司仓储管理优化研究[D]. 西南大学，2023.
[80] 唐晶晶. 汽车零部件仓储管理中的库存预测方法研究与系统实现[D]. 沈阳工业大学，2023.
[81] 潘年相，罗娥樱. 建筑企业施工现场物资管理方法探讨[J]. 建材发展导向，2020，18（24）：23-24.
[82] 白玉良. 地铁工程项目施工现场物资管理分析[J]. 工程建设与设计，2020（22）：209-210.
[83] 杨烁. 建筑工程施工现场物资管理策略[J]. 城市住宅，2020，27（11）：179-180.
[84] 曹勇，唐传佳，徐迪生. 电网工程现场物资管理系统研究与应用[J]. 经济研究导刊，2020（28）：144-146.

[85] 潘琰. 5S 管理在煤矿企业物资管理中的应用[J]. 企业改革与管理，2021（02）：40-41.
[86] 曹会颜. 建筑行业物资管理及成本节约途径[J]. 大众标准化，2024（01）：57-59.
[87] 李丞. 建筑行业物资管理及成本节约途径[J]. 江苏建材，2022（06）：132-133.
[88] 罗振. 对加强物资采购管理降低企业采购成本的研究[J]. 商场现代化，2023（06）：101-103.
[89] 廖锐. 公路桥梁施工物资成本核算管理及成本控制对策研究[J]. 中国物流与采购，2023（19）：60-62.
[90] 李朝霞. 降低铁路物资采购成本的措施和方法探析[J]. 企业科技与发展，2022（07）：158-160.
[91] 李玲. 成本控制在建筑企业物资管理中的应用解析[J]. 中国市场，2021（23）：136-137.
[92] 熊健荣. 公路桥梁施工物资成本核算管理及成本控制[J]. 质量与市场，2020（05）：9-12.
[93] 刘吉运. 加强建筑施工企业物资采购风险管控的措施分析[J]. 企业改革与管理，2020（12）：50-51.
[94] 李红雁. 企业物资采购成本管理与成本控制研究[J]. 中国物流与采购，2022（24）：81-82.
[95] 夏晓莉. 企业物资采购合同履行风险及防控[J]. 营销界，2021（Z5）：40-42.
[96] 祝林. 浅谈工程项目设备物资管理与成本控制[J]. 四川水利，2022，43（02）：145-147.
[97] 付健鹏. 建筑工程物资采购招标管理与成本控制探究[J]. 中国招标，2022（11）：114-117.
[98] 吴豪杰. 建筑工程项目物资管理前期策划分析[J]. 绿色环保建材，2021（12）：151-152.
[99] 田华. 建筑工程物资采购成本控制及经营管理策略[J]. 中华建设，2022（10）：30-32.
[100] 李兴利. 公路工程物资采购管理及成本控制措施[J]. 居业，2020（01）：162-163.
[101] 刘军芳. 国有企业物资采购合规管理及风险防范探析[J]. 铁路采购与物流，2022，17（05）：30-33.
[102] 张涵露. ZJS 工程公司项目物资采购风险管理研究[D]. 西安石油大学，

2022.
[103] 崔亚军，徐全基. 工程物资采购与供应链的风险管理研究[J]. 云南水力发电，2024，40（S1）：105-108.
[104] 方志涌. 工程设备物资采购和管理风险分析与应对措施探析[J]. 商讯，2022（27）：108-111.
[105] 申朋月. 建筑施工企业物资采购风险管理和控制措施研究[J]. 中外企业文化，2022（01）：73-74.
[106] 刘军. 国际工程项目物资采购风险应对策略研究[J]. 中国设备工程，2021（17）：224-225.
[107] 杨文平. 建筑施工企业物资采购风险管理及控制措施[J]. 山西建筑，2021，47（08）：194-195.
[108] 王维. 建筑施工企业物资采购风险管理与控制措施研究[J]. 居业，2020（07）：141-142.
[109] 刘竹芬. 企业物资采购风险分析及防范措施探析[J]. 中国市场，2020（09）：167-168.
[110] 袁顺东. 建筑施工企业物资采购风险管理与控制措施研究[J]. 纳税，2020，14（05）：205-206.
[111] 郭玉军，孟小芳. 工程物资采购和管理风险分析与对策研究[J]. 现代经济信息，2019（10）：96.
[112] 张蓉. 企业人力资源管理中绩效考核方法的运用[J]. 中外企业家，2017（02）：137.
[113] 徐宏. 提升工程项目物资管理绩效的主要途径[J]. 铁路采购与物流，2019，14（02）：29-30.
[114] 林再武. 新时期地勘单位项目绩效管理的有效途径探究[J]. 投资与创业，2022，33（18）：118-120.
[115] 杨帆. 基于评价导向的物资公司预算绩效管理体系构建研究[J]. 环渤海经济瞭望，2022（03）：150-152，176.
[116] 李娜，杨柠泽，李红英. 物资管理绩效评价模型研究[J]. 中国物流与采购，2021（04）：41-42.
[117] 邱词. 省级电网物资公司卓越绩效评价与管理研究[D]. 天津工业大学，2020.
[118] 曾涛. 建筑施工企业项目全过程的成本控制与管理探析[J]. 科技经济市场，2019（05）：90-92.
[119] 魏少敏，黄祖祥，周迁，等. 基于 RFID 技术在物资管理系统中的应用[J].

数据通信，2020（04）：27-29.
[120] 钱进，王万齐，刘星. 铁路工程建设物资设备管理信息系统研发及应用[J]. 铁路计算机应用，2020，29（05）：44-48.
[121] 储永浩. 铁路建设物资管理信息系统的开发与应用实践[J]. 铁路采购与物流，2020，15（03）：66-67.
[122] 乔成珍，王璞，王华梅. 基于企业架构的铁路非运输企业物资管理信息系统架构研究[J]. 铁路计算机应用，2018，27（01）：22-26.
[123] 刘杰. 基于物联网技术的智能化仓储物资管理系统的研究与实践[J]. 电脑编程技巧与维护，2016（11）：47-48.
[124] 崔劲松. 运用二维码技术开发铁路物资质量跟踪管理信息系统[J]. 铁路采购与物流，2015，10（11）：70-72.
[125] 齐家. 路桥工程物资管理信息系统的设计与实现[D]. 电子科技大学，2015.
[126] 刘彦波. 浅析供应链下信息共享在铁路工程物资管理中的运用[J]. 广东科技，2013，22（10）：237-238.
[127] 唐向莉. 基于供应链的煤矿物资管理信息系统的研究[J]. 科技资讯，2007（23）：198-199.
[128] 李静东，王新. 网络化物资管理信息系统——北京铁路局物资管理信息系统实例分析[J]. 铁路采购与物流，2007（07）：9-11，19.
[129] 江建. 仓库物资管理信息系统的分析与设计[J]. 电脑知识与技术，2006（23）：10，82.
[130] 周静. 基于 C/S 模式的物资管理系统设计与实现[D]. 内蒙古大学，2006.
[131] 王辉良. 基于多层分布式结构技术的物资管理信息系统及其实现[J]. 电脑与信息技术，2001（04）：43-46.